Andreas Altmann
Bloßes Leben

Andreas Altmann

Bloßes Leben

Reportagen

PIPER

Mehr über unsere Autorinnen, Autoren und Bücher:
www.piper.de

Von Andreas Altmann liegen im Piper Verlag vor:
34 Tage – 33 Nächte
Der Preis der Leichtigkeit
Das Scheißleben meines Vaters, das Scheißleben meiner Mutter und meine eigene Scheißjugend
Dies beschissen schöne Leben
Verdammtes Land
Frauen.Geschichten.
In Mexiko
Leben in allen Himmelsrichtungen
Gebrauchsanweisung für die Welt
Gebrauchsanweisung für das Leben
Gebrauchsanweisung für Heimat
Bloßes Leben

ISBN 978-3-492-06246-6

Satz: Fotosatz Amann, Memmingen
Gesetzt aus der Minion Pro
Litho: Lorenz & Zeller, Inning am Ammersee
Druck und Bindung: CPI books GmbH
Printed in the EU

Nelly Sachs:

Alles beginnt mit der Sehnsucht.

Warsan Shire:

Letzte Nacht, kurz vor dem Schlafengehen, nahm ich den Globus vom Regal auf meinen Schoß, strich sanft mit dem Finger über die Welt und fragte: »Wo tut's denn weh?« – »Überall,« flüsterte sie, »überall.«

Simone de Beauvoir:

Ich liebe das Leben so sehr und verabscheue den Gedanken, eines Tages sterben zu müssen. Und außerdem bin ich schrecklich gierig; ich möchte vom Leben alles, ich möchte eine Frau, aber auch ein Mann sein, viele Freunde haben und allein sein, viel arbeiten und gute Bücher schreiben, aber auch reisen und mich vergnügen, egoistisch und nicht egoistisch sein.

Charles Bukowski:

Wir werden alle sterben, jeder von uns, was für ein Zirkus. Das allein sollte uns dazu bringen, zu leben, zu lieben. Aber das tut es nicht. Wir werden terrorisiert von Kleinigkeiten, zerfressen von gar nichts.

Das Buch ist einer Frau gewidmet, die ich nicht kenne. Ich habe sie nur eine halbe Stunde lang gesehen. Von fern, vielleicht aus fünf Meter Entfernung. Ich bin sicher, dass sie mein Anstarren nicht bemerkt hat.
Sie saß und las. Auf einer Bank, mit dem Rücken zur Wand eines Cafés. Sie las wie jemand, der zu einer Spezies gehört, die man für ausgestorben hielt: ganz da, ganz dabei, ganz eins mit dem Buch. Nicht einmal ließ sie die Seiten los, kein Suchen nach dem Handy in der Handtasche, kein Reagieren auf die Geräusche und Stimmen im Raum. Nichts. Das einzige Lebenszeichen kam, als sie umblätterte. Dann wieder totenstilles Versinken.
Bis sie, die halbe Stunde war vorbei, den Kopf hob und die Augen schloss. Es war der Augenblick, in dem mir Rilkes Gedicht »Der Leser« einfiel, er schreibt da: »… bis er mühsam aufsah alles auf sich hebend, / was unten in dem Buche sich verhielt.« Dieser Leser war sie, die Fremde. Sie war ein Wunder, sie kam von einem fernen Stern. Sie ist der Traum jeden Autors.

Inhalt

VORWORT

Es war mitten in Afrika. Ich musste über den Kongo, um ins Nachbarland zu gelangen. Die Strömung war heftig, und nur eine müde Piroge stand zur Verfügung. Doch Fährmann Nio lächelte nonchalant und meinte: »Pas de problème.« Wir legten ab.

Es schaukelte gemein, und eine schwungvolle Welle mehr hätte gereicht, um uns zwei ins Wasser zu kippen. Samt Rucksack. Mit je einer Hand hielt ich mich links und rechts am Bootsrand fest. Wie jemand, der sich an die Armstützen seines Sitzes klammert, wenn das Flugzeug in Turbulenzen gerät. Wie kindlich.

Ich wurde nicht gelassener, als mir ein Spruch aus dem fernen Indien einfiel. Wie wahr er klang und wie wenig nervenschonend: »Du bist das, was von dir bleibt, wenn du bei einem Schiffbruch alles verlierst – und du nackt den Strand erreichst.«

Dennoch, der Satz gefiel mir. Er war eindeutig und unvorstellbar. Wie das Foto, das ich als Junge in einem Buch mit dem Titel »Katastrophen von heute« entdeckt hatte: Man sah einen Mann aus einem brennenden Haus fliehen. Darunter stand, dass Herrn Hans W. nichts geblieben war. Nur das bloße Leben. Und die drei angesengten Kleidungsstücke am Leib. Hans im Unglück.

Ich habe zwei Zimmerbrände hinter mir, kein Vergleich zum Verderben eines Flammenmeers. Sachen gingen verloren, und der tiefe Schreck ließ irgendwann nach. Die lebenslange Furcht vor Feuer, die blieb.

Die kleineren Malheurs mag ich. Ich bin clever genug, um aus ihnen zu lernen. Aus den großen Debakeln wohl nicht, bin unsicher, ob ich es mit Desastern aufnehmen könnte oder nicht doch zerbrechen würde.

Alles weg, das ist eine ungeheuerliche Aussicht. Alles, auch die

Freunde, die den Untergang oder die Feuersbrunst nicht überlebten. Auch die Freundin, alles, was nah war, unersetzlich nah.

Nios Lächeln sollte recht behalten. Nur leicht durchnässt erreichten wir das Ufer. Dort warteten bereits die Grenzer auf mich, den weißen Mann. Ihre Haltung war unmissverständlich. Ich legte ein paar schmutzige Scheine in den Pass und konnte passieren.

»Bloßes Leben« hat verschiedene Bedeutungen. Die oben erwähnte – nichts bleibt dem Menschen – ist wohl die brutalste. Eine andere Form – ich will über sie berichten, obgleich sie kaum zum Ruhm des Autors beiträgt – erzählt von einem Umstand, in dem kein Teil des materiellen Besitzes abhandenkam, auch niemandem Leid geschah. Nein, alles durfte ich behalten, und doch war ich bloß und hilflos. »Bloß«, da aller Fähigkeiten beraubt. Eine peinsame Erfahrung, aber gewiss lehrreich.

So war es: Eine Frau hatte mich eingeladen, und ich folgte ihrer freundlichen Bitte. Ich fuhr zu ihr, obwohl mein physischer Zustand nach einem schweren Unfall desolat war. Doch die Aussicht auf Nähe und Eros verhinderte den Blick auf die Wirklichkeit. Ich stieg in den Zug.

Luisa war vorgewarnt und reichte mir gleich auf der Fahrt vom Bahnhof zu ihrer Wohnung starke Schmerzmittel. Die, wie das halbe Dutzend zuvor, keinen einzigen Schmerz linderten.

Bisweilen tut man Dinge, die man schon bereut, während man sie tut. Ich fühlte mich wie ein Betrüger, der längst ahnt, dass er für etwas anreist, zu dem er nicht imstande sein wird.

Luisa war selbstbewusst – nicht ohne Grund. Sie sah gut aus, verdiente erfolgreich ihr eigenes Geld, war von niemandem abhängig. Drei so begehrenswerte Eigenschaften. Ach ja, zudem redete sie freundlich und vergnügt.

Ihr Zuhause hatte alles, was es für ein Liebeswochenende brauchte. Das einzige Accessoire, das fehl am Platz war, war ich.

Nur mit Mühe schaffte ich die vier Stockwerke hinauf in ihr Penthouse. Seit dem Zusammenstoß zwischen mir, dem Radfahrer, und dem Täter, dem Autofahrer, war mein Skelett aus den Fugen geraten. Wann immer ich es bewegte, fuhr ein Blitz in mich.

Wir plauderten, es gab Kaffee, und die mitgebrachten Blumen standen neben der Schale mit Keksen. Da wir wussten, worauf wir uns einließen, kam es bald zum ersten Kuss. Er gelang mir noch, denn Luisa, die Biegsame, beugte sich vor zu meinem Mund. Warmer Kuss, der alles versprach.

Alles umsonst.

Irgendwann verschwand Luisa, und als sie in die Küche zurückkam, war sie nackt, lächelte und begann zu tanzen. Was für ein Geschenk für einen Mann, dachte ich, und wie vollkommen stimmig die Situation war. Luisa wollte vögeln, und wundersam unbekümmert zeigte sie ihre Trümpfe.

Wieder umsonst.

Mein Gerippe war inzwischen versteinert. So zumindest fühlte es sich an. Nur die Hand auszustrecken, ja die kleinste Absicht, den Torso zu bewegen, jagte einen feurigen Stich durch mein Nervensystem. Die vom Schock der Kollision miteinander verklebten Faszien wimmerten beim winzigsten Ruck. Undenkbar, hier als Liebhaber aufzutreten. Ich war impotent, von Kopf bis Fuß. Nichts blieb mir an diesem Tag (und in der folgenden Nacht) als das Leben. Ich lebte, nein, ich war am Leben, aber mehr nicht. Nicht der begehrlichste Reiz auf Erden konnte es mit meinem verwundeten Leib aufnehmen.

So weit die zweite Bedeutung von »bloß« und »Leben«.

Nun kommt die dritte, die wichtigste, die, von der im Buch die Rede sein wird. »Bloßes Leben« als Ausdruck von äußerster Innigkeit. In den 31 Geschichten passieren immer wieder Momente, die deshalb so intensiv sind, weil sie nichts anderes benötigen als die Bereitschaft, diese Augenblicke zu leben. So ein ultimatives Jetzt, das absolute Wissen, dass der Zauber, der kleine oder größere Rausch, nur Wert hat, wenn man von Anfang bis Ende dabei ist. Dass kein Zaudern sein darf, da sonst das Geschenk – und dauerte es nur Minuten – entschwindet. Jede Faser soll zucken, soll versichern, dass einen gerade das verheerend grandiose Gefühl durchflutet, unverbrüchlich anwesend zu sein: herzflimmernd und mittendrin.

Solche Euphorien scheinen nötiger denn je, da wir uns auf

eine Gesellschaft hinentwickeln, die jede sinnliche Anstrengung – sinnlich im Sinne von: physisch erfahrbar – auf Biegen und Brechen abschaffen will. In zukünftigen »Smart Houses« ist selbst das eigenhändige Hochheben des Klodeckels verboten. Lieber aufs Smartphone tupfen, als Muskeln zu spüren. Lieber nichts spüren als spüren. Der Körper ist verdächtig, der kann weg.

Die hedonistische Tretmühle – was für ein Traum! Was für ein Albtraum!

Eines Tages wird uns beim Verlassen der Wohnung automatisch eine Windel verpasst, und mit dem Babyfon in der Hand dürfen wir nach draußen. Für den Fall, dass es zu nieseln beginnt und wir unverzüglich um Hilfe betteln müssen: Bitte sofort nach Hause evakuieren! Ins Hyggereich mit Sofa und Kuscheltieren – und garantierter Windstille. Ich warte noch auf die stufenlos einstellbare Heizung für den Fahrradsattel. Den Motor haben wir ja schon. Keiner braucht mehr Angst zu haben, dass sein Body zu irgendetwas nütze ist.

Studien bestätigen es: Sex steigt ab, immer weniger können sich dazu aufraffen. Wie verständlich, denn viel aufregender, als einen Menschen zu beschmusen, ist es, wie offensichtlich, mit Plastik zu spielen. Das kann man hernehmen, weglegen, es riecht nicht, es widerspricht nicht, es ist berechenbar und landet, wenn unbrauchbar, im Müll. Entschieden anstrengender ist da ein Zweibeiner, der nicht sofort pariert, der eigensinnig ist, der sich nicht so umstandslos entsorgen lässt.

Ich poche auf mein analoges Leben, das keinen Wert darauf legt, rundum »connected« zu sein. Ich will auf die Welt glotzen und nicht auf ein handtellergroßes Display, ich will nicht zermalmt werden von Geschwätz, das durch den Cyberspace wabert. Gleichzeitig, wie menschenfreundlich, verschone ich die Umwelt mit den Pipinachrichten aus meinem Alltag.

Als ich zum ersten Mal von Jugendlichen hörte, die sich ritzen, um sich via Schmerzen irgendwie wahrzunehmen, irgendwie den Moder der braven, schauerlich voraussehbaren Jahre auszuhalten, habe ich sie sofort verstanden. Ich ritze mich nicht, doch ich haue ab. Irgendwohin, fast egal, wohin. Nur schimmeln darf es dort nicht. Seltsam, aber oft werde ich belohnt für die Beschwernisse. Ich treffe Frauen, ich treffe Männer, und Geschichten passieren, die fremd und wunderlich klingen. Jedenfalls weit weg vom Mief des ewig Gleichen.

»Am Grabe der meisten Menschen trauert, tief verschleiert, ihr ungelebtes Leben«, keine Ahnung, wo ich den Satz las. Er ist gemein und leider nicht von mir.

Ich wünschte, jedes meiner Bücher taugte so nebenbei als Aphrodisiakum. Man liest es, man schluckt es, und nach spätestens einer halben Stunde regt sich die Lust. Aufs Leben.

SCHÖNE WELT

ISLAND
Nicht sterben dürfen, ohne hier gewesen zu sein

ARC DE TRIOMPHE
Rasende Pferde – Kleine Männer – Big money

BÄRENWEG
Verschlungener Pfad in Finnland und eine geheimnisvolle Finnin

KIRGISTAN
Traumpfade ins Glück

LIDO DE PARIS
Schöne Frauen – Schöne Männer – Schöne Sünden

ROUTE 66
Mit dem Motorrad auf der romantischsten Straße Amerikas

AMSTERDAM
Architektur und Dope als Beitrag zur Lebensfreude

THE KEYS
Hundert Meilen blauer Himmel, hundert Meilen blaues Meer, hundert Meilen Staunen

ISLAND

Nicht sterben dürfen, ohne hier gewesen zu sein

»Das war zu viel für ihn«, meinte der Doktor und blickte besorgt auf Monsieur Stendhal, der bewusstlos vor ihm lag. Der französische Schriftsteller war durch Florenz geschlendert und umgekippt. Besinnungslos.

Dieser Tag – über 200 Jahre liegt er nun zurück – ging in die Geschichte der Medizin ein. Wem heute die Sinne schwinden beim Anblick von zu viel Schönheit, der leidet unter dem »Stendhal-Syndrom«. Durchaus heilbar. Bettruhe wird verordnet, und – noch wichtiger – für einige Zeit soll jede visuelle Provokation vermieden werden. Für den Meister galt: vorübergehend keine Aussichten auf blühende Italienerinnen und den betäubenden Glanz italienischer Architektur.

Gut, dass der Mann nie in Island war. Der Schwächling wäre schon beim Anflug in die Knie gegangen. Hier hat nicht Michelangelo gearbeitet, sondern der Teufel. Das trotzige Ende der Welt, behaupten die Wikinger. Ein muskulöser Erdteil mit eisig glühenden Gegensätzen: dunkle Tage und helle Nächte, blaustählerne Himmel und höllenschwarze Wolken. Und nie ein Übergang, immer vehement und plötzlich, immer fordernd und anstrengend. Luft und Erde und Feuer und Wasser für starke Typen. Die Insel ist kein Kurort, hier kämpfen sie noch gegen eine brachiale Natur. Das Land peitscht, bohrt ins Gemüt, überwältigt die gierigen, neugierigen Augen. Aber wer wüsste zu sagen, was heftiger begeistert: die 100 000 Quadratkilometer kleine Insel oder ihre seltsam widerständigen, eher scheuen und großzügigen Frauen und Männer.

Reykjavík, brave, saubere Hauptstadt, nicht schön, nicht hässlich, gar nichts. Bemerkenswert jedoch, dass sie hier einen Fremden anlächeln, dass alle sechs Jahre ein Mord passiert und noch nach 23 Uhr die Kinder im Sommerlicht der Mitternachtssonne Fußball spielen.

Auf seiner Farm, zwei Autostunden Richtung Norden, treffe ich Sveinbjörn Beinteinsson. Sein Haus eine Hütte aus Stein, in den Boden gerammt, niedrig, auf dem Dach wächst Gras. Daneben eine Scheune, ein Schleifstein, ein Wasserloch, im Hinterhof ein Gletscher. Der Wind rast durch das Tal, der Blick fällt auf schneebedeckte Berge, auf einen See, einen Fluss, die Schafe. Der Alte ist Bauer, Poet und »Godi«, ein Hohepriester des germanischen Hauptgottes Thor. Lange hat der heute 58-Jährige gekämpft, dann wurde seine Religion wieder zugelassen. Wir sitzen in der Küche, der Ofen brennt, Bücherkisten stehen herum, die Schreibmaschine, das nie gemachte Bett.

Kein Volk ist so literaturnärrisch wie die Isländer. Sprache als Grundnahrungsmittel, um die elf Jahrhunderte schonungslosen Existenzkampfs auszuhalten: mit Hungersnöten, Fremdherrschaft, Piratengier, christlicher Vergewaltigung und dunklen, ewigen Winternächten.

Eine solche Sprachlust, eine solche Finsternis und eine so gewalttätige, heroische Landschaft mit so viel Nebel, Wind und Feuer speiender Erde verführt zum Fantasieren, liefert tausend Rechtfertigungen für Geistergeschichten, Heldensagen und Götterlegenden.

Sveinbjörn ist ein fröhlicher Kerl. Seine hellblauen, schnellen Augen, der weiße Vollbart, die zerzausten Haare, die Pfeife, die Hosenträger über dem abgetragenen Hemd. Ein paar Hundert Meter von seinem Hof entfernt steht in einer Felswand die Statue von Thor. Dort treffen sich seine rund achtzig Anhänger, viermal pro Jahr. Singen alte Lieder, lesen aus der Edda, essen und trinken, lachen. Seine Landsleute respektieren den Kauz, kaufen seine Gedichte, hören im Radio seine sanften und zornigen Gedanken über die Dummheit der Menschen.

Sveinbjörn ist ganz irdisch. Er erzählt von organisierten Happenings gegen die Apartheidpolitik in Südafrika und meint zum

Abschied: »Hoffentlich gewinnen die Asen (das hiesige Göttergeschlecht!) in Deutschland an Einfluss. Dann wird alles gut mit der Wiedervereinigung.« Er winkt mir nach, grinst selig, sein Gesicht strahlt.

Manche lieben die Wüste mehr als alle anderen Landschaften. Solche Zeitgenossen sind begabt für Island.

Ich fahre weiter nach Norden, entlang des äußersten Rands der Snæfellsnes-Halbinsel. Das Autoradio ist kaputt, gut so. Nichts lenkt ab. Hier, sagen sie, redet nur der Wind. Und der singt mit hundert Stimmen. Die Schotterstraße führt durch ein Terrain für Bibelfilme. Ein Lavafeld, moosbedeckt, eine Ruine steht da, die Holztür schleudert auf und zu. Vier Stunden lang kein Gegenverkehr. Blick hinauf zum olympisch weiß schimmernden Snæfellsnesjökull, von dem Jules Verne einmal schrieb, er sei der Eingang zur Welt. Es ist 22.15 Uhr, und die Sonne blendet so stark, dass ich nur im Schritttempo vorwärtskomme. Die absurden Formen der gefrorenen Lava blitzen im Gegenlicht. Alles könnten sie sein. Götterburgen, ein achtfüßiges Pferd, zwei Drachenohren, der Speer eines zornigen Kriegers. In der Edda findet sich ein Gedicht über die Ur-Erschaffung, dort heißt es: »Und aus des Riesen Fleisch ward die Erde geschaffen/Aus seinem Schweiße das Meer/Aus dem Gebein die Berge/Und aus seiner Hirnschale der Himmel.« Das ist mit dem Presslufthammer geschrieben. Und nur der kann es so hinschreiben, der eine solche Vision gesehen hat.

Am nächsten Tag führt die Strecke an den sechzehn Fjorden der Westküste entlang. Viele Kilometer wurden erst vor Kurzem geöffnet, endlich lässt der Winter nach. Einspurig, kurvig, abschüssig, Rollkies, Steinschlag, keine Seitenbande, scharfe Steigung, die mit Schmelzwasser gefüllten, bis zu vier Quadratmeter großen Schlaglöcher, wieder die Sonne, wieder der Wind, wieder die Hunde, die zu einem abgelegenen Berghof gehören und kläffend hinter dem Wagen herjagen. Mein russischer Lada, »siberiaproof« und Vierradantrieb, verkrustet unter einer soliden Schmutzschicht.

Oben auf der Passhöhe stehen bescheidene Notunterkünfte,

alles liegt sauber verpackt bereit: Socken und Mützen, ein Gaskocher, ein Funkgerät, Schokoladenkekse und Maggi-Spargelcremesuppen.

Oft bin ich allein auf dieser Reise. Und nie fühle ich mich einsam, gar klein und winzig. Im Gegenteil, ich empfinde Selbstvertrauen und Starksein. Hier bin ich noch einmalig und vorhanden, nicht unsichtbar und ausgelöscht in der Masse. Zudem weiß man sich von der Fürsorge der Isländer beschützt. Ich frage einen Mann, der einen umgestürzten Telefonmast repariert.

- Wo gibt es in der Gegend Benzin?
- Sechs Kilometer weiter. Klopf an die Tür und erkundige dich nach Einar von der Zapfsäule. Klappt es nicht, komm wieder, und mir fällt bestimmt etwas ein, um dir zu helfen.

Ich muss nicht zurück, Einar ist da und tankt voll. Um neun Uhr abends erreiche ich Isafjördur, ganz im Nordwesten des Landes. Ein Fischerdorf mit knapp 3000 Einwohnern. Die 700 Meter hohen Felsen schützen den Naturhafen und verhindern im Winter jeden Sonnenstrahl. Drei Monate lang ist es kalt, sturmverweht, schneeversunken und düster. Zieht endlich die Sonne über die Berge, dann heulen manche vor Freude, und alle trinken ihren »Sonnenkaffee«. Kein Wunder, dass ich zum dritten Mal in wenigen Stunden den hiesigen Tophit, *den* Reggae-Song aus Jamaika, höre: »Oh Kingston Town/The place I long to be ...« Noch eine Überraschung: Ich sehe einen Trabant. Die sozialistischen Rauchkerzen verkaufen sich gut auf der Insel. Autos sind teuer, mit ebendieser Ausnahme, jenen vierrädrigen Rußkesseln, die in immerhin 45 Sekunden auf volle 60 km/h jagen.

Als ich am nächsten Morgen Isafjördur verlasse, hebt gerade der Postbote ab. Hier fliegt der Briefträger, viele Dörfer haben ihre eigene platt gewalzte Wiese, die Landebahn. Neben mir sitzt Jon, ein junger Bursche, Autostopper. Gestern ging das Schuljahr zu Ende, und heute beginnt sein Ferienjob, drei Monate lang. Mit 16 ist jeder für sich verantwortlich, die Unterstützung der Eltern hört auf. Die Kids sind nicht wehleidig, packen an, über tausend Jahre Überleben macht stark. Der Halbwüchsige sagt den erstaunlichen Satz: »Immer heißt es, alles soll Spaß sein, easy, no problem. Aber das funktioniert nicht. Wir Isländer nehmen das Leben, wie es kommt. Ohne zu maulen.«

Am dritten Abend bin ich in Brekuækur, einem Bauernhof, der ein paar einfache Zimmer vermietet. Und Pferde. Ich entscheide mich für Lettir, einen windfarbenen Hengst. Ponys treibt ein zähes Verlangen nach Freiheit an. Und als eigensinnig, lebensfroh und zuverlässig gelten sie. Bis ins frühe 20. Jahrhundert schleppten sie Schwangere zur Hebamme, trugen Kranke zum Arzt, zogen Tote ins Grab. Sie bleiben rein wie die isländische Sprache. Kein fremder Gaul darf auf die Insel. Und wer einmal das Land verlassen hat, kann nicht mehr zurück.

Fünf Gangarten beherrschen die Tiere. Und die fünfte gibt es nur hier: den Tölt. Spötter nennen ihn den Säufergalopp, weil Isländer gerne blau werden und jeder Tölt-Schritt sacht auftritt und nie die Sauflust behindert. Abi, der Bauer, und ich reiten durch den Midfjördur, einen Lachsfluss. In der Nähe steht ein flacher Holzbau, das »Lachshotel«, zu dem im Hochsommer Herzchirurgen aus New York und französische Champagner-Magnate jetten, um für 750 Euro pro Tag fischen zu dürfen.

Mitternacht ist vorbei, schwere Wolken hängen, im Gegenwind galoppieren wir (verhalten) über die vom Frost geblähten Beulenwiesen. Ein weißer Gerfalke kreuzt, wir erreichen das Grab von Grettir. Unter dem Stein soll sein Kopf liegen. Nichts ist erwiesen, und doch rührt keiner den uralten Felsbrocken an. Nebel raunen, ein Fluch geistert an diesem Ort, Isländer sind hochbegabte Dramatiker. Grettir ist der Held einer blutgetränkten Familiensaga. Ein ruheloser, unglücklicher Mensch, der bereits als 13-Jähriger als Totschläger auftrat, später lange Jahre als Vogelfreier durch die Einöden Skandinaviens trieb und zuletzt nicht der Rache seiner Feinde entging: Enthauptung.

Wir reiten zurück, halb zwei ist es inzwischen, die hellen Nächte verschieben jedes Zeitgefühl. Abi verspricht für morgen ein herrliches Frühstück mit in heißer Erde gebackenem Braunbrot, Cornflakes, Kaffee und Lysi, dem pissgelben Nationalgetränk, einem kerngesunden, grässlichen Lebertran.

Island garantiert spektakuläre Gefühle. In Akureyri, der größten Stadt im Norden, miete ich eine einmotorige Piper Tomahawk, samt Thorstein, dem Piloten. Der Mann ist Fluglehrer und erkennt Feiglinge schon beim Einsteigen. Mein rechter Handballen schwitzt, tropft auf den Notizblock. Lächerliche 112 PS hat die Zündholzschachtel, unvorstellbar, wie das Ding in schwindelerregender Höhe bleiben soll. Aber ich habe keine Wahl. Von Reykjavík aus umkreise ich per Auto die Insel, doch viele Straßen, die nach innen führen, sind noch immer gesperrt. Also fliegen.

Thorstein entscheidet sich für eine Schocktherapie. Als einer der ersten »dirty winds« uns nach unten wirbelt, erzählt er von den Abstürzen der letzten Jahre. Er übertreibt monströs, lügt mich herztot: »Da vorn, schau, der Felsvorsprung, das war im Januar. Drei Tote. Ach ja, da hinten – siehst du das Schneefeld? – versuchte man eine Notlandung. Leider daneben! Und ein paar Kilometer weiter drüben, ich zeig dir dann den Punkt, brach ein Feuer in der Kabine aus. Erst kürzlich, alle sieben Passagiere ab in den nächsten Krater, Sturzflug.« Jetzt entkommt mir ein hysterischer Lacher, was Thorstein veranlasst, einen Motorschaden zu simulieren, ja, er will unbedingt beweisen, dass die Maschine auch ohne Triebwerk weiterfliegt und durchaus einige Minuten Zeit hat, einen Landeplatz zu finden.

Ach, woher soll einer die Sprache nehmen, um es mit Dutzenden von Weltwundern aufzunehmen? Blick auf den 1700 Meter hohen, schneeglitzernden Herdubreid, den Berg der Götter. Blick auf Odadahraun, die größte Lavawüste auf Erden, einst erbarmungsloses Ziel von Missetätern, einst Trainingsfeld für amerikanische Mondastronauten, Blick auf den 8500 Quadratkilometer riesigen Gletscher Vatnajökull, Blick in den vom Himmelsblau bestrahlten Öskjuvatn, einen kalten, eisglatten Kratersee, der die Sonne, die Wolken und das Flugzeug widerspiegelt.

Hier ist die Welt noch nicht fertig, ja, man starrt auf die wilde, unfassbar grandiose Rohfassung. Ach, Stendhal wäre längst gestorben.

Ich schlafe schlecht in dieser Nacht. Das ist mein persönlicher Rekord: 64,5 Zentimeter breit ist die Matratze. Eine Liegestatt für Leute im Hungerstreik. In Island haben sie keine Betten, nur Kojen. Erinnerung wohl an ihre Seefahrervorfahren, die Wikinger.

Für die Marter werde ich am nächsten Tag belohnt. Hundert Kilometer weiter im Osten liegt der Myvatn-See. Mückenhölle, Vogelparadies. Hier gibt es eine Erdspalte, in der dampfend warmes Wasser verwöhnt. Mit einem Seil lässt man sich hinunter, es hallt, es ist still, das Eintauchen beruhigt.

Das wird ein seltsamer Tag. Nach dem Vergnügen blockiert – mitten auf der Strecke – der Leihwagen. Automatische Vollbremsung. Ohne Grund, kein Wildwechsel, nirgends ein Lebewesen. Ich entkupple, lege den ersten Gang ein, gebe Gas, der Motor jault: Und keinen halben Millimeter bewegen sich die Reifen. Viele Versuche. Pause, ich warte, wieder versuchen. Irgendwann hält ein Sattelschlepper. Der Fahrer probiert das Gleiche wie ich, doch nichts rührt sich. Er nimmt mich mit zum nahen Dorf, ich rufe den Autoverleiher an. Zwei Stunden später kommt Kristjan, der Mechaniker.

Ein peinlicher Augenblick. Der Chef setzt sich hinein und – fährt los. Er checkt hinten und vorn, bockt hoch, findet keine Spur für die Blockade. Ich fahre weiter. Kristjan meinte noch zum Abschied, ich solle unbedingt mit den »Huldufolk« sprechen, den »hidden people«, die als Geister den Menschen bisweilen in die Quere kämen. Vielleicht wollte er mir helfen, nicht das Gesicht zu verlieren, aber in seinen Worten lag nicht die geringste Ironie. Isländer glauben an tausendundeins Gespenster, Wiedergänger, Trolle, Elfen, Astralwesen, Traumgesichter und eben – versteckt in allen Ecken und Enden des Landes – an das Huldufolk. Ich rede dann auch mit ihnen, von wegen Freundschaft und Völkerverständigung.

Der Hokuspokus hilft nicht. Eine Stunde später biege ich von der Ringstraße links ab, Richtung Dettifoss, dem gewaltigsten Wasserfall Europas. Die Straße ist für jeden Autoverkehr gesperrt, ich versuche es trotzdem. Ein Amazonaspfad nach der Regenzeit. Metertiefe Risse erfordern Umwege, Querfeldeinfahrten, langwierige Suche – zu Fuß – nach der geeigneten Spur. Bis ich in einem Flussbett, voll mit Schmelzwasser, badewannentief versinke. Huldufolk oder Torheit, ich will es nicht wissen. Nach langem Marsch erreiche ich einen Hof, jetzt passiert etwas typisch Isländisches. Der Bauer fängt an, ich antworte:

- Hello!
- I got stuck with my car.
- I can help you.

Wir nehmen den großen Traktor, das große Seil, den großen Hund. Zwanzig Minuten später – Sverrir fährt einfach in die Badewannen hinein – sind wir am Tatort. Der Retter kann sich ein Lächeln nicht versagen – also doch Blödheit – und zieht mich heraus. Als hätte ich heute nicht schon genug Fehler hinter mir, biete ich ihm Geld an. Sverrir schüttelt den Kopf.

Die Nacht verbringe ich auf Husey, ganz im Nordosten der Insel. Den 40 Hektar riesigen Bauernhof mit Schafen, Pferden, Robben und einem Gänserich führt Örn, der Lehrer, Farmer, Fischer und Geschichtenerzähler. Sein Hausgeist heißt Mori. Nicht blutrünstig, aber lästig, sagen sie.

Bis nach Mitternacht bin ich im Stall. Zicklein kommen zur Welt, der Bauer als Geburtshelfer, die Mütter schlecken ihre zitternden Jungen ab. Als ich endlich in der Koje liege, warte ich umsonst. Mori kommt nicht und die hübsche Anna, Örns Tochter, auch nicht. Okay, der Tag war gut, man darf nicht alles verlangen.

Die Ostküste entlang, über Seydisfjördur, weiter über Djupinvogur, bis runter nach Höfn. Ich denke an Laure in Paris. Letztes Jahr war sie Gast bei Örn, zum Abschied schrieb sie in sein »Gestabok«: »J'aime Husey, j'aime l'Islande, j'aime la vie.« Oh, Laure, wie recht du hast.

Sensationelles Island. Fahren und staunen. Durch das Seitenfenster die Wildgänse beobachten, die ganz nah ein Stück mitfliegen. Geduldig doofen Schafen ausweichen. Zehntausend Stockfische riechen, die klappernd im Wind trocknen. Pferden nachblicken, die schön sind wie schöne Frauen. Einen toten (kleinen) Vulkan besteigen. Mit dem Schiff zu den Westmänner-Inseln tuckern und, ohne zu zögern – satter Seegang –, die gerade verdauten Käsebrote ins Meer prusten. Einen Leuchtturm besuchen und mit dem Leuchtturmmann reden. Neben einem Fluss sitzen, einmal den Mund halten und dem Geräusch des Wassers zuhören. An einem Heimatmuseum vorbeikommen und über 200 Jahre alte Präservative kichern. Blonden Mädchen zurücklächeln, die tonnenweise Mist ausfahren.

Wie sprachbehindert fühlt sich der Reisende. Man müsste ununterbrochen mit Superlativen um sich werfen, um vom Zauberland Island zu berichten. Beschreibe einer den Jökulsarlon, einen Gletschersee, in dem bizarrblaue Eisberge schwimmen. Eine eisige Orgie aus Schönheit und Wunder. Jedes Wort zerfällt zu Asche, kein Satz kann die Wahrheit erzählen.

Zurück zur Hauptstadt, mit einem kleinen Umweg. Eine knappe Autostunde entfernt liegt die »Blue Lagoon«. Schon von Weitem sieht man die weiß fauchenden Schlote, völlig gefahrlos, reiner Dampf. Die ganze Region wimmelt von kochend heißen, unterirdischen Quellen. Das Kraftwerk nutzt das, speist damit die Heizungen der Umgebung. Was übrig bleibt, wird täglich frisch in die Lagune gepumpt: eine Badeanstalt mitten im Lavafeld. Eine Pharaonenwonne. Den müden Leib ins milchblaue, hautwarme Wasser tauchen. Ihn liegen lassen und tot sein. Ich bin so lange tot, bis ich zwei sich küssen höre, ihre Schemen wahrnehme. Reflexartig kommen mir die wundersamsten Gedanken. Der weiche Boden, die Schwaden, die Körperwärme, die minimale Sichtweite, nicht auszudenken.

Letzter Abend in Reykjavík. Als ich vor drei Jahren zum ersten Mal auf Island war, traf ich Hilda. Unsere Freundschaft hat gehalten. Noch ein Pluspunkt in diesem Land: Die bürgerliche Moral liegt darnieder. Viele uneheliche Kinder, viele öffentliche Verhältnisse ohne Trauschein.

Hilda hat alles vorbereitet, der Koch im »Thrir Frakkar« ist ein alter Freund von ihr, und ich bin bereit für den schweren Gang. Heute gibt es – ausnahmsweise für mich, da unzeitgemäß – »Thorrablot«, eine Art Dankessen für Thor, den Chefgott.

Einmal alle zwölf Monate, Ende Januar, bringen die Isländer es hinter sich. Um sich daran zu erinnern, wie gut es ihnen heute geht und wie mutig und radikal sich ihre oft hungerschmachtenden Vorfahren ernährten.

Es fängt an mit frischem Haifischfleisch. Eine Stinkbombe, penetrant wie ein Kübel Ammoniak, fürsorglich wird sofort »Brennivin«, der einheimische Lieblingsschnaps – Zweitname: »Svarta daudi«, *Schwarzer Tod* – mitserviert. Zwei Schafsköpfe folgen, einer hundert Tage in Molke eingelagert und hellhäutig, der andere dunkelschwarz abgesengt und gargekocht. Die Augen gelten als Delikatesse. Eine Blutwurst kommt noch, eine gebackene Schafsleber auch noch und – man würgt schon beim Zuhören – leicht angeräucherter Hammelhoden. Der Koch klopft mir freudestrahlend auf die Schulter, Hilda lächelt mitfühlend, ich denke an den berühmtesten Schriftsteller hierzulande, an Halldor Laxness' Wahlspruch: »Ich schaff's oder ich sterbe.« Ich schaff's.

Der zweite Teil des Abendessens gilt als Wiedergutmachung, isländische Küche als Glückseligkeit: Garnelen, Lachs, roher Walfisch, Eis mit Kiwi, Kaffee und hauchdünne Pfannkuchen.

Hinterher fahren Hilda und ich hinunter zum Hafen, Mitternachtssonne bewundern. Irgendwann will sie wissen, was mir in ihrem Land am besten gefallen hat. Ich muss nicht nachdenken, denn seit einer Woche weiß ich die Antwort. Es war kurz hinter Isafjördur, und Jon, der Autostopper, saß neben mir. Fast zwei Stunden redeten wir, und es war unüberhörbar, dass der 17-Jährige heftig an die jungen Isländerinnen dachte. »Und«, fragte ich, »wie soll sie aussehen, deine Lieblingsfrau?« Und Jon antwortet, ohne zu zögern, als wäre alles längst beschlossene Sache: »Sie müsste eine Lederjacke tragen und lachen, wenn der Wind geht.«

ARC DE TRIOMPHE

Rasende Pferde – Kleine Männer – Big money

Wie genau ich mich erinnere. Es war vor langer Zeit und immer um 21 Uhr. Dann hieß es: Kleine Männer gehen früh ins Bett. Ein merkwürdiger Satz, der keinen Widerspruch duldete. Ich war 129 Zentimeter klein und musste schlafen. Basta.

Fünfunddreißig Jahre später taucht der Satz plötzlich erneut auf. Und diesmal löst er nur Heiterkeit aus. Inzwischen habe ich mich auf 1,90 Meter hochgearbeitet und kann unmöglich gemeint sein. Der Fotograf neben mir ist beinahe genauso lang. Keiner meint uns. Die Langen interessieren hier niemanden, sie sind unwichtig. Was zählt, hier im Trainingszentrum von Chantilly, vierzig Kilometer nördlich von Paris, sind die Kurzen. Frühabends legen sie sich hin, um frühmorgens wieder aufzustehen. Um dann sofort das zu tun, wonach sie am innigsten verlangen: Pferde besteigen und lospreschen. Um irgendwann dort anzukommen, wovon Jockeys träumen: vom Siegerpodest des Arc de Triomphe, des elegantesten, des härtesten Galopprennens der Welt.

Die Franzosen leiden. Für so viele außergewöhnliche Dinge sind sie verantwortlich. Wie kaum ein anderes Volk lieben sie die harmonischen Proportionen, das Raffinement, das bewegend Schöne. Bei ihrer Hauptstadt fängt es an, und bei ihren Frauen hört es auf. Meisterstücke, wohin man schaut. Die Erschaffung des wunderschönsten Tiers jedoch, des »pur sang«, des *Reinrassigen,* haben sie versäumt. Ihre Erzfeinde, die Engländer, waren versessener, erfinderischer. Die »Erfindung« des allerschnellsten Pferds geht auf ihr Konto.

Anfang des 18. Jahrhunderts tauchten drei phänomenale (vierbeinige) Araber auf, Hengste. Die englischen Züchter kreuzten sie mit den »royal mares«, den *königlichen Stuten.* Und zum Vorschein kamen »thoroughbreds«, grandioser und größer, nervöser und stürmischer als alles andere zuvor.

Dreihundert Jahre später hetzen die Nachkommen dieser orientalisch-britischen »Beschälung« jeden ersten Sonntag im Oktober über den Rasen von Longchamp. Wer gewinnt, nimmt Säcke voller Scheine und den inoffiziellen Titel eines Weltmeisters mit nach Hause. Der »Arc de Triomphe« ist das Ziel des Triumphs. Ein Pferdehimmel mitten auf Erden.

Märchen sind teuer. Und anstrengend. Wer vorne mitreiten will, braucht ein üppiges Bankkonto, ziemlichen Mut und einen unerschöpflichen Atem. Kein Sport für Hüstler. Der Weg der Erfolgreichen ist mit Erfolglosen gepflastert. Wer es schafft, dem gehört das gesamte Zubehör, das diese exklusive Umgebung zu bieten hat: der Ruhm, das Prestige, die Bewunderung, der Neid, die teuersten Gegenstände, die mit Geldscheinen zu erwerben sind.

Wer nicht mitkommt, wer abstürzt, der soll niederknien, wenn nur der finanzielle Ruin zu beklagen ist. Andere stürzen und bleiben als Krüppel liegen. Kleine Männer, die danach als hinkende Wracks Sattelgurte basteln. Vom hohen Ross herunter in die Behindertenwerkstatt. Zwei Wochen in Chantilly geben Einblicke frei auf die Mühsal des Alltags, das Elend der Verlierer und den Glanz der Sieger.

Das Nest hat 11 000 Einwohner und ist Hauptstadt all jener, die ein außergewöhnliches Privileg verbindet: Leidenschaft. Pferdenärrische Liebhaber, die jedes Jahr 365-mal Beweise ihrer Liebe produzieren. Bei Hitze und Frost, bei gemeinem Regen, bei bösem Wind, immer widerspruchslos, immer unaufschiebbar. Damit wir zwei Lange, Fotograf und Schreiber, dies alles mitbekommen, heißt es pünktlich aufwachen. Um fünf Uhr, erbarmungslos täglich, scheppert der Wecker.

Ein paar imponierende Zahlen: Über 3000 Rennpferde werden vor Ort trainiert. Von über 100 Trainern und über 900 Stallburschen. Die alle vom Beruf des Jockeys träumen. Drei Prozent schaffen es, der Rest bleibt im Stall. Allen gemeinsam, den Viechern und den Menschen, sind 2000 Hektar Wald, Wiese, das Licht am Morgen und das Dämmerlicht am späten Nachmittag. Eine Landschaft, die – so ein Dichter bereits vor 180 Jahren – »zu den schönsten Erdteilen gehört, die unsere Welt vorzuzeigen hat«. Keine Dichtung, eher die reine Wahrheit.

Immer der Sonne nach. Um fünf aufstehen, um sechs die Pferde striegeln, zweimal die Woche die Box ausmisten, täglich den Kot wegschaufeln, Stroh rein, Heu und Wasser nachfüllen, Füße und Hufe einfetten, aufsatteln, aufsitzen, um 6.45 Uhr mit dem Training beginnen.

Jeder Trainer hat seine eigene Methode. Dennoch gibt es ein gewisses Raster: Drei Gruppen von Pferden, je nach zeitlicher Entfernung zum nächsten Wettkampf, verlassen im Abstand von etwa zwei Stunden die Ställe. Je näher das Rennen, umso früher hinaus. Das Training selbst dauert zwischen sechzig und achtzig Minuten. Nicht mehr. Zuerst »au pas«, *im Schritt,* mit »les rênes longues«, *den lockeren Zügeln.* Lässig und entspannt sitzen die »lads« – die Franzosen haben das englische Wort für *Junge, Stalljunge* übernommen – im Sattel. Dann »au trot«, *im Trab.* Zeit, um die Verfassung der Pferde zu erkennen und zu entscheiden, wie lang und wie scharf der anschließende Galopp sein soll. Immer auf der Sandpiste. Doch einmal, jeden Dienstagmorgen, stürmen sie über den Rasen im Hippodrom mit dem Schloss nebenan, dem Frühnebel und der Morgensonne im Hintergrund: »au galop vite«, großzügig übersetzt, *im Schweinsgalopp.* Letzter Extremtest für das Wochenende.

Um acht Uhr gibt es eine halbe Stunde Pause, Frühstück. Längst haben die Cafés geöffnet. Manche ab 5.45 Uhr. Pferdefleisch, wie böse Menschen behaupten, essen sie in Chantilly nicht. Aber sonst stimmt fast alles: Der Friseurladen heißt »Derby«, das Museum »Lebendes Museum des Pferdes«, ein Restaurant nennt sich »Die Kalesche« und das überfüllteste Café »La chasse à courre«, *Die Hetzjagd.* Hier ist Stimmung. Die reitenden Cracks schauen vorbei, einer parkt nachlässig seinen Porsche 911 Carrera S vor der Tür. Jeder kennt jeden. Die kleinen

Männer verstehen sich gut. Die Fans, das Volk, die Täter, alle lieben sie Pferde, lesen »Paris-Turf«, die auflagenstärkste Pferdezeitung, tippen im dem Kaffeehaus angeschlossenen Wettbüro.

Runde, gemütlich beleibte Journalisten treten auf, notieren den Insidertratsch und die Trainingszeiten, belichten die Favoriten, schlachten noch den letzten Gaul aus, um ein knappes Dutzend anderer Pferdeblättchen vollzumachen. Nie fällt ein gemeines Wort. Die einschlägige Presse fungiert hier als Hofberichterstatter. Die heile Pferdewelt, denn Liebe macht blind. Aber ja.

Chantilly sorgt für jeden. Sogar eine eigene Klinik für zu Boden gegangene Jockeys haben sie. Inklusive »Persival«, eine französische Weltneuheit. Ein Stahlross, ganz wörtlich. Ein stählerner Simulator mit Sattel und Pferdekopf. Er ist auf alles programmiert. Selbst auf scharfen Galopp mit plötzlichem Bocksprung. Eine Art Sparringspartner für den rekonvaleszierenden »cavalier«.

Ein Pferdekrankenhaus darf da nicht fehlen. Das ist ein erstaunliches Bild: so ein bewusstloses Riesenvieh auf einem acht Quadratmeter großen Operationstisch. Im Maul steckt ein Schwamm, trocken hängt die Zunge daneben heraus. Die vier angeketteten Füße ragen nach oben. Der Doc schneidet den Hals auf, entfernt Muskeln, die beim Atmen stören. Zwei junge Frauen, Tierärztinnen, assistieren. Hinterher schneiden sie die Hoden weg. Blut schwappt jetzt aus der seltsamen Körperöffnung. Zuhalten und zunähen. Die beiden schwarzen Kugeln landen im Abfalleimer. Die Kastration bringt für das Springpferd nur Vorteile: Die Sprungkraft verlagert sich nach dem Eingriff stärker auf die Hinterbeine. Und die elenden Schmerzen hören auf, wenn der Unterleib ein Hindernis streift.

Dass Chantilly auch über eines der bekanntesten Zentren verfügt, um hochkarätigen Nachwuchs heranzuziehen, wie einleuchtend. Wer 14 ist, 140 Zentimeter misst und 36 Kilo wiegt, besitzt die besten Voraussetzungen um fünf, zehn, fünfzehn Jahre später in Longchamp zu gewinnen.

Klar, immer nur einer gewinnt, und die vielen anderen satteln eines Tages um auf »maréchal-ferrant«, *Hufschmied,* oder »headlad«, *Oberstallknecht,* oder schaffen es nur zum »second-class jockey«, der sich mühselig in der Provinz die Miete ersprintet. Dennoch, sie alle haben Glück.

Denn rechts, gleich neben dem Eingang der Schule, steht das Atelier Epona: nach der keltischen Göttin und Beschützerin der Pferde und Reiter. Der Name führt in die Irre. Die hier arbeiten, hat niemand behütet. Irgendwann fielen sie herunter, um als Behinderte weggetragen zu werden. Das ist ein schneller Beruf. Wer dabei aus dem Sattel fliegt und Pech hat, knallt im Sturzflug ins Elend.

Der Rundgang strengt an. Luc, einer von 27, schildert mit ruhigen Worten sein Schicksal. Dass er jetzt als Hinkebein in die Nähmaschine treten muss, er will es noch immer nicht fassen.

Zurück im Büro, erzählt uns der Leiter der Werkstatt, dass viele den Absturz psychisch nicht überleben. Weil Depressionen sie heimsuchen und sie den kümmerlichen Lohn versaufen.

Die Erinnerung an Lucs Gesicht wirkt umso bedrückender, als ich 48 Stunden später in die Augen eines Siegers blicke. Tolle Augen. Auch sie besoffen. Aber vom Rausch des Glücks und einer unbeschreiblichen Erfahrung. Hier in Longchamp, vierzig Kilometer und eine Welt weit weg vom Jammer der anderen.

Sonntag, den 4. Oktober, ist es soweit. Im Bois de Boulogne, am westlichen Stadtrand von Paris, erwartet Europas nobelste Rennbahn die rasantesten Pferde, die berühmtesten Jockeys, die steinreichsten Männer, die formschönsten Frauen, die gerissensten Spieler, die notorischsten Verlierer, die schillerndsten Angeber.

Alles blitzt, der Bürgermeister hat sogar die Prostituierten, weiblich wie männlich, aus dem umliegenden Gebüsch vertreiben lassen. Fernsehteams drängeln. Hunderte Kanäle werden das Rennen weltweit übertragen. Noch ein Rekord. Der Arc de Triomphe schlägt jeden: den »Breeder's Cup« in Chicago, das »Derby« in Epsom, das »Grand National« in Liverpool. Die Kroaten schauen zu, die Singapurer und – falls sich im Wüstensand jemand findet, der einen Fernseher besitzt – schwarze Menschen in der Sahelzone.

Heute ist alles vergessen. Die dramatischen Wehklagen, von denen in Chantilly zu hören war: die morose Wirtschaftslage, die irrsinnigen Unkosten für Züchter, Trainer und Besitzer, der Zuschauerschwund, der desolate Zustand vieler der knapp 300 Hippodrome im Land, die Übermacht arabischer und japanischer Ausländer, die mit Geldkisten den Pferdehandel ruinieren, der gefräßige Staat, der von jedem gewetteten Euro seine (dicken) Prozente kassiert.

Jetzt kein Wort mehr davon. Zu heftig ist die Erregung, zu unaufhaltsam die Lust. Eine Klimax naht. 35 000 ganz nah und Hunderte Millionen so fern schauen zu. Das Adrenalin peitscht, vertreibt die lästigsten Nebengedanken.

Hektischer Betrieb. Haufen von Geld stehen auf dem Spiel. Unzählige Wettschalter verführen. Ein kleines Schild davor gibt Auskunft: zwei Euro Minimum für die armen Schlucker. Zweihundert Mindesteinsatz für die Protzer. Über Bildschirme wird laufend die Veränderung der Quoten bekannt gegeben. Franzosen lieben das Prickeln des Wettens, die meisten von ihnen »font le papier«, *studieren die Fachblätter,* erfahren die letzten Ergebnisse, lesen über die Tagesform, den Stammbaum, die Triumphe, das Gestüt, die Bodenverhältnisse, die Prognosen.

Diesmal ist »Magic Night« Favorit. Bei ihm, so wissen es alle, stimmt alles. Seit Wochen hat er die beste Presse, und die Mehrheit der Experten prognostiziert seinen Sieg.

Das staatlich kontrollierte Wettgeschäft gilt als sauber. Buchmacher wie in England sind verboten. Eine Mafia, die groß angelegt Pferde und Reiter einkauft, gibt es nicht. Schiebereien in der preisgeldbescheidenen Provinz, bei denen ein Besitzer dem anderen Besitzer vorschlägt, an diesem Nachmittag zu verlieren, um hinterher den Gewinn zu teilen: Natürlich, das passiert.

Alles vom Erlesensten. Longchamp fungiert auch als Weltmeisterschaft der Eitelkeiten. Nur CIGA sponsert. Das Unternehmen mit den mondänsten Hotels. Siehe Danieli in Venedig, siehe Imperial in Wien, siehe Excelsior in Rom. Raststätten für Großgrundbesitzer. Pierre Cardin, der Pariser Modeschöpfer, hat Susan, Olga und Lisa geschickt, seine drei Mannequins aus Amerika, Russland und der Schweiz. Damit sie seine »créations« herumtragen und sich beim Siegerfoto als bildschöne Staffage darzustellen. Ein eigens für die Veranstaltung gezaubertes »Eau de Triomphe« wird exklusiv, versteht sich, zum Verkauf angeboten. Das »Restaurant panoramique« – sechs Monate vorher ausgebucht – sollte man nur betreten, wenn man den leichtsinnigen Umgang mit Banknoten gelernt hat.

Um 16.30 Uhr ist es zu spät. Die Sirene dröhnt. Nichts geht mehr. Alle Einsätze, alle Hoffnungen, alle Wünsche sind ab sofort unwiderruflich. Der Pulk der 18 Pferde rast los. Die Rennen davor waren nur Vorspiel. Tonnen von Geld sind nun im gestreckten Galopp unterwegs. Wer im Arc de Triomphe über die klassische Distanz von 2400 Meter gewinnt, wird noch berühmter, hat ein Weltmeisterpferd, streicht als Besitzer über eine halbe Million Euro ein, als Trainer weit über 100 000 und als Jockey fette 50 000. Nicht zu vergessen die jeweils anfallenden (sechsstelligen) Beträge für den Siegergaul als künftigen Zuchthengst.

Ganz oben stehen die Champagnerkübel, unten im Erdgeschoss der Tribüne liegen die Bierflaschen. Als die Pferde in die Zielgerade jagen, setzt ein orgiastisches Geheul ein, so schrill, frenetisch und befreiend, dass man bedauert, wenn um 16.37 Uhr und 39 Sekunden alles vorbei ist. Die langen Gesichter der Verlierer schauen beleidigt auf die Veitstänze der siegreichen Tipper. Magic Night hat haushoch verloren.

Trotzdem, Frankreich feiert. Der Champion heißt »Subotica« und ist wie der Züchter, der Trainer, der Besitzer, der Jockey und der erste Stallknecht reinrassig französisch. Die Marseillaise erklingt, erzfranzösisch. Die einzigen Nichtfranzosen sind die Musiker von der Fremdenlegion, die sie spielen. Ausländische Gauner aus Ost und West. Die Hälfte von ihnen wird von der Polizei gesucht. Wie belanglos. Sanft und selbstbewusst klingt es über Longchamp.

Der Fotograf kommt beichten: 50 Euro auf Magic Night in den Sand gesetzt. Ich war nicht heller. Als ich endlich ahnte, dass der Favorit heute nichts taugt, hetzte ich vergeblich zur Kasse. Doch die Sirene jaulte bereits. Offensichtlich, die Langen haben hier nichts verloren. Ein Blick auf meinen Freund Pierre genügt. Er ist klein und dick – und macht es richtig. Seit dreißig Jahren knipst er als Profi Pferde und kritzelt unter seine Fotos ein paar Informationen. Er ist kein Mensch mehr, eher ein Zentaur. Ein Liebhaber, ein Besessener. Als wir uns auf dem Weg zum Pressezentrum begegnen, strahlt sein ganzes Gesicht. Er hat für alle 14 Rennen des Wochenendes die präzisesten Voraussagungen abgeliefert und damit den vom Sponsor gestifteten Preis gewonnen: sieben Nächte für zwei Personen in einem Hotel freier Wahl.

Ich frage nach, und Pierre beruhigt mich: »Tu sais, une piqûre pour la femme et après, c'est parti avec la danseuse.« Eine klare Entscheidung. Er verspricht, seine Frau vorübergehend einzuschläfern und anschließend mit der Tänzerin abzuhauen. Ich bin erleichtert. Für Augenblicke dachte ich, er zieht mit einem Pferd ins Hotelzimmer.

BÄRENWEG

Verschlungener Pfad in Finnland und eine geheimnisvolle Finnin

Sie heißt Girsi. Und Girsi heißt: *Eis, das niemals schmilzt.* Tatsächlich, eine Frau aus Stahl. Blond, attraktiv, Anwältin in Helsinki. Wir begegnen uns rein zufällig an der Bushaltestelle in Kuusamo. Und ich werde es bereuen.

Knapp 30 Kilometer unterhalb des Polarkreises, nicht weit von der russischen Grenze entfernt, verläuft ein Trampelpfad: der *Bärenweg.* Eine kleine Schwindelei des zuständigen Bürgermeisters, denn die Raubtiere sind längst verschwunden. Dafür gibt es Wasservögel, Bachforellen, schüchterne Rentiere, Ameisen, hungrige Ratten. Und im Sommer wahre Menschenhasser: Bataillone von Mücken.

Bei Salla steigen wir aus. Es ist kurz vor 16 Uhr, es regnet leicht, über unseren Schultern hängt das Marschgepäck. Schlafsack, Proviant, Klopapier, eine Generalstabskarte. Girsi lacht. Nicht nötig, die Karte. Sie kennt den Weg. Das ist ihre fünfte Tour. Sie deutet nach oben, ich:

- Was ist das?
- Ansakämppä, die Hütte, wo wir übernachten werden.
- Wie weit?
- Nicht weit, nur 25 Kilometer.

Ich zittere, unmerklich. Es geht los. Einen kleinen Abhang hinunter, und wir sind im Wald. Glitschige Bretter führen über sumpfigen Untergrund. Stille. Bald wird der Boden hart, über den schmalen Weg wuchern Wurzelstränge. Girsi huscht leichtfüßig darüber, ich renne dagegen. Was mich vier Wochen später zwei große Zehennägel kosten wird.

Ich will nicht murren. Die Blätter der Birken leuchten. Die blauen Pinien, die grünen Fichten, alles in Hochform. Jetzt ist *Ruska*, Herbstzeit unbändiger Farben. Keine Sprache der Welt kann es mit ihrer Schönheit aufnehmen. Doch die Landschaft ist bedroht, kaputte Bäume, erstickt von tödlicher Luftpost: Schwefeldioxid weht von der russischen Halbinsel Kola herüber.

Ich verdränge den Tod, will mich aufmuntern mit dem Blick auf die sprühende Girsi und die Wunder, an denen wir vorbeikommen: Rentiere mit Kuhglocken. Preiselbeeren zum Abpflücken, Bächlein, Flüsslein, Seelein. Eine Kinderlandschaft, Märchenbilder, so friedlich, so unhörbar, so fern von unserem Lebensgefühl. Irgendwann über eine Hängebrücke schleichen, schaurig hoch schaukelt sie über einem schmalen Canyon.

Ein Baum fiel um – und niemand hebt ihn auf. Er darf liegen bleiben, mitten auf dem Weg, schon alt, grün und vermoost. Wir Menschlein müssen kriechen oder klettern oder einen Umweg um ihn machen. Die Natur bleibt sinnlich, wächst, vergeht, hat Zeit zum Leben und Sterben. Noch lauert keine Pannenhilfe hinter jeder Biegung. Noch blickt man auf Gras statt Asphalt. Noch haben die Aasgeier des rasenden Wachstums den Landstrich übersehen.

Die Dämmerung kommt, meine Füße ächzen, Girsi lacht erbarmungslos. Ein Kraftpaket mit Hirn ist diese Frau. Doch Reden mit ihr beflügelt, bisweilen vergesse ich die lädierten Körperteile. So wandern wir, suchen den Weg, tapsen jetzt mit Taschenlampen durch die Dunkelheit.

Um halb zehn erreichen wir in Ansakämppä das Ziel. Für heute. Direkt neben dem Fluss Oulankajoki. Ich gehe Blasen verbinden, Girsi kocht eine Erbsensuppe. Das helle Lagerfeuer wärmt die schweißkalten Glieder, und wir halten die Bockwürste in die Glut. Unsere dankbaren Leiber. Ich bekomme noch eine Extrafreude. Im Gästebuch steht, dass Birgit aus Göttingen vor drei Tagen hier war. Eine Dichterin, sie hinterließ einen robusten Zweizeiler:

Müde und hungrig kamen wir an,
Satt und ausgeruht gingen wir dann.

Am nächsten Morgen erwacht Frau Girsi als Mensch. Ein Muskelkater plagt sie, und ihr gestern verletztes Knie – ein Sturz – ist stark geschwollen. Girsi seufzt. Das eisige Wasser des Oulankajoki hilft beim Aufwachen. Frühstück, Plumpsklo, packen, losgehen. Spechte klopfen, Eichhörnchen laufen quer, Wildgänse fliegen in bestechender Formation über uns hinweg. Wir gehen langsamer und reden weniger. Kraft sparen. Pause in der Jussinkämppä-Hütte. Ein Feuer brennt bereits, zwei Paare haben hier übernachtet. Freundliches Hallo. Marlboro Country. Der Wasserkessel pfeift, wieder die Erbsensuppe, wieder der unverzichtbare Tee.

Auch hier liegt neben der (angestaubten) Bibel das fast vollgekritzelte Gästebuch. Zeichnungen, ein nackter Wandervogel mit Rucksack und steifem Glied fällt sofort auf. Darunter die Zeilen: »Der Rucksack war zu schwer, jetzt kann ich gar nicht mehr – vögeln.« Volksdichtung, mitten in der Wildnis.

Kurz vor Einbruch des Abends erreichen wir unseren zweiten Schlafplatz, Jyrävä, am Kitkajoki gelegen. Hier sehen die Flüsse aus, als strömten sie alle hundert Meter durch eine Kläranlage. So wasserklar fließen sie vorbei.

Das werden schwierige Stunden. Girsis verdrehtes Knie hört nicht auf, sich zu entzünden. Kaum liegen wir, schon tiefnachts, kommen die Ratten. Eine Zeit lang sind wir tapfer, dann brechen wir auf, ziehen weiter nach Juuma, dem winzigen Feriendorf mit warm geheizten Hütten und anständigen Betten. Girsi schmilzt, flüstert liebe Worte. Und beichtet: Sie will morgen zurück mit dem Bus nach Kuusamo. Ich lächle heimlich, eine Titanin wirft das Handtuch, doch der Schwächling steht noch immer im Ring.

Am nächsten Tag, nun mutterseelenallein, renne ich zuerst einmal in die falsche Richtung. Das macht Freude, umso mehr, wenn die Schultern schmerzen, die Zehen blaulaufen und die Blasen quietschen.

Trotzdem, die Erfahrung versöhnt. Obwohl die letzten 26 Kilometer (gestern 24) die bösartigsten sind. Mir fällt Toki ein, der buddhistische Mönch, mit dem ich einst zwei Wochen durch Hokkaido in Japan wanderte. Ich solle den Mund halten, meinte er trocken, und nicht rastlos dagegen maulen, wenn Gehen und Gelände schwierig würden. Gehen als Sedativum, als Meditation. Ein fernöstlicher Trick, um aufsässige Gemüter in Ruhestellung zu wiegen. Den Körper bewegen, um die Gedanken zum Stehen zu bringen. Tokis Rosskur wirkte. Irgendwann haderte ich nicht mehr, für Stunden begleitete mich eine gleichmütige Kraft.

Die käme jetzt nicht ungelegen, denn ab Konttainen wird die Strecke teuflisch. Knapp 300 Meter hohe Buckel liegen im Weg. Rauf, rauf, runter, rauf, rauf. Die *Freuden der Leichtigkeit* sind weit weg. Alle drei Minuten stoppe ich, um das pochende Herz zu drosseln. Fast absurd der Anblick eines Joggers, der mir entgegenkommt. Frisch, mit Eifer, bergauf.

Noch ein Kilometer. Über eine Skipiste, zwei infernalisch lange, infernalisch steile Holztreppen entlang, wieder zurück in den Wald, zuletzt eine Treppe hinunter. Kurz vor 17 Uhr bin ich in Ruka, Endstation. Wund tipple ich in ein Café. Will Notizen machen, kann nicht. Ich blicke hinaus. Auf einen Ort, auf einen Touristenmoloch. Unaufhaltsame Bauwut hämmert an meine Ohren. In der Hochsaison sicher der geeignete Platz, um Selbstmord zu begehen. Wie dankbar ich plötzlich bin, ach, wie selig ich war. So widerrufe ich alles, alles Greinen und Lamentieren. Und bereue nichts, nein, nichts. Nicht den ramponierten Leib, keine einzige Mühsal. Und nimmer Girsi, die stark war und klug. Und mich verließ.

KIRGISTAN

Traumpfade ins Glück

Er lächelte, und ich dampfte. Mitten auf dem Flur der Mogamma, des hinterhältigsten Bürokratengebäudes der Welt. Ein Klotz in Kairo, eine Schmiergeldbörse mit astronomischen Umsätzen. Hakim, der Lächler, ahnte sofort, was mir fehlte: eine Bestätigung. Und er wusste, wo der Mann saß, der – gegen gehobenes Entgelt – die nötige Unterschrift liefern würde.

Hakim war hauptberuflich als »Fixer« unterwegs. Ein fester Posten auf den Gehaltslisten großer Firmen. »He fixes«, *er regelt*, besorgt Dinge und Menschen. Ein Beamtenzuhälter, der sich nachdrücklich und diskret um das Wohlbefinden der Herren kümmerte. Damit sie beizeiten die angeforderten Baugenehmigungen, Passierscheine und Geschäftskonzessionen stempelten und signierten. Bei gleichzeitiger Entgegennahme kleinerer und teurerer Aufmerksamkeiten.

In Kirgistan traf ich Hakim wieder. Nicht ihn, aber seinesgleichen. Hier war er Russe und hieß Wladimir. Dem Ägypter verdankte ich einiges. Wladimir jedoch, seinem geduldigen Herzen, seiner Liebe zur deutschen Sprache und seinen Einsichten in die Abgründe postsowjetischen Irrsinns, ihm schulde ich ein ganzes Land.

Keine 200 000 Quadratkilometer hat Kirgistan. Und keinen Zaun, der gerade steht. Und keine niedergeschriebene Geschichte, nur Geschichten und Fabeln. Und keinen Staatsgründer und Urvater. Nur Helden und Heldenväter, die mit geflügelten Rossen durch den Himmel jagen und tausend Farben auf ihm hinterlassen.

Von Märchen, davon nähren sich die Kirgisen noch heute. Um

eine Wirklichkeit auszuhalten, die nicht himmelblau und wolkenweiß war, eher russengrau und stalinrot.

In Bischkek, der Hauptstadt, beginnt die Reise. Zu Fuß. So klein ist die Stadt. Früher nannte sie sich Frunse. Nach einem Bolschewikengeneral, der dafür sorgte, dass breite Straßen angelegt wurden: um die Gegner der Oktoberrevolution sichtfrei und weiträumig totschießen zu können.

Bischkek klingt friedlicher. Eine von tausendundeins Legenden erzählt von einem Mann, der als Erster hier ankam und – direkt neben der Seidenstraße – eine Karawanserei eröffnete. Und das wichtigste Requisit für ein solches Unternehmen war ein »Bischkek«, ein *Schneebesen.* Um das jahrhundertealte Grundnahrungsmittel »Kumys«, *Stutenmilch,* damit umzurühren.

Ich wandere über den ehemaligen Leninplatz, das Zentrum. An einem glutheißen Sonntagnachmittag sollte ein empfindsamer Zeitgenosse vorsorglich 30 Milligramm Valium schlucken. Um ohne seelischen Verschleiß so viele Quadratmeter Panzerplattenarchitektur zu verkraften. Lenins Monumentalglatze und daneben das einstige ZK-Gebäude, das noch immer wie Orwells Wahrheitsministerium aussieht. Einladend zur täglichen Hassübung.

Das war.

Am 31. August 1991 feierte die Seidenrevolution einen vorläufigen Höhepunkt. Ohne Hass, ohne Blut. Präsident Akajew – eine Woche zuvor nur knapp der Verhaftung durch den lokalen KGB entkommen – erklärte die Republik für unabhängig. Nun besitzen die Kirgisen ihren eigenen Staat. Ein ungeheurer Vorgang. Demokratie fängt an, zaghaft.

Die müssen sie lernen, denn vorher war nie Zeit: Ein paar Stämme lebten auf dem Gebiet, 1219 kam Dschingis Khan vorbei und organisierte einen kleinen Völkermord. Nach ihm vergewaltigten die Khans aus Kasachstan und Usbekistan. Die Chinesen bekamen einen kurzen Auftritt. Mitte des 19. Jahrhunderts kümmerten sich die Zaren um das wilde Turkestan, jenen Erdteil, zu dem das heutige Land gehörte. Angeblich, um es zu beschützen. Sie marschierten ein, ließen eine Schamfrist verstreichen und begannen zu kolonisieren. Massiv. Aus den Beschützern wurden Bedroher.

Nach den Weißen Russen kamen die Roten. Turkestan wurde in vier sowjetische Republiken aufgeteilt. Stalin blieb sich treu. Seine Blutspur verlief sich bis ins hinterste Zentralasien. Wer widersprach, wurde gesäubert. Wer überlebte, bekam die bolschewistische Zwangsjacke verpasst.

Die »Kirgisische SSR« erfuhr alle Segnungen auf dem Weg zum »Neuen Menschen«: Kolchosenwirtschaft, Personenkult, Einparteiensystem und als »Kunst«: Betonlawinen, direkt über Kirgisien abgeworfen, Dinosaurierklötze, die megatonnenschwer noch immer das Land überziehen.

Wir kommen am Denkmal von Feliks Dzierżyński vorbei, dem fleißigen Massenmörder und Tscheka-Chef. Ich frage Wladimir:

- Warum steht der noch?
- Wer?
- Dzierżyński.
- Ach so, hatte ihn gar nicht bemerkt.

Einmal kaufe ich die Parteizeitung »Prawda« und will wissen, wie man das Wort auf Deutsch übersetzt. Wladimir muss kurz überlegen, dann fällt ihm ein, dass es »Wahrheit« bedeutet. Mehrere Male kommen wir an gewaltigen, kyrillisch geschriebenen Inschriften vorbei – *Mit Lenin zum Sozialismus! – Der Sieg gehört dem Kommunismus! – Der Marxismus führt zum Ziel!* –, und jedes Mal frage ich ihn: »Was heißt das?« Und jedes Mal antwortet Wladimir: »Wo?«

Was mir auffällt, hat er bereits übersehen. Seit Langem. Andere werden mit ähnlichen Antworten diese Geistesabwesenheit bestätigen: schon blind, schon taub geworden für eine sich seit Jahrzehnten monströs gerierende Sprache, die alles versprach und nichts hielt: keine Wahrheit, keinen Sieg, kein Ziel.

Vielleicht ist das der Grund, warum nach Beginn der Seidenrevolution, nach den ersten waghalsigen Schritten Richtung

Demokratie hier in Bischkek kein Bildersturm losging und die mit Vogeldreck vollgemachten Marmorschädel noch immer herumstehen. Anstatt längst als Sperrgut auf dem Schuttplatz der städtischen Müllabfuhr zu verrotten.

Was die Stadt auf wundersame Weise rettet, sie tatsächlich ein Gefühl von Atmosphäre und Wohlgefallen verbreiten lässt, ist zweifach Verdienst der Natur. Grün wuchert, stellt sich gnädig zwischen das verletzte Auge und die Metastasen einer impertinenten Hässlichkeit. Man hört Bäume rauschen, und von den Pappeln segeln sanft weiße Flocken. Wie hartnäckig die Natur auf ihre Ansprüche besteht, wie sie noch in armseligster Umgebung ergreifende Höchstleistungen zaubert. Durchaus erholsam auch der Blick auf die Einwohnerinnen, ach, dieses Land gibt es nicht, in dem die Schönheit von Frauen nicht zur Lebensfreude beiträgt.

Die Stadt und ihre 650 000 Bewohner wachen langsam auf. Noch erstickt vieles unter der Trägheit einer Kommandowirtschaft, die sich nach Orgien nutzlosen Palavers zu Weltrekorden der Ergebnislosigkeit aufschwang. Für ein Zimmer im »ersten Hotel am Platz« soll ich 80 (!) US-Dollar zahlen. Dafür liegt eine schon im vorletzten Fünfjahresplan ausgesonderte Matratze auf dem angebrochenen Lattenrost, hängen drei lose Steckdosen aus den Wänden, fließt nur kaltes Wasser, steht ein toter Fernseher herum, funktioniert die Klospülung erst nach dem sechsten Ziehen. Als ich morgens – bereits gefasst auf eine karge Nahrungszufuhr – vor dem vergitterten (!) Frühstücksladen stehe, bekomme ich nur ein scharf gezüngeltes »Nijet«. Sonst nichts. Keine Erklärung, keinen Trost, keine Alternativadresse. Ich höre den Triumph in der Stimme der Dicken. Vor zehn Jahren war sie gewiss hübsch und träumte. Inzwischen lagern Dutzende Kartoffelsäcke und ihre zuschanden gekommenen Träume in ihrem müden Körper.

Fünf verschiedene Nijets hat sie für mich in den nächsten Tagen parat. Alle eiskalt und unheilbar. Tags darauf ist »offen, aber eigentlich geschlossen« (!!!). Beim dritten Versuch darf ich eintreten. Siegessicher weist sie auf die leeren Regale. Als ich am letzten Tag komme, gibt es Brot, Tee und Joghurt. Doch nicht für mich, da sie ab heute keine Rubel mehr akzeptiert. Als ich mit den gerade neu eingeführten Som auftauche, findet noch immer kein Handel zwischen uns beiden statt. Die Widerspenstige hat kein Wechselgeld.

Sie ist nicht bösartig, nur Mitglied jener irreparabel renitenten Altkommunisten, die lieber im vertrauten System darben, als umzukehren und etwas auszuprobieren, was höllisch Angst macht, eben Eigeninitiative, Eigenverantwortung, Eigensinn. Auch richtig: Die von Akajew ausgerufene Seidenrevolution reibt wund wie Holzfäller-Toilettenpapier. Gehörte das Land bereits vor der Unabhängigkeit zu den ärmsten der GUS-Staaten, so hat sich die Lage durch die radikale Abnabelung von Moskau – 98 Prozent aller Exporte gingen in die ehemalige UdSSR – drastisch verschlechtert. Dass die neue Regierung den inflationären Rubel abschaffte, untergräbt noch tiefer die längst abbruchreife sozialistische Bruderschaft. Den Rest besorgte eine Entscheidung des Parlaments, die böse enden kann: Im Jahr 2000 wurde Kirgisisch – dem Türkischen verwandt – alleinige Amtssprache: Unterricht an Schulen und Universitäten, jeder Kontakt mit der Bürokratie funktioniert seitdem ausschließlich in der Sprache der (knappen) Mehrheit.

Am Güterbahnhof treffe ich Alexej, seine Frau Ludmilla und ihre zwei kleinen Töchter. Der leere Wagon steht offen, die vier Russen sitzen davor, mitten im Hausrat ihrer aufgelösten Existenz. Das Quartett zieht um, ins ferne Nowosibirsk. Mit dem von Großmutter geerbten Küchenschrank und einer mittelschweren Depression. Vertrieben von einer schwarzen Zukunft, in der keiner mehr Russisch spricht und alle Kirgisisch lernen müssen. Jetzt spüren sie die Revanche jener, deren Sprache eineinhalb Jahrhunderte lang unterdrückt wurde.

Bei Alexej und Ludmilla zeigt es sich wieder unverhohlen: diese slawische Lust aufs Unglücklichsein, diese ununterbrochen geleierten Elendstiraden. Deshalb ihr Trotz, ihr Widerstand gegen fremde Wörter. Ihr Nijet ist einmalig, nirgends auf der Welt klingt ein Nein unwiderruflicher und larmoyanter. Notfalls gilt der mildernde Umstand, dass diese schockartige Erfahrung – das Zersplittern der Sowjetunion – sie enterbt, sie umreißt. Sie, ehemals die Herren Asiens, sie sollen nun hinhören und Anordnungen ausführen.

Die Entscheidung des Parlaments wird teuer. Mehr als ein Fünftel der über vier Millionen Einwohner waren Russen. Nun schrumpft ihr Anteil täglich. Alexejs Familie ist kein Einzelschicksal. Jeden Tag stehen Küchenmöbel auf dem Bahnsteig. Den Verlust dieser Vorarbeiter, Fachkräfte und Techniker, Frauen wie Männer, werden auch die Kirgisen spüren. Schon jetzt müssen Fabriken aufhören, lahmgelegt aus Mangel an Fachpersonal.

Die Mutigen bleiben. Wie Wladimir. Er träumt von einem strahlend blühenden Kirgisien, »in das fremde, schöne Frauen reisen«. Um bei ihnen seinen grünäugigen Charme und sein Deutsch auszuprobieren. »Ich heiße Wladimir«, das war der erste Satz, den er als Knirps in der so fernen Sprache aufschrieb. Hinterher entdeckte er seine Liebe für sie und zog vom Bauerndorf ins große Bischkek. Da gab es Busse. Bevor er sich auf den Weg zur Universität machen konnte, musste er herausfinden, wie mit einem Bus umgehen, wie einsteigen, wie ihn verlassen. Er hat alles gelernt. Auch sein Handwerk als Fixer. Er führt mich zur stolzen G.

G. lädt zum Mittagessen. Unter der Bedingung, dass ich keine Namen preisgebe. G., die so Ansehnliche, die Nacktbeinige, kommt mit Wagen und Chauffeur. Sie hat die Zeichen der Zeit erkannt, sie ist »wirtschaftlich tätig«. Dass ihr Clan im Augenblick 15 Schnapsbuden besitzt, in denen Trunkenbolde und Wiederverkäufer 96-prozentigen Spiritus einkaufen, ist absolut legal. Dass die einen ihn pur konsumieren, die anderen ihn im Verhältnis eins zu eins mit Wodka mischen, ist uralte Tradition.

Was das Essen so kurzweilig macht, ist G.s Einführungskurs in die Schutzgebührenordnung des städtischen »racket«. Wie alle benutzt sie das englische Wort für die lokale Mafia, die als Erste auf die profitablen Hintereingänge von Demokratie und Unabhängigkeit reagierte.

Damit nichts niederbrennt und kein Leid geschieht, damit keiner entführt wird und niemand aus ihrer Verwandtschaft vorzeitig ablebt, kam bis vor Kurzem jede vierte Woche der »Kassierer« bei G. vorbei, um die fällige »Prämie« – Cash im Briefumschlag – abzuholen. Ein nervöser Typ, dieser Mensch. Im Höchstfall wurde ein Monat gestundet, dann umstandslos gezündelt. G. weiß natürlich, dass die Kirgistan-Gang zur Moskau-Gang gehört. »Gangster«, lächelt sie, »hatten noch nie ein Nationalitätenproblem.«

Jetzt klopft kein Kassierer mehr an. Denn die Konkurrenz, das staatliche Banditentum – die Polizei – ist bereits bei ihr vorstellig geworden. Mit einem Gegenangebot. Preisgünstiger. Allerdings mit der Zusatzklausel, dass bei Wiederbeschaffung gestohlener Waren die Hälfte des Diebesguts an die Beamten geht. Als Sonderprämie. G. hat ebenfalls erfahren, dass der Kassierer – der Prokurator der Mafia – inzwischen Kontakt mit der Polizei aufgenommen hat. Man will ein Gentlemen's Agreement ausarbeiten. Damit niemand zu kurz kommt.

Demokratie zieht hier ein, kein Zweifel. Auch ihre hellen, ihre harmlosen Seiten. Deftige Bilderbücher mit vierfarbigen »hot shots« liegen nun überall aus. Die Lust auf Schweinigeleien verlässt den Untergrund. Das Leben wird wahrer. Nach so vielen Jahren staatstragender Heuchelei ist das eine Wohltat für Mann und Frau, die gemeinsam – erfrischender Anblick – die neuen Sehenswürdigkeiten durchblättern. Die geistige Magersucht hört auf, Weltliteratur und »french erotic positions« finden ihren Weg hierher.

Von der Lower East Side in New York kam das internationalste, das schnellste Betrügerspiel moderner Zeiten: drei gezinkte Karten am Straßenrand mischen, sie blitzschnell auf dem mitgebrachten Tisch legen und eine von ihnen, das Ass, raten lassen. Und wieder, wie sonst auf der Welt, fallen die meisten darauf herein.

Valeri, der Maurer, sitzt vor einem Rohbau und liest Fitzgeralds »Notsch Neschna«, *Zärtlich ist die Nacht,* und träumt dabei von den Sorgen unglücklicher Nichtstuer an der französischen Riviera.

Und die 22-jährige Nonne Illiria zieht in weißer Kutte durch

Bischkek, um von Maria Deve Christos, der »Mutter des Friedens«, zu erzählen. Spätnachts soll ich Ausschau halten. Denn da, wo ein Stern ganz oben blitzt, dort – genau darunter – befindet sich die Friedensmutter. Auf der Flucht, da Frieden stiftend aus allen Ländern verjagt. Im Hochsommer, so ließ sie ihre 140 000 Nonnen wissen, wird ein schöner Satan erscheinen, sich zum Zar aufschwingen und Kreditkarten – »Teufelswerk« – einführen. Nicht genug der Niedertracht. Am kommenden 21. November wird das Unfassbare geschehen, alles ist bereits geweissagt: In Kiew, mitten auf dem großen Platz vor der Sophienkathedrale, wird der Zarensatan die friedliche Jungfrau aufs Kreuz legen und totnageln. Illiria lächelt sinnig. Sie weiß Bescheid. Die Vertriebene, so flüstert sie selig, wird die blutige Nagelei überstehen und unversehrt gen Himmel rauschen.

Kleines, liebes Bischkek, geschmückt mit dem »Arbeiterflamme-Orden«, mit roten Tulpen und einem so vieles heilenden Blick auf das nahe Tien-Shan-Gebirge. Grünes, stilles Bischkek, nur hier und da vernarbt von diesen betongewordenen Größenwahndelirien eines Turdakun Usubalijev, der ein Vierteljahrhundert lang als Parteichef Statistiken frisierte und das Land in den Ruin korrumpierte.

Das Betreten eines Lebensmittelladens ist noch immer – auch acht Jahre, nachdem der Bonze von Gorbatschow gefeuert wurde – ein Kraftakt. Das Eindringen in ein öffentliches Restaurant erfordert Sachkenntnis und einen festen Charakter. Einmal stehen wir kurz nach 12 Uhr vor einer verschlossenen Tür, ich klopfe, ich hämmere. Bis jemand mürrisch den Kopf herausstreckt und den originellsten Satz sagt, den ein Wirt sagen kann: »Wegen Mittagspause geschlossen!« Einmal, woanders, hängt draußen ein Schild: »Keine freien Plätze mehr!« Wir schleichen trotzdem hinein. Der Koch und zwei Bedienungen lungern an einem Tisch, Zeitung lesend. Die restlichen 230 Plätze: frei.

Abends liegt die Hauptstadt im Dunkeln. Man wüsste nicht, wohin sich verirren. Ein paar unglücklich geschminkte Damen sitzen im Gebüsch und warten auf Kundschaft. Ein paar Schwarzhändler, von Schutzgeldern beschützt, breiten neben ihren Gaslampen amerikanische Zigaretten und englischen Whisky aus. Und weitab vom Zentrum höre ich endlich ein lautstarkes Lebenszeichen: die Todesschreie einer Frau. Sie kommen aus einem Freilichtkino. Der Vollmond scheint über der Leinwand, auf der ein pralles Hollywoodsternchen ihrer prallen Feindin mit einer Black+Decker-Kreissäge die Brüste entfernt: »Bloodsucking Pharaohs in Pittsburgh«, *now in town.*

Die 29 anwesenden Bischkeker gehören zur ungeheuren Minderheit, denn das gängige Abendprogramm lautet: »smotrim televizor doma«, *fernsehen und zu Hause hocken.* Sie gehen nicht hinaus, nicht aus, sie flanieren nicht. Wo auch.

Zudem haben sie Angst. Dass gerade in diesen Tagen ein Kannibale mit den noch nicht verzehrten Gliedmaßen seines Opfers im Einkaufsnetz von der Polizei aufgegriffen wurde, heißt nichts anderes, als dass vor der Haustür der Horror wütet. Der Menschenfresser, so einmalig wie in jedem Land, ist ihre Ausrede. Dennoch, sie beweist etwas Typisches: dass zu Zeiten des Kommunismus Gewalttaten nicht vorkamen. Weil nicht veröffentlicht. Jetzt, im rauen Wind demokratischen Pluralismus, tauchen die ersten Zahlen auf. Und damit der Schrecken. Die Verbrechensrate legt zu, unbestritten. Doch gewiss harmlos im Vergleich zu westlichen Großstädten.

Aber ja, Vergnügungen gibt es. Wie das Lesen der Kleinanzeigen in der lokalen Abendzeitung. Hier blüht alles, was bisher nie ausgesprochen werden durfte: Fantasie, Kapitalismus, Sünde, Fluchtbewegungen, Schleichhandel. Und erlaubt sagenhafte Einsichten in das so schwere, so schwierige Leben in dieser wunderlichen Hauptstadt. Hier ein paar Kostproben.

Teil eins, die Wegzieher:

Tausche Zucker gegen Auto.

Tausche Garage gegen Benzin.

Tausche Datscha gegen Lastwagen.

Tausche Wohnung gegen Anhänger.

Tausche Wohnung in Bischkek gegen Wohnung in Omsk.

Tausche Goldkronen und Orden gegen Umzug nach Moskau.

Teil zwei, Damen & Herren:

Suche Fahrer mit Wagen und Mädchen ohne Komplexe!
Hallo reiche Männer. Wir unterhalten!
Fräuleins warten. Mit Überraschungen!

Teil drei, Bankrotte & Gerissene:

Verkaufe Rollstuhl.
Verkaufe Flugticket, eine Herrenhose und Damentaschen.
Biete Tee aus Indien gegen Spaghetti aus Italien.
Verkaufe bares Geld!

Noch ein Kommentar zum letzten Angebot: Die Banken des Landes zahlen nur geringe Bargeldbeträge aus. Wer ein dickeres Bündel braucht, wendet sich an den Verfasser dieser Anzeige. Und so läuft es ab, ein Beispiel: Der Bargeld-Reiche gibt dem Bargeld-Armen 50 000 Som auf die Hand. Der überweist sogleich 70 000 Som auf das Konto des Gläubigers. So hat der eine die Scheine zur Verfügung, und der andere hat entschieden mehr Geld auf seiner Bank. Klar, ein Wucherbusiness, das sozialistische Bankwesen in Topform. Jeder ist gleich, aber Bargeld macht gleicher.

Ich packe. Selbst mit meiner (bescheidenen) Geldmenge ist das offizielle System überfordert. Wir müssen zum Tschu Prospect. Wie vor tausend Jahren, als hier die Seidenstraße verlief, warten die Händler, diesmal die Schwarzhändler, auf Kundschaft. Sie wechseln meine Dollar. Auf der gegenüberliegenden Seite steht groß auf ein Hausdach geschrieben: »Immer bei Verlassen der Wohnung den Gashahn abdrehen.« Wladimir grinst, der Gashahn ist abgedreht!

Jetzt ist Zeit, um das wunderschöne Kirgistan zu besichtigen. Mit seinen zehn Millionen Schafen und seinen 70 000 Hirten. Mit Schura, der Landstreicherin, die mit mir nach China wandern will. Mit einem jungen Mann, der den Beweis der Jungfräulichkeit seiner Frau stolz durch die Dorfstraßen spazieren trägt. Mit Aïna, der Geheimnisvollen, die einen Mann heiraten wird, nach dem sie keine Sehnsucht verspürt. Mit Swetja, der

Friseurin, der Russlanddeutschen, die endlich auswandern will. Mit Jangebei, der für uns betet, damit es uns gut geht und alles gut wird. Mit Kirgisen, Usbeken, Russen und ihrem Misstrauen füreinander. Mit einem Sozialismus, der uns harsche Fastenkuren verordnet. Und mit einer Wärme und Entschiedenheit, die mich (nicht den robusten Wladimir) an den Rand einer Alkoholvergiftung und eines möglichen Herzstillstands treiben. So gewaltig werden die Wodkamengen, Pralinenschachteln und Fleischberge sein, mit denen sie uns zwangsernähren.

Durch das kleine Bischkek bin ich zu Fuß marschiert. Für das kleine Land, 200 000 Quadratkilometer, brauche ich einen Wagen. Die Eisenbahn fährt nur ein Stück vorwärts und rückwärts, und das Busnetz ist löchrig wie die Busse. Zudem wagt sich kein Fahrer in bestimmte Gegenden. Ein Achsenbruch droht, ein Genickbruch. Aber ich finde Anatoli und seinen Lada. Er lässt sich darauf ein. Hinterher werde ich ihn umarmen und für den Orden des »Helden der Arbeit« vorschlagen: für das unfallfreie Überfahren von 3000 sozialistischen Straßenkilometern.

Und ich habe Wladimir, meinen Übersetzer und Pfadfinder. Er ist mir treu wie eh. Er kennt die Pfade in die Hirne jener nun im Aussterben begriffenen Rasse, die noch vor Kurzem – mit dem besonderen Kennzeichen »Betonkopf« im Parteibuch – die Kirgisische »SSR« zur drittärmsten Sowjetrepublik herunterwirtschaftete.

Auch wahr, Polizei und Militär versperren noch immer den Weg. Zähe Erblast eines jahrzehntelang installierten Systems permanenten Argwohns. Ihnen jede bizarre Vermutung auszureden ist die eine Kunst Wladimirs. Die andere ist sein Umgang mit der deutschen Sprache. Er ist perfekt. Fast. Und diesem »Fast« verdanke ich Freudentränen und eine auf geheimnisvolle Weise tiefere Einsicht in den Zustand der Dinge und Menschen, denen wir begegnen.

Es gibt eine einzige Straße nach Osten, und die fahren wir. Nach einer halben Stunde kommen wir nach Kant. Ein »deutsches« Dorf. Viele der einst 100 000 Russlanddeutschen in Kirgistan sitzen hier auf ihren Umzugskartons und warten. 30 000 haben das Land bereits verlassen. Sie bedrängen dieselben Ängste wie die anderen Minderheiten: Kirgisisch lernen müssen und keine berufliche Perspektive für ihre Kinder erkennen. Von Katharina II. nach Russland gelockt, von Stalin nach Sibirien und Zentralasien verschleppt, träumen die Urururenkel jetzt davon, wieder in ihr »Urheimatland«, ja, nach »Deidschland« (sic!) zurückzukehren.

Damit es nicht zu viele werden, hat sich die Bundesregierung einen 54 Seiten und 1287 Fragen starken »Antrag auf Aufnahme als Aussiedler« plus ein dreiseitiges »Merkblatt« plus Wartezeiten bis zu 36 Monaten ausgedacht. Die Hälfte davon hat Swetja, die Friseurin von Kant, schon abgesessen. Und sie wird durchhalten, lässt sich von keiner Verzögerungstaktik aushungern. Deutschland ist für sie der Inbegriff des Leichtsinns, der Schönheit und »aller Bedienungen«. Versonnen blickt sie durch das Fenster ihres Salons, sieht zwei kalorienreiche, in Kopftuch und Strickjacke verpackte Babuschkas vorbeigehen und kommentiert poetisch die Szene: »Ich will hier weg, ich will ewig Frau sein dürfen.«

Auf dem Markt kaufe ich drei Snickers-Schokoladenriegel – »humanitäre Hilfe« aus dem Westen, zuletzt bei Schwarzhändlern gelandet. Etwas Bemerkenswertes geschieht, ein Vorgang, der sich so mehrmals wiederholen wird: Ich esse den Riegel sofort, Anatoli und Wladimir stecken ihn ein, horten ihn. Das tun sie grundsätzlich, sagen sie. Ganz unbewusst. Ein lang trainierter Reflex, um für Notzeiten gerüstet zu sein.

Fahrt vorbei an gelben Rapsfeldern. Wladimir berichtet, wie er als Kind Opium erntete: abends die Fruchtkapsel aufschneiden und morgens den Milchsaft einsammeln. Unter Militäraufsicht. Jedes Gramm wurde notiert und gewogen. Dann vom Staat konfisziert. Das war vor zwanzig Jahren. Jetzt hat die »Privatwirtschaft« den Handel übernommen, heimlich, auf versteckten Wiesen. Die viele kennen.

Am Nachmittag erreichen wir den Issikkulsee, ein grünes Meer. Am Strand stehen und die leisen Geräusche der Welt vernehmen. Das Wasser, den Wind, die Gesten verliebter Vögel.

Und Wladimir zuhören, der das Märchen von diesem See erzählt: die Geschichte der zarten Prinzessin und des bösen Fürsten. Lieber will sie von der höchsten Schlosszinne springen, als sich dem Wüstling hinzugeben. Liebt sie doch einen anderen. Und sie springt tatsächlich. Dabei stürzt die ganze Raubritterburg ein, ein gewaltiges Loch entsteht. Das sich langsam mit den Tränen der Unglücklichen füllt. Ihr Schmerz ist beinahe ozeanisch. Über 6000 Quadratkilometer groß wird der See.

Noch weiter nach Osten, den See entlang, durch Dörfer mit der unvermeidlichen Leninglatze und den bunten, schweren Decken an den Gartenzäunen. Symbol des Reichtums, den sie jeden Tag herzeigen und auslüften. Vorbei an alten Männern mit Gesichtern so verwittert und dunkel wie der Baumstamm, auf dem sie sitzen. Sie warten auf den Tankwagen mit Wasser, 300 Meter vom zweitgrößten Gletschersee der Erde entfernt.

Die desolate Infrastruktur. Ein paar Kilometer später wird sie auf witzige Weise überdeutlich. Am Straßenrand steht das schmutzige Willkommensschild der »Pobeda-Kolchose«, der *Kolchose des Sieges.* Irgendwann sind die zwei ersten Buchstaben heruntergefallen, jetzt heißt es »beda«, *Unglücks-Kolchose.*

Hinter dem Elend liegt Pokrovka, kleine Stadt, die einen ganzen Tag das Glück verspricht. Reiner Zufall, dass wir rechtzeitig zum jährlichen Sommerfest vorbeikommen. Nein, keine dieser todfaden Folkloreveranstaltungen, sondern Sinnenlust, Raufen, Frauen und Männer, die dem Zuhörer zuletzt den halben Verstand rauben, wenn sie zu singen anfangen.

Die Ringer reiten ein. Wiesenmitte. Je zwei nackte Männeroberkörper unter stahlblauem Himmel. Handschlag, und sofort versucht einer den anderen vom Gaul zu stoßen. Das freudige Gejohle von den Rängen, wenn der Verlierer zu Boden segelt. Dann eine Gerade entlangpreschen und blitzartig vom Sattel abtauchen, um einen Fetzen Stoff aufzuheben. Dann zwei aufmarschierende Seilzieher-Crews, die ihre Muskeln auspacken und sich gegenseitig in den Dreck zerren. Um zuletzt »Kiskumai« zu spielen, *Fang das Mädchen:* Vom Wiesenrand sprinten gemeinsam ein »Dschingit«, ein junger, hübscher Kerl, und die

»Kis«, die Ersehnte, los (die wenige Meter Vorsprung bekommt). Und die Peitschen knallen, und die Zöpfe fliegen. Zwölf Sekunden hat er Zeit, um sie einzuholen, im gestreckten Galopp. Schafft er das, darf er sie vom Pferd heben und – »Küssen ist der höchste Preis«, strahlt Ahmatbek – küssen.

Nach dem Schmusen schlachten sie. Eine Ziege. Nähen den Messerstich wieder zu und waschen das Blut weg. Dann reiten zwanzig Mann auf das Feld. Je zehn bilden eine Mannschaft. »Ulak-tartysch« fängt an. Raues Spiel für raue Kerle, die nun versuchen, sich gegenseitig das tote Tier vom Sattel zu reißen. Um sofort mit der Beute loszujagen und sie hinter die Linie zwischen zwei Pfosten zu schleudern. Ziegenrugby.

Hinterher Mittagessen. Natürlich sind wir eingeladen. Kirgisische Gastfreundschaft rührt bisweilen an die Grenzen körperlicher Nötigung. Wären wir angewiesen auf die Nahrungsaufnahme durch staatliche Betriebe, ein Hungerödem würde sich ausbreiten in unseren Mägen. Ob wir jedoch ohne Spätfolgen die ununterbrochene (private) Zufuhr von Kalorienbomben und Alkohollitern überstehen werden, ist noch nicht entschieden.

Heute gibt es das Nationalgetränk Dscherma (Weizenbier), Kumys (Stutenmilch), Saft (gelbe Russenlimonade), Chai (Tee) und – vorher, zwischendurch, nachher – Arrak, hochprozentigen Wodka. Dazu, in jeweiligen Dschingis-Khan-Portionen: drei Sorten Brot, eine Vorspeise mit Keksen und Wurst, eine erste Hauptspeise mit Rindfleischsuppe und Kartoffeln, eine zweite Hauptspeise mit Eiern, Kartoffeln, Beefsteak und Hühnchen, eine dritte Hauptspeise mit Bouillon und Ei, eine vierte Hauptspeise mit Hammelfleisch und Nudeln. Und einen Radieschensalat als Nachspeise. Das sei, behaupten sie fröhlich, nomadische Tradition: einmal am Tag essen, einmal sich abfüllen wie ein Kamel.

Am Nachmittag ziehen alle ins kleine Stadttheater. Und singen. Von der Liebe zu ihrem See. Die funktioniert. Und der Liebe zwischen Frau und Mann. Die nicht funktioniert, nicht oft. Doch was immer verführt, nie aufhört zu blühen, nie vergeht: ihre Lieder, so hell, so schwermütig, so sinnlich.

Wir übernachten in Karakol. Der Name bedeutet »schwarze Hand«. Eine Legende erzählt von einem Aufrichtigen, dessen Hand im Feuer nur rußte. Weil er die Wahrheit sagte. Aber der Lügner zuckte zurück. Denn seine Hand fing an zu brennen.

Die aufrichtige Wahrheit über dieses Kaff ist dunkelschwarz. Sechzigtausend Einwohner, eine schmierige Absteige als »Hotel«, versperrte Restaurants, die aufgegebene Tankstelle, Zuckersäcke schleppende Babuschkas, die Leninglatze, die toten Straßen. Und der versoffene Nicolai, der ein paar Worte Deutsch spricht (Militärdienst in der DDR) und für den nächsten Tag, um 23 Uhr, eine Lieferung »Anashar«, *Haschisch,* verspricht.

Dennoch wird diese »Bezirkshauptstadt« zu einem außergewöhnlichen Ereignis. Viel rauschhafter, viel gefährlicher als Nicolais mittelmäßiges Dope. Denn seit Tagen grassiert eine neue Droge in Karakol. Ihr Dealer kommt aus den Staaten und nennt sich Reza Safa. Er hat das ansteckendste Rauschgift der Weltgeschichte im Gepäck, eine Seuche, die hier unter dem Decknamen »Religion« Orgien der Verdummung inszeniert.

Auf den Plakaten steht: »Jesus Christus heilt heute«. Heute ist Samstag, und um 16 Uhr platzt das Stadion. Zehntausende wollen geheilt werden. Die Freilichtbühne, ein Polizeiaufgebot, ein privater Ordnungsdienst, vier Musiker, alle Requisiten und Akteure für die Hanswurstiade stehen bereit. Bevor Safa auftritt, kommen die niederen Chargen zu Wort, die Einheizer. Ehemals Verzweifelte, Ex-Verkrüppelte, Ex-Verlorene, Ex-Blinde, Ex-Taube, Ex-Lahme, denen Jesus Christus über den Weg lief. Und der sie aufnahm und nach kurzer Zeit kuriert entließ. So die Fake News.

Dann Safa. Amerikanischer Staatsbürger, im Iran geboren, momentan als Stellvertreter des Herrn in Kirgistan unterwegs. Seine Nummer verdankt er der neuen politischen Situation. Er ist nicht allein. Ein Heer religiöser Quacksalber überzieht augenblicklich Zentralasien. Im beinharten Kampf mit der orthodoxen Kirche, mit Katholiken, islamistischen Fundamentalisten und anderen Freelance-Missionaren. Kämpfen Gottlose um Land, sie, »the men of god«, schachern um den Himmel.

Was Safa ins Mikrofon schreit, schreien seine beiden Übersetzer hinterher. Auf Russisch, auf Kirgisisch. Das Volk muss auch schreien, schreiend antworten: »Are you happy?« – »Da! Da! Da!!« Es muss klatschen: »Give Jesus a hand!« Muss die mitgebrachten Wassergläser hochstrecken: »Let's pray for holy water!«, muss alle reparaturbedürftigen Körperteile – Leber (!), Augen, Ohren, Becken, Knie, Brüste, Bäuche – anfassen, schütteln, quetschen und dabei inbrünstig zum Herrn Jesus Christus beten.

Das ist nicht ohne Komik, wenn 5000 Babuschkas gleichzeitig ihre Wasserfüße schlenkern. Der Dressurakt erreicht seinen irrwitzigen Höhepunkt aber erst, als eine Hundertschaft Gehörloser, Klumpfüßiger und Stotterer auf die Bühne kommt und Reza Safa – schon schweißgebadet im Erlöserwahn – die Heilung persönlich übernimmt. Dann stecken die Tauben ihre Zeigefinger in die Ohren. Denn der Teufel sitzt im Gehörgang, weiß Safa Christus, packt den Kopf einer armen Frau und brüllt ins voll besetzte Hippodrom den erstaunlichen Satz: »Leave the ear, Satanos, in the name of Jesus, leave the ear!«

Kurz darauf werden alle als »geheilt« entlassen, und die keuchende Teufelsaustreibung findet ihren krönenden Abschluss: Jede und jeder muss nochmals zurück auf die Rampe und sein und ihr Wunder von Karakol erzählen. Dann vorturnen, sich bücken und beugen, auf Biegen und Brechen beweisen, dass der Beelzebub dem gerade noch geschundenen Körper entfuhr. Das rührt an, wenn man sieht, wie die Alten – kaputt und kraftlos wie eh – verzweifelt versuchen, an den Hokuspokus zu glauben. Nach drei Stunden hat das Narrenspiel ein Ende.

Am nächsten Morgen Aufbruch ins Karakol-Tal. Wieder die Blicke auf ein grandioses Land. Über den Fluss in die Wälder. Auf den Bergwiesen die Schafe und neben dem Wasser die Jurten der Schäfer. Von April bis Oktober leben sie so, im Winter wohnen sie in den Häusern der Städte. Nur einen Tag benötigen sie, um ihr rundes Zelt einzupacken, mit dem Pferdekarren auf die nächste frische Wiese zu ziehen und ihren Besitz dort aufzubauen. »Unser Reichtum muss tragbar sein«, sagt Talant, der uns herüberwinkt und einlädt. Alles da: das Baby in der Wiege, die bunten Decken, der Samowar, eine Öllampe, eine Feuerstelle, ein Bottich voll warmer Milch, eine Kiste mit Geschirr. Es gibt »Bormotudscha« – von »borrmotatsch«, *plaudern* –, den *Plauderwein.* Dass wir dableiben sollen, um plaudernd eine Ziege aufzuessen, ich brauche es nicht zu erwähnen. Ihre Großzügigkeit lässt ihnen keine Wahl.

Der weite Weg in den Süden, nach Naryn. Menschenschwärme auf den Äckern. Heute ist Sonntag und die Gelegenheit, das von der Kolchose kostenlos zur Verfügung gestellte Land zu bewirtschaften. Die jetzige Regierung hat die Flurschäden des Kommunismus noch nicht bereinigt, sich noch immer nicht für den Privatbesitz von Grund und Boden entschlossen. Zu tief hocken die Ängste, zu tief sitzt die Sehnsucht nach dem (vertrauten) Schlendrian der schlechten alten Zeit.

Das ist vielleicht die deprimierendste Erfahrung auf dieser Reise: dass ich keine Frau und keinen Mann (außer Wladimir!) treffe, die ihre neue Freiheit bejahen. Niemand kann sich erinnern, was das ist. Und da herrscht kein Unterschied zwischen Kirgisen, Russen, Usbeken und Russendeutschen. Die so erfolgreich von Reza Safa verabreichte Gehirnwäsche taugt als Indiz: Nicht der Mensch ist das Schicksal des Menschen, sondern der Zar, der Pope, Jesus Christus, die Partei, Mister Safa. Gefordert sind Untertanen, nicht freie, frei entscheidende Bürger. Der Abschied von Moskau – so brutal die Genossen auch gewütet haben – tut ihnen weh, doch Freisein entwurzelt sie.

Nach dem Ziegenfrühstück wird der Tag zur strengen Fastenkur. In Balikdschi, der westlichsten Stadt am Issikkulsee, finden wir ein Restaurant, das eine ungenießbar stinkende Kartoffelsuppe serviert. Hungernd müssen wir weiter. Tiefer im Süden, in Kotschkorka, steht eine Ladentür offen. Davor sitzen Verkäuferinnen, die barsch wissen lassen, dass »geschlossen« ist. Zwei Stunden lang sei jetzt »Mittagspause«. Die scheint in diesem Land eine heilige Pause zu sein, eisern wird sie eingehalten. Unsere Bitten rühren sie keinen Zentimeter. Ihr träges Gehabe erklärt sich wohl aus der Tatsache, dass nichts in diesem Staatsbetrieb sie aus ihrer boshaften Faulheit locken, sie zu irgendetwas anspornen könnte. Denn Arbeitsplatz und Gehalt sind vererbbar. Ihr Desinteresse an den Kunden bleibt folgenlos.

Wir steigen. Unübersehbar, Kirgistan besteht zu 80 Prozent aus Bergen. Oft erinnert die Landschaft an Arizona, so rot die Hügel, so blau die Luft, so leer die Welt. Vorbei an Pferden und schlafenden Hirten, vorbei an Leninköpfen in hoher Felswand und vorbei an Schura, der Landstreicherin, die wir mitnehmen. Ihre Fahne weht durch das stark dezimierte Gebiss. Doch die Alte beschwingt. Bald gesteht sie, dass sie in mich verliebt ist. Kurzfristig. Bis zum nächsten Dorf mit einem gelben Bier-Tanklaster. Hier muss sie tanken. Sie winkt uns heiter nach. Ihren innigsten Wunsch, mit mir ins nahe China zu wandern, hat sie schon vergessen.

Am Spätnachmittag erreichen wir Naryn, 2000 Meter hoch. Aus dem ehemaligen Posten an der Seidenstraße soll heute eine »Special Economic Zone« werden. Bis es so weit ist, stehen auf dem Hauptplatz noch immer die hundertfach vergrößerten Orden herum, die Moskau mit souveränem Zynismus seiner Kolonie Kirgistan verlieh. Neben mehrfachem Leninblech auch – am 29.12.1972 war es so weit – der »Orden der Völkerfreundschaft«.

Hätte ich einen Orden zu verschenken, ich gäbe ihn Kolar, einem 33-jährigen Taxifahrer, der uns abfängt und nicht passieren lässt. Weil ich ihn an seinen liebsten Freund erinnere, einen Russlanddeutschen, der letztes Jahr wegzog. »Ich liebe ihn wie mein Brot«, sagt er und packt uns mit in den Fond. Die ganze Familie ist auf dem Weg zu einem Picknick. Bevor es dazu kommt, werden Blut spritzen und Adrenalin.

Wir verlassen die Stadt. Hinter uns der Schwager Kolars, er hat den Wagen ebenfalls voller Verwandtschaft. Wir kommen zu einer Senke, uneinsehbar von der nur Schritte entfernten Straße. Das ist ein passables Versteck, da Branntwein fließen wird und öffentlich Alkohol konsumieren verboten ist. Der abgeschirmte Platz schützt nebenbei vor zudringlichen Polizeistreifen, sprich Schmiergeldforderungen.

Alle sind bester Stimmung, auch die Frauen trinken. Und jeder riecht heftig an der blauen Frühlingsblume. Das soll Kraft spenden, heißt es. Gut so, denn die werden sie brauchen. Jetzt gleich.

Als wir zu den Autos zurückkehren, warten drei berittene Hirten auf uns. Sie schwitzen, verlangen nach Wasser. Was die andern nicht haben. Okay, dann eben Schnaps. Den die andern verweigern. Das Trio reagiert sauer, spuckt auf das Wagenblech, wird zotig. Drei Fehler auf einmal. Kolar hat gerade an der Wunderblume gesnifft, ordentlich gekippt, zudem darf er sein Gesicht nicht verlieren. Nicht vor seiner Familie, nicht vor den Gästen. Er stürmt los, reißt den Ersten zu Boden. Der Schwager und sein ältester Sohn Bakar übernehmen die restlichen beiden. Drei gegen drei, der Kampf ist fair.

Und von äußerster Härte. Kolar fischt eine Gummikeule aus dem Handschuhfach, die anderen lassen die Messer schnappen, ziehen ihre Peitschen, jeder greift nach umliegenden Pflastersteinen. Die Köpfe röten sich mit Blut und rasender Wut. Gäule gehen in die Knie, Kinder heulen, bleiche Mütter und zwei tapfere Babuschkas, die sich zwischen die Raufbolde drängen und energisch zum Frieden mahnen. Der nicht eher kommt als mit der Niederlage der Ruhestörer, die mit hinkenden Pferden und lädierten Oberkörpern davonreiten.

Der Halbmond zieht auf, wir fahren weiter und finden bald einen samtgrünen Buckel für unser Picknick, das Abendessen. Eine Decke ausbreiten, eine Feuerstelle graben, das mitgebrachte Schaschlik aufspießen, vier Flaschen leer trinken. Irgendwann kichern alle blau unter einem dunkelblauen Nachthimmel. Kolar findet sein Glück wieder, der Alkohol kühlt die Blessuren und das wunde Herz. Er trinkt, um wegzutauchen. Denn an der Oberfläche – habe ich ihn richtig verstanden – beginnt die Atemnot.

Tags darauf machen wir uns auf den Weg nach Talas, der einzig größeren Stadt, 30 000 Einwohner, im Nordwesten des Landes. Weiter Weg. Ein Teil der Strecke geht entlang der Grenze zwischen Kasachstan und Kirgistan. Hier müsste man alle hundert Meter anhalten und niederknien. Aus Dankbarkeit. Als Aïna, die per Autostopp unterwegs ist, zusteigt, verschärft sich dieses Gefühl. Wie gut, dass meine Augen so verschieden sind. Das rechte kurzsichtig, das linke taugt nur für die Ferne. So ist alles überdeutlich. Die Schönheit ihres Profils und – dahinter – die Schönheit der Welt: mit ihrer kasachischen Steppe, überzogen von rotem Mohn und hellvioletten Regenbogenblumen.

Wir übernachten in Orloff, nahe Talas. Wir spazieren, kommen an einem Grundstück vorbei, und der Hausbesitzer, Alexander, bittet uns hereinzukommen. Er zerlegt gerade sein Hab und Gut, um es nach Kaliningrad (vormals Königsberg) zu schaffen. Er gehört zu den letzten Russlanddeutschen, die das Dorf verlassen. Mit ihm wiederholt sich eine ungute Erfahrung: die Verachtung der Aussiedler für die Kirgisen. Weil ihre Hinterhöfe nicht so blitzen wie bei ihnen. Weil sie keine manische Arbeitswut plagt. Weil sie kirgisisch sind und nicht deutsch oder – »wenigstens« – russisch. Ihr Wortschatz passt zur Tranerei der Russen, die ähnlich nonchalant ihren weinerlichen Hochmut kundtun.

Alexander ist kein Hasser, kein Blutlecker. Er ist ein einfacher, hilfsbereiter Mensch. Und er muss kämpfen, wie alle anderen auch. Das System kujoniert jeden. Aber er ist wie viele seinesgleichen, die wir getroffen haben: eng im Kopf, fürchterlich eng.

Eine letzte lange Strecke liegt vor uns. Über 600 Kilometer sind es von hier bis nach Osh, der zweitgrößten Stadt des Landes. Reise mit Geheimnissen. Hinter Talas, auf einer steilen Anhöhe, treffen wir den jungen Dichter Shailubek. Er rezitiert Auszüge aus dem Nationalepos »Manas«, benannt nach dem Helden der Kirgisen, dessen Heldentatensagen zwanzigmal mehr Platz beanspruchen als die Hexameter von »Ilias« und »Odyssee« zusammen. Manas, der Ritter mit dem fliegenden Pferd und der tapferen Mutter, die drei Tage vor seiner Geburt drei Löwenherzen aß. Hier oben, in der Stille einer lautlosen Landschaft, sagt Shailubek, schreibt er auch, will seinen »geistigen Weg« finden und »die Seele leer reden«. Weiter unten steht ein Mausoleum, das Manas geweiht ist. Der Wind trägt die Wehklagen der Frauen herauf, die sich schluchzend die Wände entlangtasten. Einmal die Woche kommen sie hierher, um sich auszuweinen.

Schwierige Route. Über 3400 Meter hohe Pässe, über demolierte Straßen mit quer laufenden Eisbächen. Mit Wartezeiten, weil Bulldozer im Weg stehen und den frisch gehagelten Steinschlag aufladen. Mit ein paar Tausend Schafen, Kühen, Eseln, Kamelen, Hunden und Reitern als Gegenverkehr. Vorbei an winzigen Bergdörfern und dem riesigen Toktogul-Stausee.

Als wir Osh erreichen, hören die guten Nachrichten nicht auf. Wir betreten ein Restaurant, und keiner sagt »nijet«. Der Mensch lächelt sogar und lässt sich keinen Vorwand einfallen, um eine prompte Nahrungsaufnahme zu verhindern. Knapp die Hälfte der 210 000 Einwohner sind Usbeken. Selbst siebzig Jahre Kommunismus reichten nicht, um ihnen ihre Begabung für schnelle Geschäfte auszutreiben. Offene Läden, anwesende Verkäufer, der umtriebige Basar. Ein Clown plärrt, Seiltänzer tanzen, im Gedränge fingert eine listige Lady nach meiner Barschaft. Männer mit der typischen Dopa, der viereckigen Kappe auf dem braun gebrannten Schädel, bieten alles: ihre bunten Früchte, ihre stolzen Dolche, ja praktische »Pipiflöten«, handgeschnitzte Röhrchen, um zielgenau in den Nachttopf zu zischen.

Verlässt die Wirtschaft den privaten Sektor und übernimmt der Staat die Direktion, dann zieht – noch immer – der Mief unsäglicher Inkompetenz ein. In unserem Intourist-Hotel, einer nur dreizehn Monate alten Neubauruine, haben wir viermal Frühstück: viermal grünen Tee und viermal nichts dazu. Reklamationen kommen nirgends an.

Erheiternd jedoch die Erfahrung eines nächtlichen Streifzugs durch die Stadt. Friedhofsstille, in der ich plötzlich das Geräusch von Sensen vernehme: eine Bauernfamilie bei der heimlichen Mitternachtsernte. Hinter dem Rathaus mähen sie die Wiese, schaffen die Ernte auf einem gummibereiften Karren in Sicherheit. Eine Sternstunde von Unternehmergeist, direkt im Schatten einer kolossalen Leninstatue.

Der Ort lebt, schneller und intensiver als das müde Bischkek. Lebt auch seine dunklen Seiten. Der heilige Berg des Propheten Sulimai, mittendrin, hat den Krieg zwischen (kirgisischen) Usbeken und den »Original«-Kirgisen nicht verhindern können.

Selbst die Tatsache nicht, dass beide Parteien dem Islam angehören. Gewiss nicht der milde Greis Jangebei, der seit vierzig Jahren jeden Tag hinaufsteigt, um zu beten, »damit alles gut wird«.

Gut nicht, doch besser ist es geworden, das schon. Vor nicht langer Zeit gingen sie hier mit Mistgabeln, Fleischerhaken und Schusswaffen aufeinander los. Kampf um Land. Den sie mit 270 Toten und knapp tausend Verwundeten beilegten. Ein kalter Frieden, man spürt, wie sie sich nervös belauern. Die sozialistische Völkerverständigung – mit Panzerfaust etabliert und bewacht – bröselt. Alte Rechnungen tauchen wieder auf, drängen auf rasche, wenn nötig blutige Bezahlung.

Ein letztes Glück wartet noch auf uns. Auch dabei fließt Blut. Aber es ist Auslöser reinster Freude. Für alle. In Dschalalabad, eine Autostunde von Osh entfernt, finden wir die Wahrsagerin Eischacha. Was die Uralte mit ihren schwarzen Augen und 41 Mandelsteinen (!) mir – »In einem Jahr bist du schwerreich« – vorschwindelt, ist hocherfreulich, aber nichts, absolut nichts gegen die nackten, blutroten Tatsachen, zu deren Genuss Wladimir und ich eingeladen werden: Eischachas Sohn bringt uns zu seinem Freund, zu Miradschon, einem jungen Mann, dem augenblicklich glücklichsten Menschen der Welt.

Wir klopfen, ohne Anmeldung. Miradschon öffnet, heißt uns drei herzlich willkommen. Haus usbekischer Muslime. Traditionsbewusster, friedlicher Islam. Er führt uns ins schönste Zimmer, und Mutter und Tochter bewirten uns mit Brot, Kirschen und Pralinen. Die Familie zieht sich zurück. Während Miradschon uns Tee einschenkt und dabei mit der linken Hand das Herz berührt, beginnt er von seinem Glück und den aberwitzigen Begleitumständen dieses Glücks zu erzählen. Letzten Freitag war Hochzeit, das Fest, die Musik, das endlose Mahl. Er zeigt auf die mit Teppichen, Tüchern, Decken, Kissen und Kleidern vollkommen verstellten Wände des Raums. Lauter Geschenke.

Doch selbst an diesem entscheidenden Tag durfte er keinen Quadratzentimeter unbekleideter Haut seiner Braut anfassen. Aber sich immerhin spätabends an ihre Seite legen. Unter Aufsicht der Großmutter, die dort im Eck – er deutet neben die Tür –

Platz nahm. Als Nachtwache. Sodass keine vorzeitige Fleischeslust ausbreche. Denn erst Samstagnacht – »Allahu Akbar« – sollte sie »eruptieren«, Originalton Wladimir. Wobei Omi nun *vor* der Tür saß: damit alles seinen schmerzvollen, seinen lustvollen Gang ging. Und sie – Höhepunkt in einem usbekischen Großmutterleben – sonntagmorgens das rot gesprenkelte Leintuch beschlagnahmen konnte: um es leichten Herzens zu den Eltern der Ehefrau zu schaffen.

Wäre die Geschichte hier zu Ende, sie wäre bereits extravagant. Was sie hinreißend macht, verdanken wir Miradschon, der plötzlich seine Hosenbeine hochzieht, und zwei merkwürdig verbundene Fußknöchel kommen zum Vorschein. Dies hier, so der fünf Tage alte Ehemann, sei das von den Schwiegereltern in Streifen geschnittene Betttuch. So eingewickelt – die Blutstellen deutlich sichtbar – stolziert er nun durch die Straßen der Stadt. Damit alle Freunde und Bekannten ihn treffen und fragen können – »Und? Wie war's?« – und er nur lässig den Hosenstoff zu lüpfen braucht, um auf das eroberte Blut seiner Frau zu zeigen. Wortlos, triumphierend, im maßlosen Glück.

Die Reportage muss enden, wie sie begonnen hat. Mit einer Hymne auf Wladimir, meinen Übersetzer. Auf dem weiten Weg zurück zur Hauptstadt ist lange Zeit, um mich an vieles zu erinnern. Manches werde ich vergessen: sein freizügiges Herz, seine Umsicht und seine Geschichten aus der Bundesrepublik – wo er durch die hochglanzpolierte Glastür seines Hotels rannte. Nicht vergessen aber werde ich seinen beinahe makellosen Umgang mit der deutschen Sprache. Das Wort »beinahe« ist entscheidend. Denn was nicht makellos war, war in seinen spektakulärsten Momenten schlichtweg genial. Diese Augenblicke entblößten alles. Sein männliches Unterbewusstsein, sein tiefes Verständnis sozialistischer Zustände, seine Fähigkeit, sich mit Sprache auf wunderbar originelle Weise Menschen und Dingen zu nähern. Hier einige Auszüge, die feinsten.

Ich frage ihn, was er unternähme, hätte er eines Tages viel Geld. Und Wladimir: »Als Erstes würde ich meine Frau neu verkleiden.« Wir stehen vor einem Kino. Ich frage ihn nach der

Übersetzung des Titels, darauf Wladimir: »›Der Mann, der es mir besorgte‹, äh, falsch, ›Der Mann, der sich um mich sorgte‹.« Wir reden über das »racket«, die Mafia. Ich will von ihm wissen, aus welchen sozialen Schichten diese Leute stammen. Und Wladimir, eiskalt: »Aus allen Schichten, ein eher gemischtes Publikum.« Unser Auto setzt aus. Schlecht, da wir auf dem Weg zu einer Verabredung sind. Wladimir weiß genau, was zu tun ist: »Komm, lass uns ein Taxi fangen.«

Wladimir will seine Heimat nicht verlassen. Einmal redet er von »den vielen Problemen des Landes, die zu dem Herzen gehen«. Er will dableiben und sie lösen. Ach, Wladimir, wenn du wüsstest, wie Kirgistan mir zu dem Herzen ging.

LIDO DE PARIS

Schöne Frauen – Schöne Männer – Schöne Sünden

Es gibt dunkle Orte in Paris. Manche davon kennt man unter dem Namen »Darkrooms«: finstere Hinterzimmer, in denen Männer Männer anfassen. Um sich gegenseitig zu allen denkbaren Vergnügungen zu verführen. Ohne dass einer den anderen erkennt, ja, nicht einmal entkleiden ist notwendig. Darkrooms in Bars, in Saunen, auf Booten, die an den Ufern der Seine schaukeln.

Und es gibt den Bois de Boulogne, den riesigen Park im Westen der Stadt, in dem meist brasilianische Stricher Schwule bedienen. Oder Heteros, die zu betrunken sind, um den Betrug zu erkennen. Wieder in schützender Dunkelheit.

Und es gibt das Lido. Es ist das schiere Gegenteil der gerade erwähnten Adressen. Nichts ist heimlich, 7000 Kilo schwer ist allein die aus den USA importierte Lichtanlage. Denn hier soll alles strahlen und leuchten, hier soll alles in gleißenden Lichtfluten stehen. Sogar Dreijährige dürfen hinein, sogar die Gattin kann mit.

Nein, niemand wird befingert. Keiner, der nach knapp zwei Stunden ins tatsächliche Leben zurückkehrt, muss etwas beichten, etwas bereuen. Der Mensch wird eher schweben, so leicht geworden beim Lachen und Staunen.

Der erste magische Augenblick findet bereits vor Beginn des Spektakels statt. Für den Reporter. Unter Aufsicht der 181 Zentimeter großen Stéphanie, einer der 43 Tänzerinnen des Hauses, darf ich auf die Hinterbühne. Hier ist jeden Tag um diese Zeit Zirkus: Die Artisten turnen sich ein. Herr Ming balanciert seine riesigen chinesischen Vasen auf der akrobatischen Stirn. Die

»Los Ramos«, Vater und Söhne aus Spanien, werfen sich gegenseitig die Suppenteller an den Kopf. Die vier »Pellegrini Brothers« laufen im Handstand um die Wette. Melinda übt mit dem geschmeidigen Andrew den »Pas de deux des amoureux«. Und alle zwei Meter steht eine hochgewachsene Schöne und biegt ihre endlosen Beine weich.

Um Punkt 22 Uhr verschwinden Böden, schweben Himmel hernieder, und die 43 strömen – jetzt makellos halb nackt und von den sieben Tonnen Licht vergoldet – als strahlende Göttinnen auf die Bühne. In diesen Sekunden – begleitet von Aberhundert begehrlichen Augenpaaren – beginnt hinter Hausnummer 116 der Champs-Élysées »C'est magique«.

Ist der Andrang vehement, wie so oft, dann folgt kurz nach Mitternacht eine zweite Vorstellung. Hinterher werden Stéphanie und alle anderen Objekte der Sehnsucht vom hauseigenen Fahrdienst nach Hause gefahren. Herr Masazumi aus Yokohama – sein Name steht stellvertretend für alle anderen verträumten Zuschauer – wird sich pflichtgemäß und voll vibrierender Nebengedanken mit seiner Ehefrau auf den Weg zurück ins Hotel machen.

Zum Weltruhm – »The Most Famous Night Club in the World« – dauerte es lange. 1928 tauchte der Name Lido in der französischen Hauptstadt zum ersten Mal auf, als Thermalbad mit Casinoanschluss. Ein beliebter Rastplatz für die begabten Faulpelze der Belle Époque: Tee trinken, baden, Schach spielen, sich massieren lassen, Modeschauen besuchen, Jazzkonzerte hören. Der Clou war eine Gondelfahrt auf künstlichen Kanälen, mitten in Paris, nur ein paar Meter unterm Asphalt der Champs-Élysées.

Alles, was aus Venedig kam, galt damals als »terriblement chic«. So war die Idee, das Unternehmen Lido zu nennen, auf geniale Weise zeitgemäß.

Nach dem Krieg war Venedig out. Zwei clevere Brüder, Joseph et Louis Clerico, übernahmen das Etablissement und stellten es auf den Kopf. Und erfanden die Weltformel »dîner-spectacle«: dinieren und schwärmen, sprich Champagner trinken, ein edel zubereitetes Chateaubriand verzehren und dabei ununterbrochen auf die bestausgezogenen Frauen aus fünf Kontinenten starren. Das kann nur Franzosen einfallen.

Ein brausender Erfolg. Die Räumlichkeiten ächzten bald unter dem Ansturm, die Brüder und ihre Mädchen zogen 1977 ein paar Häuserblöcke weiter, jetzt endlich spektakulär genug – 6000 Quadratmeter und 1200 Plätze –, um Tag für Tag, vom 1. Januar bis zum 31. Dezember, insgesamt eine halbe Million Zuschauer zu bewirten und zu begeistern.

»Après quatre ans, une revue est fatiguée«, sagen die Profis. So muss alle vier Jahre eine neue Show her. Also werden die Superstars aus New York und Los Angeles eingeflogen, die Bankdirektoren um Geldberge angebettelt und ein noch fulminanteres Konzept entworfen. Das aktuelle kostete, nachdem aus der Idee in 24-monatiger Arbeit ein bombastischer Hokuspokus entstanden war, über zehn Millionen Euro.

Hier einige Zahlen, die schwindeln machen: sieben Tonnen schwere Projektoren und 17 000 Glühbirnen. Die zwei Lichtorgeln mit den kryptischen Namen »Cyber Lights« und »Pro Spots« gelten als ultimative technische Innovation. Der potenteste Videoprojektor der Welt wird für nur wenige Momente pro Abend eingesetzt. Eine Fontäne mit 23 000 Litern pro Minute, die ein halbes Dutzend Wassernixen nach oben liftet. Dank einer Hebebühne wird aus der Tanzfläche eine Eislaufbahn, groß genug, um zwei schlittschuhlaufende Verliebte auftreten zu lassen.

Über siebzig Tänzer und Tänzerinnen aus verschiedenen Nationen stehen unter Vertrag, daneben 150 Handwerker, zwölf Schneiderinnen und zwanzig Garderobieren, die in 600 maßgeschneiderte Kostüme und 500 Paar Schuhe hineinhelfen. Einmal vor Mitternacht, einmal nach Mitternacht. Schwerstarbeit, hängen doch an jedem Kleid Hunderte jener sagenhaften Lidofedern – Strauß, Fasan, Marabu: exklusiv aus der eigens dafür reservierten Züchtung.

Täglich arbeiten fast 450 Personen für den Betrieb, einschließlich die Perückenputzer, Kellner und Bürokräfte. Damit am Monatsende jeder entlohnt werden kann, müssen die Zuschauer –

allen voran Businessmen aus Japan, Singapur, Südkorea und Taiwan – weit über 100 000 Euro pro Abend an der Kasse hinterlegen.

Das funktioniert noch immer. Lido klingt nach Zauber und Frivolität, verspricht den Ausblick auf (scheinbar) unerreichbare Geschöpfe. Und es klingt märchenhaft französisch: Das wäre Versuchung und Eros, Leichtsinn und verruchter Flow.

Als Stéphanie mit ausgebreiteten Armen und einem Dekolleté – tief genug für zehn Jahre Fegefeuer – an die Rampe hüpft, fängt das limbische System der hier Anwesenden – mehrheitlich Männer – sich zu erhitzen an. Dass sich Stéphanie hinterher neben ihren langjährigen Boyfriend legt, müssen die Herren nicht wissen. Auch wird mit keinem Wort im Programmheft erwähnt, dass die meisten dieser himmelfernen Kreaturen ganz einfache Menschenkinder sind und manche bereits mit einem der im Parkett hantierenden Oberkellner verheiratet sind.

Da keiner der weit über tausend Zuschauer davon weiß und sich alle stillschweigend auf eine grandiose Illusion geeinigt haben, ist »C'est magique« eine Bombenshow. Keiner wird um einen einzigen Euro geprellt.

Vier verschiedene »Bilder« werden geboten: »Les Bluebell Girls« – seit einer Generation nur noch weltberühmt – tanzen und wirbeln um die Wette. Wer genau hinschaut, wird in der Truppe eine »hiérarchie du déshabillement« entdecken, eine *Hierarchie des Ausziehens:* Die »Girls« entblößen sich nie, die Nächsten, »Les Bluebell Nude Dancers«, legen – verbunden mit einer prompten Gehaltserhöhung – oben ab, und »Les Belles« sind noch teurer, sie besitzen die ergreifendsten Oberweiten und die begabtesten Beine.

In Zeiten der Gleichberechtigung wird auch für Hochstimmung bei den Ladys im Publikum gesorgt. Die 18 allerschönsten »Lido Boy Dancers« – in Slim-Fit-Ledergarderobe – grätschen über die Bühne. Als die vier Pellegrini-Brüder ihre wundersam gemeißelten italienischen Oberkörper freilegen, geht ein unanständig sehnsüchtiges Stöhnen durch den Saal. Dass die Boys und die Sizilianer zudem von einer Reihe alleinstehender Herren hier mit Wohlwollen betrachtet werden, selbst das ist nicht zu übersehen.

Einen muss ich noch erwähnen. Er gehört zu den Lieblingen der Götter, obwohl klein und eher krumm: Jan van Dyke ist schon nach seinen ersten zehn Atemzügen die Hälfte des Eintritts wert. Versucht er doch, mit Geige und Mikrofon ein Lied zu singen, das Lied von »Mechiko« (sic!). Irgendwann gelingt es, niemand weiß zuletzt, wie, denn inzwischen weinen alle vor aberwitzigem Glück, schaut keiner mehr hin, weil keiner das Hinschauen mehr aushält. Ach, wie kann ein einzelner Mensch so begnadet so viel Freude entfachen – mit einem so läppischen Lied wie dem Lied von Mechiko?

Ist das die wichtigste Funktion eines Abends im Lido? Genau hundert Minuten lang ununterbrochen politisch und sexuell inkorrekt zu sein? Uns entspannen, jede Hysterie der Wohlanständigkeit loslassen, ja lauthals lachen und unbestraft die Schönheit und Eleganz menschlicher Körper bewundern zu dürfen?

Noch eine Anekdote, sie beweist alles. Erdeo, der älteste der Pellegrini-Brüder, hat sie mir erzählt. Es handelt sich um heftigst mitgenommene Zuschauerinnen, die um eine persönliche Audienz bitten. So verlässt das Akrobatenquartett nach dem Schlussapplaus die Garderobe und geht hinunter zur Eingangshalle. Und da stehen die Damen und strecken wie von einer höheren Gewalt choreografiert die Hände aus: um – nur noch tonlos »merci« flüsternd – über die vier Marmortorsos zu streichen.

ROUTE 66

Mit dem Motorrad auf der romantischsten Straße Amerikas

»Sie wird nicht sterben«, sagt er. Dave ist ein Verrückter, 65 Jahre alt und leidenschaftlich verliebt. Wie andere Verrückte will er alles tun, damit sie am Leben bleibt. »Sie ist«, und dabei blickt er nachdenklich durchs Fenster, die Augen auf das gerichtet, was er so begehrt, »sie ist wie Elvis Presley – unsterblich.«

Eine Straße als Liebesobjekt, unvergänglich und millionenfach überfahren: mit Zorn, mit Verzweiflung, mit einem brennenden Herzen, mit maßloser Hoffnung. Und doch zu Beginn nur ein staubiger Trampelpfad für Indianer, für goldversessene Konquistadoren und die Kamele der amerikanischen Navy. Alle sind sie verschwunden. Die einen ausgerottet, die anderen vertrieben, die seltsamen Tiere längst wieder in Afrika.

Anfang des 20. Jahrhunderts wurde alles anders: Autos kommen zur Welt, lärmend und mit einer phänomenalen Geburtenrate. Die Sache ist entschieden, eine Straße muss her, durchgehend, zweispurig, von Ost nach West, mitten durch das Land. 1926 wird aus dem Trampelpfad die »Route 66«, die Herzschlagader Amerikas, vom kalten Chicago hinunter ins Paradies, nach Kalifornien.

Nicht viele *routes* haben Menschen so bewegt, so begeistert und betrogen, so viel Glück zu verantworten und so viel hundsgemeine Enttäuschung.

Fünf Jahrzehnte wird sie als »motherroad« (John Steinbeck) taugen, als »schwarze Schlange, die in den Himmel führt« (Henry Miller), als 3500 Kilometer lange Zufahrt in ein anderes Leben.

Dann ist es vorbei. Mitte der Siebzigerjahre überzieht ein gigantisches, 43 000 Meilen wucherndes Autobahnnetz – *the*

Interstates – Amerika. Schnell, riesig, grau, öde. Die Route 66 beginnt zu verkümmern, der Teer bröckelt, sie vergeht.

Jetzt ergreift die Amerikaner ein bedeutsames Gefühl: Sehnsucht. Sehnsucht nach dieser Straße, die so viel von dem symbolisiert, was einmal den Zauber und die Faszination dieses Kontinents ausmachte: Abenteuer. Neugier. Bewegung. Gefahr. Dave redet sich Mut zu, dreimal sagt er den Satz: dass sie nie sterben wird, dass sie bleiben wird, ewig und immer wie Elvis.

Spurensuche, das schwierige Wiederfinden einer Straße, die auf den meisten Karten nicht mehr vermerkt ist. Wirre Auskünfte machen die Suche nach ihr nicht leichter, auch nicht die vergessenen, jetzt sinnlosen Markierungen neben Asphaltpisten, die plötzlich und irgendwo aufhören, Unkraut, das zügellos über die rissige Oberfläche treibt, Regenwasser von Wolkenbrüchen, das bleibt und nicht abfließt. Und am betrüblichsten: das blanke Nichts, das radikale Verschwinden der Route 66, vereinnahmt, konfisziert und weggewalzt von der Interstate 40.

Aber ja, es gibt noch Teile, bisweilen parallel zum Highway, bisweilen weit weg von ihm. Wer könnte sagen, was aufregender ist: diese schmale Trasse, still, einsam und ohne plärrenden Gegenverkehr, nur noch Kies oder mit hundertfach gestopfter Teerdecke, pfeilgerade oder unübersehbar kurvig, flach oder steil hinauf und steil hinunter, weit sichtbar im weiten Land oder versteckt und heimlich durch dunkle Wälder – oder die Frauen und Männer, die »Anrainer«, die übrig blieben wie die Straße, der entlang sie wohnen und leben? Jede und jeder mit seinem Traum, seinem Plan, seiner Wahrheit und seinen Geheimnissen.

Bob begegne ich in Barton, irgendwo zwischen Moriarty und Albuquerque. Ein Schrottplatz, mittendrin eine verrottete Tankstelle, überall Katzen und die drei Hunde an Ketten. Eine Bruchbude steht da, dort haust der 62-Jährige. Mit Tonnen von Gerümpel: Gewaltige Macheten liegen herum, zwei Walther-Pistolen, Pfeil und Bogen, ein schwarz-weiß flimmernder Fernseher im Eck, das Foto seiner Freundin Diana an der rissigen Wand, der Duft von Kräutern, der durch den Raum zieht. Das Teewasser dampft.

Bob war im Krieg, zweimal schossen ihm die Japaner in den Bauch, hinterher wurde er Stahlarbeiter, spezialisiert auf Wolkenkratzer und Kirchtürme, heute verkauft er als Rentner Kotflügel und Stoßstangen, sucht nebenbei Leute, die wie er »Old Sixty-Six« vermissen. Und sie retten wollen. So veranstaltet er mit Freunden Straßenfeste, um Geld zu sammeln, lässt T-Shirts drucken (»I saved Route 66«) und streitet mit der Regierung, um zumindest die alten Straßenschilder wieder aufstellen zu dürfen.

Wie seltsam: Ich stoppte, um ein Paar verrosteter Zapfsäulen zu fotografieren, und finde einen Mann, der wie Dave – 1000 Kilometer entfernt – ähnlich närrisch in uralten Asphalt verliebt ist. Als wir uns verabschieden, streikt mein Motorrad. Bob holt sein Werkzeug. Von einer Yamaha, einer TR 1/67 PS, habe er keine Ahnung, sagt er. Dann repariert er sie.

Der 14. April 1935 ist ein schwarzes Datum. Ein verheerender Sandsturm zieht über die *Great Plains* von Oklahoma. Das Land wird zur »dust bowl«, zur *Staubschüssel*, Amerikas. Existenzvernichtung. Vielleicht ist das die eigentliche Geburtsstunde der Route 66, denn 500 000 *Okies* machen sich auf den Weg. Durch Texas, New Mexico, Arizona – auf nach Kalifornien. Dort gibt es im Winter Orangen und ein ewig blau schimmerndes Meer. Das Auto – Modell T, der amerikanische Volkswagen – bis zum Plafond vollgepfropft, obendrauf Matratzen, Kinder, Hennen und fünf Reservereifen.

Jetzt passieren die Millionen Geschichten: die kochenden Kühler, die abgebrochene Anlasserkurbel, die platt gefahrenen Reifen, irgendwo Pferde finden, um die »rattletraps«, die *Klapperkisten,* aus dem Graben zu ziehen, die gegenseitige Hilfsbereitschaft, das Anschieben vor Steigungen, das Warten vor plötzlichen Flüssen, der unduldsame, bisweilen todbringende Mut, zu früh die lauernden Fluten zu durchqueren, die anschließende Beerdigung der Toten (Bob: »66 was a god damned bloody road«), die Zwangspause, weil Benzin und Geld ausgingen, die Suche nach Arbeit an Ort und Stelle, das Unbedingt-vor-Ortbleiben-Wollen, weil zwei sich verliebten, die Weiterfahrt zum

Colorado River, dem Grenzfluss: Wo man schon auf sie wartete, zornig und mit knallharten Holzprügeln in der Hand.

Keine lieblichen Zeiten, aber märchenhaft intensiv, mit der Garantie so waghalsiger Gefühle wie Angst und Besiegen der Angst, wie Einsamkeit und Finden von Nähe.

Auf meinem Sozius hockt Ken. Ein harmloses Schlitzohr, das durch die Staaten trampt, ganz in der Tradition der Hobos, für die die Southern Pacific Railroad (als blinde Passagiere) oder Route 66 (als Hitchhiker) die kostenlose Alternative waren, um in den Südwesten zu gelangen. Ken ist 37 und hat den ersten Grad Schwachsinn bereits überschritten. Das viele billige Bier (»Black Label«), kein Zuhause, kein Geld, das Dasein als Bettler. Ken muss reden, unaufhörlich. Er erklärt gerade, warum die Aryan Brotherhood viel besser sei – »they believe in God« – als der gottverlassene Ku-Klux-Klan. Ich höre ihn nur bruchstückhaft, der Wind verweht seine bizarren Ideen.

Ich konzentriere mich, der Regen der letzten Tage vertiefte die Schlaglöcher, manchmal besteht die Gefahr, im Schlamm der Unterführungen stecken zu bleiben. Zwischen Tucumcari und Santa Rosa – entlang der Geisterstädte Montoya, Newkirk und Cuervo – existieren noch lange Passagen der alten Straße: zugenagelte Tankstellen (»To hell with the dog! Beware of the owner!«), streunende Hunde, ein leeres Post Office, leere Shops und zerbeulte Hinweisschilder vor schiefen Motels wie »EAT« und »CAFE«, wo es längst nichts mehr zu essen und zu trinken gibt.

Rechts die verbeulten Schienen für Züge, die seit Urzeiten verschwunden sind und die die *Okies* immer zu Wettrennen verführt hatten. Und links, weit links, der Highway. Ken plappert, und eine grandiose Tiefenschärfe liegt vor uns, die endlose Welt, der endlose Himmel.

Abends in Albuquerque. Blick auf die flirrenden Lichter der Stadt. Ken hat gerade seine letzte Geschichte beendet: dass er an beiden Achselhöhlen operiert wurde und nun der Erfolg bei den Frauen ausbleibt. »Ehrenwort«, sagt er »jetzt rieche ich da nicht mehr. Und das können sie nicht leiden.« Ohne Schweiß kein Preis. Nun versteht man den höheren Sinn dieses Sprichworts.

Wunderbare Route 66. Was für Aussichten auf Menschen, auf ihren Glanz und ihren famosen Irrsinn.

Zu Beginn der Fünfzigerjahre entdeckten die Jungen die 66: »The Beat Generation«, sie sucht nach dem Beat, dem Pulsschlag, dem Thrill. Aus Wut, aus Verzweiflung über eine Nation, die nach einem glorreich gewonnenen Krieg kein sinnlicheres Ziel mehr antreibt, als in den Speckschwarten eines rasend gewordenen Materialismus zu versinken. Beat und der Beatnik symbolisieren all das, was den Aufschrei der »Anständigen« provoziert: Sex, noch mehr Sex, lauthalse Bekenntnisse (auch) zur Männerliebe, (auch) zur Lesbenliebe, Experimente mit Drogen, Rezepte für spirituelle Räusche, Lust auf trotzigste Gefühle. Und Jazz, die Musik der Schwarzen. Und wieder einmal scheint Kalifornien so reich und großmütig, so souverän und begehrenswert zu sein.

Bisweilen sind Straße und Landschaft so lautlos, dass ich mein Herz schlagen höre. Was für ein fantastischer Beweis, dass man lebt. Und nichts, kein Mensch, kein Tier, nie ein Geräusch. Nur das Herz, nur die schweigsame Sonne.

Nach Stunden, Nähe Mesita, wird aus der kahlen Ebene eine Blumenwiese mit sanften Hügeln, mit roten Felsen links und rechts, darüber ein seidenblauer Himmel. Natur kann erstaunlich sentimental stimmen, so nachsichtig, dass man versucht ist, für Augenblicke an alles zu glauben: an die Liebe, die man gibt und die man will, ja die Gewissheit, dass jeder das findet, was er später einmal sein Glück nennen wird.

Irgendwann winkt eine Frau. »Gimme a lift, please«, bettelt sie. Die Dicke ist willkommen, doch das Aufsitzen verläuft nicht ohne Probleme. Das viele Fleisch ist unwillig, braucht mehrere Anläufe, um es auf den Hintersitz zu schaffen. Wir kichern. Wie zur Entschuldigung erzählt Dorothy von ihren zähen Versuchen abzuspecken. Immerhin, momentan ist sie guter Hoffnung. Eine neue Diät, die sogenannte Nude Diet, sei jetzt auf dem Markt: sich splitternackt vor den Spiegel stellen und dabei – immer den gnadenlosen Blick auf den deformierten Körper gerichtet – äußerst kalorienarme Nahrung konsumieren.

Das ist oft eine Quelle der Heiterkeit in diesem Land: einerseits der innige Puritanismus und dann so ein Wesen wie Dorothy, die wildfremden Männern von ihren schmerzhaftesten Augenblicken als Nackedei berichtet.

Ein paar Meilen vor Gallup steht Terry. In der ausgestreckten Hand hält er einen Dollarschein. Ein Autostopper, der bezahlen will. Da Dorothy sich bereits verabschiedet hat, soll er Platz nehmen – umsonst.

Glasscherben liegen auf den beiden Seiten der Route 66. Sie riecht. Gallup, die Stadt mit dem größten, pro Kopf, Alkoholkonsum Amerikas, kündigt sich an. Terry riecht auch. Der 39-Jährige kommt aus dem nahen Navajo-Reservat. Er säuft, so sagt er es ruhig, weil er unglücklich ist. Die Arbeitslosenquote ist hoch, die einst florierenden Uranminen sind zu: »No work, no money, no life.«

Heute ist Sonntag, Bars und einschlägige Geschäfte bleiben geschlossen. »No problem«, Terry führt mich in die Kosmetikabteilung von Allsup's. Er kauft ein Haarspray, Marke Aqua Net, 1,81 Dollar die Dose. Nicht weit entfernt leuchtet eine Tankstelle, der Alki leiht sich einen Plastikkübel aus, füllt ihn mit drei Liter Wasser, sprüht das gesamte Spray hinein, vermischt das Ganze mit beiden Händen und – trinkt. Bekannte kommen und saufen mit. Terry spielt den Clown, der Schmerz ist vergessen.

Die Route 66 hat alles gesehen. Auch die fantastischen Spinner: Einer stolpert mit Stelzen auf ihr entlang, ein Siebzigjähriger schiebt einen Schubkarren bis zum Pazifik, der Dritte macht die Strecke nur, wenn er seinen Rucksack in einem Einkaufswagen transportieren darf, der Vierte ruht nicht eher, bis er Frau und sieben Kinder in einem Leichenwagen ans Meer gekarrt hat, der Fünfte reitet mit einem arabischen Wallach in den Süden, die nächsten Tausend rennen um die Wette, im Laufschritt, im Stechschritt, im Galopp. Bärenstarke Verrückte, die genau das tun, was im Refrain des berühmtesten Songs über diese Straße steht: »Get your kicks on Route SIX-TY-SIX!«: *Lass die Sau raus!* Hol dir den Kitzel, die pure Lust am Leben. Nat King Cole hat das vor achtzig Jahren zum ersten Mal gesungen, viele Topmusiker haben ihn gecovert, bis hin zu den Manhattan Transfer und den Rolling Stones. Nie wurde ein Lied über eine Interstate komponiert, nie hat eine schmale Road so befeuert.

Von New Mexico nach Arizona. Links und rechts warten die Wunder der Welt: Petrified Forest. Painted Desert. Meteor Crater. Grand Canyon. Kaibab National Forest.

Östlich von Flagstaff beginnt die längste durchgehend erhaltene Strecke der Route 66. Über hundert Meilen, bis zur kalifornischen Grenze. Still und weit weg vom Getriebe der Autobahn. Mit Sonnenblumen und Gänseblümchen und wilden Wolken, die über den Himmel fetzen. Dann kommt Seligman. Das erste von einem halben Dutzend leise dahinsiechender Nester. Einst Boomtown, einst 24/7 geöffnet: um die 10 000 Autos und ihre Insassen, die früher tagtäglich hier vorbeikamen, zu bedienen.

Seligman verrostet, abgründig hässlich ist es geworden. Und doch hat es etwas, das jeden Besuch wert ist: drei Brüder, Friseur Angel, Lebensmittelhändler Joe und Juan, der in seinem knallig bemalten Drive-in Junkfood verkauft. Rührende Bruderliebe, alle drei über sechzig, alle drei Geschäfte nebeneinander, alle über drei Jahrzehnte am selben Platz. Die Sensation: ein weißer offener, funktionstüchtiger Chevy Roadster, Baujahr 36, der vor Juans Restaurant (Snow Cap) steht. Magnet, Lockruf, Werbegag und Erinnerung an die Route 66. Die drei sind längst Berühmtheiten. Ein Aktenordner voller Zeitungsartikel über sie liegt im Regal. Seit ein paar Jahren machen sie Reklame für »ihre« Straße, haben endlich erreicht, dass sie offiziell als »National Historic Highway« eingetragen wird. Mit allen Konsequenzen: Vermerke auf Landkarten, neuen Schildern, Hinweisen in Reiseführern, frisch gedruckten Visitenkarten.

»Alles, was man mit Liebe betrachtet, ist schön«, notierte Christian Morgenstern einmal. So viel kindliche Freude, so viel haltlose Hingabe, um dieses leer gestorbene Kuhdorf wieder mit Trubel zu füllen. »Es geht rasant aufwärts«, sagt Angel zum Abschied. Und dabei stottert er, so überwältigt und hingerissen von der Tatsache, dass man jetzt sogar im fernen Europa von seiner Route 66 wissen will.

Die nächsten Orte kamen noch radikaler unter die Räder. Der Wind staubt durch die aufgegebenen Häuser, Leichenberge toter Autos stapeln sich neben stillgelegten Tankstellen. Ein paar agile Alte geistern noch herum, wohnen in ihren schiefen Bungalows, tragen wie Angel eine unverbrüchliche Begeisterung für die vergangenen Zeiten in ihren Herzen. Hier leben sie, und hier wollen sie sterben.

Im Frontier Motel in Truxton übernachte ich. Früher war das ein typisches Ma-and-Pa-Business, ein Familienbetrieb mit zehn Angestellten und täglichen Öffnungszeiten bis zehn Uhr abends. Um Hunderte abzufertigen. Heute gibt es nur noch Ray und Mildred, die Besitzer, die ein kleines Restaurant bewirtschaften und, wenn sie Glück haben, fünf Gäste pro Woche verbuchen. Nachts ist es wundersam leise, nur von fern hört man die heulenden Schreie der Kojoten.

Das Sehnen nach dieser Straße wird nicht aufhören. Sie bohrt, sie erinnert an ein anderes Leben. Nicht so komfortsüchtig, so rastlos müßig. Eines mit Suchen und Finden, eines, das beharrt und ungestüme Vergnügen verspricht. Eines, das der Mensch haben will, und nicht eines, das sich jeden Tag wiederholt.

Das letzte Stück der Route 66 in Arizona befindet sich mitten in der Wüste: knochenharte Yuccas, brennender Sand und im Hintergrund die Black Mountains. Ankunft in Oatman, unentrinnbar zugrunde gegangene Goldgräberstadt, in sechzig Jahren von 40 000 Einwohnern zurück auf unter hundert. Wildwestfassaden, Gelächter aus einer Kneipe, und im Licht der goldfarben glitzernden Abendsonne: »The man called John«.

So stellt er sich vor, als ich ihn anspreche. Der Riese besitzt spektakuläre 377 Pfund Körpergewicht. Sein Leib wiegt sich beim Gehen wie ein Schiff auf hoher See. Das sieht elegant aus, gar mühelos.

John muss sein ganzes 68-jähriges Leben erzählen. Fünf Dutzend Berufe hatte er, auch Preisboxer, Weihnachtsmann, Polizist, Auktionator, Lastwagenfahrer, Holzfäller, Seemann, Goldsucher, Goldschmied, Koch, Chefkoch, Taubenzüchter und Kindergeschichtenerzähler.

Der Mordskerl berichtet mit spöttischer Ironie, ohne Getöse, eben wie einer, der das kann: lakonisch sein. Nein, ein Edelmann sei er nicht gewesen, kein Vorbild, eher ein Überlebender, der stets nach der einen Tätigkeit suchte, die ihn für immer beflügeln sollte. Die es nicht gab, nie. Also tingelte er von einem Job zum nächsten. Die vielen Umwege haben ihn klug gemacht, ja, weise, ohne Illusionen und ohne Bitterkeit. Er scheint genau zu wissen, was die Welt zu bieten hat. Und was nicht. »Wer zu viel träumt, wird zerbrechen.«

John ist nicht zerbrochen, sein Mut und die Liebe zum Leben haben ihn nicht verlassen: »You have to put yourself out on a limbo«, *riskier dich!* Viel mehr hätte er nicht zu sagen.

The man called John muss weiter. Er öffnet die Tür seines alten Fords und reicht mir die Hand. »Weißt du eigentlich, warum ich den wilden Bart nicht abrasiere? Na? Damit mir nicht so viele Frauen nachlaufen, bin ich doch ein verdammt gut aussehender Junge.« Ich umarme den grinsenden Berg, der nun in der Dunkelheit der Nacht verschwindet.

John will nach Kalifornien, nur noch ein paar Meilen entfernt – dann einfach den Colorado River überqueren und ankommen. Früher, zu Zeiten der *Okies,* war das anders. Eher anstrengend. Da stand kein Schild mit »Welcome to California«, da warteten Schlägertrupps, die jeden, der keine sechzig Dollar vorweisen konnte, mit ihren Baseballschlägern zurück nach Arizona prügelten.

Am nächsten Morgen sitze ich am Fluss, leicht und unbeweglich. Blick auf sein grünes Wasser. Grün in dieser Stunde. Wird die Sonne heller, verändert sich die Farbe. Fließen beruhigt. Ich rauche, ach, wie ich Geschichten von starken Frauen und Männern liebe. Die nicht aufgeben, die so lange kämpfen, bis sie das Leben gefunden haben, das sie unbedingt wollten. Oder bravourös scheiterten. Für sie wurde die Route 66 gebaut.

AMSTERDAM

Architektur und Dope als Beitrag zur Lebensfreude

Ankunft in Amsterdam, Hauptbahnhof. Ich steige aus, und eine *Queen* lächelt mir entgegen. Nein, nicht Königin Beatrix, doch immerhin ein schöner Mann, dessen Silikonbusen aus seinem Dirndl lugt. Lächelnd kreuzen sich unsere Blicke, der Schöne wispert verschwörerisch: »Ich heiße Vanessa, wir sehen uns?« Unbekümmert wispere ich zurück: »Why not!«

Schon auf dem Vorplatz komme ich für den sündigen Wortwechsel in die Hölle. Hier waltet Tom. Auf einem Schild um den Hals leuchtet sein Name. Tom hat keinen Busen, aber einen verfilzten Vollbart. Und eine eisige Stimme. Auch lächelt er nicht, dafür blitzen seine Augen direkt in meine. Als wüssten sie, dass Vanessa und ich ein Rendezvous geplant haben. Tom ist von Berufs wegen Bekehrer, mit wilden Gesten will er uns Sünder einschüchtern, mächtig schallt er: »Du hast keine Chance, ergib dich Jesus Christus, ER allein kennt den Weg nach oben.«

Ich beschleunige meine Schritte, Amsterdam ist die letzte Gegend, um mit einem fleckenlosen Leben zu beginnen. Wie sinnig, denn hundert Meter weiter schneidet mir Maurits den Weg ab. Der junge Mann will mich nicht verführen, nicht läutern, nur erleichtern: »Kannst du nicht einen Euro abdrücken? Mir fehlt genau ein Euro für'n Sandwich.«

Maurits ist der Erste, dem ausgerechnet ein einziger Euro fehlt. Bald werde ich wissen, dass er unheimlich vielen fehlt. Auch Schnorrer lieben Amsterdam, die hiesige Großzügigkeit hat sich herumgesprochen. Klar, Maurits bettelte auf Englisch. Sein Englisch so fehlerlos und hell wie das von Tom und Vanessa. Unüberhörbar, hier kommt die Welt vorbei. So ließe sich nach zehn

Minuten in der holländischen Hauptstadt sagen: Glücksluft geht um, wie der Geruch von geistig gut durchlüftet. Wer smart ist, mutiert nach Tagen zum Weltbürger.

Noch eine Szene, die passt. Auf dem Weg zu meinem Hotel sehe ich einen älteren Herrn um die Ecke joggen und um ein Haar in eine attraktive Frau rennen. Doch er bremst scharf ab, fängt sich, lässt ihr den Vortritt und lächelt verschwitzt. Und sie – wundersam cool – lächelt zurück. Er ist kein hechelnder Bock, sie keine pikierte Gans, nur zwei Großstadtmenschen, die beschwingt eine delikate Situation bewältigten. Himmel, wie oft war ich schon Zeuge solcher Beinahezusammenstöße. Und wie oft sind die Beteiligten wie beleidigte Würstchen auseinandergegangen. Hier nicht, hier leuchtet eine Weltstadt.

In jeder Metrostation wartet der nächste Beweis: Fußspuren sind in den Boden eingelassen, die schrittweise aufblinken und direkt zum Fahrkartenautomaten führen, soll sagen: Bitte nicht schwarzfahren! Bitte Ticket kaufen! Wie spielerisch, wie fantasievoll, wie – so hört man – erfolgreich. Andernorts drohen ein finsteres Personal, Anzeige, Geldstrafe, ach, Zwangsvollstreckung. Weil kein schlauer Kopf im Rathaus sitzt.

Die erträgliche Leichtigkeit des Seins hat in Amsterdam – Damm an der Amstel – eine lange Vorgeschichte: Als die Sechzigerjahre losgingen, begann der Weltruhm. Rigorose Spinner, muskulöse Denker und Lusttäter nannten sich »Provos« – siehe Provokation – und forderten ein anderes Dasein. Die Stadt kam in die Schlagzeilen, weltweit. Ein gellender Aufschrei gegen die Wonnen der Gewöhnlichkeit war zu hören, die vehemente Forderung nach einem grundverschiedenen Leben, nach Sinn und Unsinn, nach Widerspruch und Sinnlichkeit, nach Versenkung und Außerrandundbandsein.

Die drei bekanntesten Rädelsführer: Bart Huges, junger Medizinstudent, suchte nach einer geeigneten Stelle und bohrte sich ein Loch in den Schädel. Blut würde dadurch besser zirkulieren und somit für ein permanentes »High« sorgen. Robert Jasper Grootvelt verlachte die Kirche und organisierte Happenings, in denen die Niederkunft des »heiligen Nikolaus« inszeniert wurde.

Kees Hökert bastelte sich ein Gewächshaus auf seinem Boot und züchtete Marihuana.

Die Polizei kam, und die Provos ließen die Hosen und Röcke herunter, streckten der Staatsgewalt die Hintern entgegen, verteilten Rosinen, trieben es in der Öffentlichkeit, lachten und kicherten. Und wurden verhaftet und hörten nicht auf zu lachen und zu kichern. Wieder Verhaftungen. Bis der Bürgermeister und der Polizeichef gehen mussten.

Dann kamen die »Kabouter«, die *Kobolde.* Die Nachfolger der Provos. Sie wollten die »weiße Revolution«. Ihre Streiche waren aberwitzig und genial, lebensnotwendig und fern aller Realität. Mit den »weißen Fahrrädern« fing es an: Autoverkehr abschaffen, dafür überall Räder aufstellen, jeder greift zu, wenn er eines braucht, lässt es irgendwo stehen, der Nächste fährt weiter. Gescheitert. Man klaute zu viel. Auch ließ der tobende Widerstand der Motorisierten nicht nach.

Gut, dann eben die Idee mit den »witkar«, den *weißen Autos.* Ein weltbewegendes Projekt, das tatsächlich zustande kam. Die Stadt zahlte für zwei Dutzend Vehikel, die wie batteriebetriebene Senfgläser, abgasfrei und leise, eine menschenfreundliche Alternative bildeten. Immerhin, über zehn Jahre lang funktionierte der Einfall.

Ein halbes Hundert Grandiositäten fiel den Künstlern, Provos und Rebellen ein, hier noch die drei verrücktesten. Zuerst die »Weiße Frau«-Kampagne: Zentren wurden eingerichtet, in denen Mädchen alles fragen durften, sogar den Akt des Liebemachens lernen konnten, ja übten, Männern hinterherzupfeifen und in den Hintern zu zwicken. Überall Brutstätten für starke, ihre Rechte fordernde Frauen.

Natürlich geriet auch die Polizei ins Visier der Provokateure, so kam es zur »Wit-kip«-Aktion: Die klärte Beamte über das Elend auf – »kip« heißt *Huhn,* der Spitzname für Bulle –, Polizist zu sein. Und versprach Auswege aus der Misere. Wichtigste Voraussetzung: sofortige Entwaffnung.

Doch am radikalsten war der »Weiße Leiche«-Coup: Jeder Autobesitzer sollte verpflichtet werden, stets Kreide, Spitzhacke,

Schaufel und Mörtel mit sich zu führen. Fährt er jemanden zu Tode, zeichnet er die Umrisse des Getöteten auf die Straße, entfernt sodann die Schicht Teer und füllt die Stelle mit weißem Mörtel. Damit sich jeder bis ans Ende aller Zeiten daran erinnert: Hier wurde ein Mensch totgefahren, Täter: Autofahrer.

So kam es, dass Amsterdam berühmt wurde. Heerscharen aus Amerika und Europa reisten an, wollten wissen, wie sich ein Ort anfühlt, der nicht von gemütskranken Politikern in sechsspurige Highways zerlegt wurde, keinem Immobilienhai erlaubte, die Grachten für neue Parkplätze zuzuschütten und Abrissbirnen aufzustellen, um die wunderlich schmucken Häuser der Altstadt zu demolieren.

Mitte der Achtziger waren die Rebellen verschwunden, liquidierten sich selbst. Um nicht eines Tages ihre Träume als rund gemästete Wohlstandsbürger verraten zu müssen. Immerhin haben sie eine Revolution angezettelt, dabei niemanden an die Wand gestellt, keinen Hass gepredigt, nie Bomben geworfen (Stinkbomben ja!), doch närrisch weise Gegenvorschläge entworfen, jeden Tag die Gesellschaft daran erinnert, dass ein Leben voller Sinnenfreude, Fantasie und Heiterkeit ein garantiert bewegteres Leben bedeutet.

Das außergewöhnliche Flair dieser kleinen Großstadt blieb. Eines Abends sehe ich Frauen und Männer, die mit Robe und Anzug per Rad zur Oper fahren. Bei einer Hübschen flattert der Schal im Wind. Wie elegant das aussieht, wie unangestrengt und mondän.

Sonntagmorgen, flanieren. Die Stadt schläft noch. Die Samstagnacht-Betrunkenen sind noch immer betrunken, und die Penner dösen noch immer neben ihren überladenen Einkaufswagen. Einer blinzelt missmutig in den Tag, deutet auf ein Fahrrad, das neben ihm liegt. »Verkauf ich dir für zehn Euro.« Wir beide wissen, dass er es letzte Nacht gestohlen hat und nun auf die Schnelle Zaster benötigt. Fürs Bier, zum Aufwachen.

Schönheit zum Nulltarif. Die vier großen Grachten, die wie Fäden eines Spinnennetzes das Zentrum umfließen, sollte man auf Knien entlanggehen. Aus Dankbarkeit über so viel Ebenmaß, so viel Begabung für Harmonie.

Ich sitze an der Prinsengracht und höre nur Geräusche, die zum Weltfrieden beitragen: das Surren eines vorbeifahrenden Rads, das Schnurren einer Katze, das Schnurren des Mädchens, das die Katze streichelt, das Pfeifen eines Mannes, der ein Pissoir verlässt, das Trällern eines Kinds, das hinter mir vorbeihüpft, das Lachen einer schönen Holländerin, die ihr Hausboot streicht, das leise Harken ihres Freunds (?), der den Zen-Garten auf dem Dach pflegt, das sachte Schaukeln der Boote und das heftigere Schaukeln eines Boots, das zu neidvollen Nebengedanken einlädt. Plötzlich das Jaulen eines schmalen Feuerwehrautos, das durch eine Gasse jagt.

Als ich weitergehe, lädt mich jemand in seine Dschunke ein: »Come on in.« Piet wohnt in einer schwimmenden Bruchbude. Ich steige durch die Dachluke, weil der Boden leckt. Wir sitzen auf seinem hochgebockten Bett, unter uns Wasserlachen. Es gibt »flower tea« in grindigen Tassen.

Piet erzählt von seinen Träumen, die voller Stacheln sind: die er aufessen muss, damit wieder Haare auf seiner Schädeldecke wachsen. Piet ist hier geboren, und hier will er sterben. Sein Hirnschaden ist von Amts wegen registriert, jeder weiß es, und niemand lässt es ihn wissen. Hauptberuflich Kunstmaler, zwischenzeitlich »tibetanischer Handaufleger«. Er sieht aus wie Rübezahl, ist angeblich 59 und ununterbrochen auf der Suche nach Girls, die er nackt malen und hinterher beschlafen darf.

Er pausiert zurzeit als Frauenheld, Rheumaattacken plagen das ramponierte Fleisch. Der Ölofen müsste repariert werden, schon zwei Winter lang haust er ungeheizt. Ich tauche die zerschlissenen Bandagen in Benzin, verbinde seine schmerzenden Körperteile. Das hilft, behauptet er.

Piet gehört zu den 24 000 Hausbootmenschen und Anrainern, die umstandslos ihre vollen Därme ins plätschernde Wasser entleeren. Täglich. Eine Hälfte davon wird in die Nordsee geschleust, die andere erledigen die seltsamen Boote, die mit Greifern und Schürftonnen unterwegs sind. Als Reinigungskolonnen. Sagenhaft, was alles an die Oberfläche befördert wird: umgefahrene Parkuhren und Verkehrsschilder, Kochtöpfe, Geschirr, Beiwagen samt Motorrad, Badewannen, Fahrräder, Schallplattenspieler, Computer und achtzig Autos – von Januar bis Dezember.

Warum gehen die Holländer so talentiert mit Licht, mit Formen und Farben um? Warum ist Amsterdam so souverän beleuchtet? Die blassgelb bestrahlten Brücken, die sanften Straßenlampen entlang der Grachten, ach, selbst der Nachthimmel, will man sich einbilden, glitzert anders.

So einfach: Weil das Land das 17. Jahrhundert erlebte, das »Goldene Zeitalter« der Malerei. Okay, 200 Jahre später kam noch ein Wunder zur Welt: der begnadete und begnadet unglückliche Vincent van Gogh. Der eine Hure heiraten wollte, sich das rechte Ohr abschnitt und mit 37 erschoss. Keine Liebe gelang ihm, kein Ruhm tröstete ihn. Dass sein »Portrait du docteur Gachet« – ziemlich genau 100 Jahre nach seinem Selbstmord – für 82,5 Millionen Dollar versteigert wurde, klingt seltsam absurd, wenn man bedenkt, dass den Einsamen von Anfang an eine scheußliche Armut plagte.

Ich eile ins Rijksmuseum, in dem Schloss hängen viele Weltmeister. Der Ort ist eine Bilderburg, eine Schatzkammer von astronomischem Wert. Jan Vermeer, Frans Hals, Paulus Potter und Dutzende anderer plus Rembrandt – der Meister aller Meister – werden dort ausgestellt, verwahrt und beschützt.

Ich komme mit Luuk, einem freundlichen Aufseher, ins Gespräch. Er weiß herrlich bizarre Geschichten von Neugier und lasterhafter Ignoranz: Japaner laufen, ohne nach links und rechts zu blicken, sofort zur *Nachtwache*. Heimatlose Amis (»doing Europe«) verirren sich hierher und gestehen treuherzig: Unser Reiseleiter meinte, hier gebe es etwas Außergewöhnliches zu sehen. Sorry, ich habe vergessen, was es war! »So, what is it?« Andere lesen »Night Watch« im Programmheft und halten das für einen poetischen Ausdruck für »Nachtuhr« und erkundigen sich nach dem »berühmten Wecker« von Rembrandt. Mindestens eine Handvoll pro Tag fragt, wo die »Nachtwächter« stünden.

Verschämte Fußnote, sozusagen als Eingeständnis für die eigene holländische Nonchalance im Umgang mit diesem heute unbezahlbaren, unschätzbaren, unverkäuflichen Riesending: Als das knapp zwanzig Quadratmeter große Gemälde vor über 300 Jahren im hiesigen Rathaus aufgehängt werden sollte, erwies es sich zu sperrig, zu platzraubend. Der Bürgermeister wusste Abhilfe, eine Schere war gerade zur Hand: oben und unten abschneiden, links auch noch einen halben Meter ...

Die Amsterdamer wissen um die Widersprüche des Menschen: Der braucht die Kunst, die höheren Sphären, den Rausch des Geists. Aber dann meldet sich der Körper zurück. So ist es nur ein Katzensprung vom Palast, in dem man die Genies bewundern darf, hinüber ins Ruysdaelkade-Viertel. Da warten – hinter hellen Fenstern – die Schönheiten der Gegenwart. Wer die Augen aufmacht, sieht in dieser Stadt oft rot. Rot wie Rotlichtviertel. Doch nicht, wie üblich, abgeranzt, verdruckst und gettoisiert, sondern mittendrin. Keiner nuschelt verschämt Adressen oder grinst blöd oder schaut blöd, nein, jeder Einheimische weiß Bescheid, gibt Bescheid, zeigt hilfsbereit Richtung hautwarmer Sünde. Wo – ausgeschildert und unübersehbar – die Damen wirtschaften, die laut Nietzsche »den Mann nicht durch das Band der Ehe ruinieren«. Ja, das Zentrum der Hauptstadt kennt keine »guten Gegenden«, der Philister muss folglich fürchten, dass er vielerorts an seine geheimsten Süchte erinnert wird.

Nur einen kurzen Spaziergang entfernt liegen die »Walletjes«, zwei romantische Grachten, ebenfalls vom sanften roten Licht der Verlockung beleuchtet. Zwischen den Arbeitsplätzen der »working girls« laden Shops ein, die dem lokalen Business zuarbeiten. Ich sehe einen englischen Pornofilm mit niederländischen Untertiteln, er: »Ik kom!«, und sie: »Heerlijk!« Im Abspann werden Vibratoren angeboten, die freudig klingeln, wenn man den Gipfel erstürmt hat.

Irgendwo geht es in einen schummrigen Raum, wo man – gegen Bezahlung – einem Paar wenig appetitlicher Leiber beim »fucking on stage« zuschauen darf. Das muss man gesehen haben, um zu wissen, wie gräulicher Sex aussieht. Dickes Minus.

Dass sich einige Schritte weiter »das einzige Hasch-Museum der Welt« befindet, macht den Reinfall wieder gut. Eine Einrichtung, in der jede/r (auch) lernen kann, wie man das Rauschgift züchtet und hegt. Allein für ihre beherzte Unverlogenheit wird man die Stadt beneiden.

Nun zu den Mädels, die hier seit über 600 Jahren zum sozialen Frieden beitragen. An einem ganz gewöhnlichen Tag wird man Zeuge vergnüglichster Szenen: Ach, der Haufen – genau nachgezählt – von 29 Männern, der vor einem Fenster drängelt, hinter dem ein Wunderbusen sitzt. Ein Exemplar, wie es nur alle tausend Kilometer zu bestaunen ist. Niemand schaut auf die hübsche Kollegin, zwei Meter daneben. Busenwunder machen blind. Ich wusste es schon immer, jetzt weiß ich es genau.

Polizei streift zu Fuß durch die Gegend. Man kennt sich, die Ladys öffnen die Türen, ein kleiner Plausch folgt, heiteres Gekicher. Wieder ein Markenzeichen lokaler Umgangsformen: Ein Stellungskrieg zwischen »Sitte« und »Unzucht« findet nicht statt. Denn alle wissen es längst: Ordnung ist das halbe Leben. Und Unordnung die andere Hälfte.

Ein Rollstuhlfahrer klopft an, auch er wird mit einem Lächeln begrüßt und – eingelassen. Jeder, wirklich jeder, hat ein Recht auf Wärme und Erlösung. Dass der Staat solche Bedürfnisse bei »Behinderten« finanziell unterstützt, wäre ein weiteres Argument, um die Regierung in naher Zukunft heiligzusprechen.

Ich beobachte einen »sweet Opi«, wie er sein Moped aus dem Erdgeschosszimmer schiebt und die Liebesdienerin schmunzelnd mithilft, ja, noch einen Schmatz auf seine Glatze platziert. Ich frage ihn, warum er das Fahrzeug nicht draußen stehen lässt: Nee, zu viele »Dosenöffner« – die Autos und andere Gerätschaften öffnen – seien unterwegs.

Selbstverständlich habe ich verschiedene »Kamer« betreten, als neugieriger Reporter, als hungriger Mann. Gemütlich dämmrig die Liebeszimmer, überall sauber, viele mit dem großen Sündenspiegel an der Decke, manche gar mit Badewanne, im Schrank liegt bisweilen die komplette SM-Garnitur bereit.

Wie wohltuend: Hier arbeiten keine leer perforierten »Hoers«, sondern umsichtige Freudenmädchen. Obwohl die Konkurrenz nicht ruht, die Zeiten nicht sorgenfrei und die Zimmermiete pro Achtstundenschicht gesalzen ist. Gewiss, nicht vieles ist deprimierender als eine Prostituierte, die den Freier verachtet, ihren Beruf verachtet – und sich selbst. Doch in Amsterdam geht ein Geist um, der den Frohmut befördert. Klar, nicht von früh bis Mitternacht, aber grundsätzlich, als Leitspruch und Ansporn.

Am letzten Tag gehe ich (wieder) in einen der zahlreichen »Coffeeshops«. Okay, wer darauf besteht, bekommt hier auch einen Kaffee serviert. Die Mehrzahl der Kunden jedoch will zur Theke. Um einen Blick auf die Liste mit den Angeboten zu werfen. Und um zu bestellen. Dann öffnet der Barmann den Musterkoffer, lässt den Käufer an einem (geöffneten) Döschen riechen, legt die gewünschte Ware auf eine Briefwaage, tütet ein – und kassiert.

Ich setze mich an meine Lieblingsstelle an der Prinsengracht und packe meine Portion »Magic Mushroom« aus, einen psychedelischen Pilz, in den man seelenruhig hineinbeißt und kaut. Und wartet. Um zwanzig Minuten später abzuheben und zu schweben. Ich wette, dass jene Politiker, die vor langer Zeit den Mut hatten – gegen das Geschrei der Untergangspropheten –, zumindest »weiche« Drogen zu legalisieren, dass diese Leute vor Beginn der entscheidenden Sitzung dieses bewusstseinserweiternde Halluzinogen probierten. Sodann erleuchtet wurden und erkannten, dass die Tolerierung gewisser euphorisierender Substanzen eben nicht zu Chaos und Bürgerkrieg führt, sondern geradewegs in sein Gegenteil: zu weniger Kriminalität, weniger Beschaffungsprostitution, weniger Gewalt.

Ich komme mit Hawley ins Gespräch. Mehrmals darf ich an seiner »King Hassan Extreme« ziehen, einem marokkanischen Supergemisch. Nebenbei erfahre ich, dass es in Amsterdam verschiedene Gütesiegel gibt, vom Ein-Sterne-Kaffeehaus bis hinauf zum »five star-coffee-shop«. Gemäß der angebotenen Qualität.

Irgendwann gesellt sich Gary zu uns, ein Musiker aus den Staaten, über zwei Jahrzehnte lebt er bereits vor Ort. Seit seiner Ankunft, so erzählt er, trägt er eine »magic box« mit sich herum. In dieser (virtuellen) Schatulle bewahrt er alle Augenblicke auf, die er in dieser Stadt erlebt hat und nie wieder vergessen will. Viele Momente. Wer ohne eine solche Schatztruhe von hier weggehe, meint er barsch beim Abschied, dem sei auf Erden nicht zu helfen.

THE KEYS

Hundert Meilen blauer Himmel, hundert Meilen blaues Meer, hundert Meilen Staunen

»F-f-fat is be-be-beautiful«, sagt Terence und deutet grinsend auf den Dicken, der sich in sein Auto quetscht. So enorm der Mensch, dass er die Sitzlehne flachlegen muss, um ungehindert hinter das Steuer rollen zu können.

Der Anblick Floridas stimmt heiter. Der Kugelrunde fährt los, am Kofferraum ist eine Tafel befestigt, »Nouvelle Cuisine« steht da. In Europa landen derlei Zeitgenossen im Intensivzelt oder tingeln als Zirkusnummer über Land. Hier sind sie Alltag.

Kurz nach Miami hatte ich Terence aufgeladen. »Go-go-going down to Key West?«, stammelte er. Und stieg ein.

Er ist dünn und geflickt, er stottert. Ein 37-jähriger Kriegsveteran. Kurz vor dem Rückzug aus Saigon hat es ihm die Sprache verschlagen. Bis er sie wiederfand – als Stotterer.

Er riecht, doch er ist umgänglich und hat Witz. Wir plaudern, er kommentiert scharfsinnig und giftig die Zustände. Nebenbei gehört er zu den 107 000 verurteilten Kleinganoven, die im »Sunshine State« frei herumlaufen. In den Zuchthäusern haben nur noch Schwerverbrecher Platz.

Terence kam ohne Kraft aus Asien zurück. Er könne nicht durchhalten, sagt er. Nur dreißig Kilometer lang sitzt er auf dem Beifahrersitz, dann meint er entschuldigend, dass ihm beim Autofahren schwindlig wird. Wir sind in Homestead, es dunkelt bereits. Vor dem K-Mart stolpert er hinaus, hier trifft er alte Freunde. Sie stottern nicht, sie lallen. »T-t-take it easy«, schafft er noch und winkt mir frohgemut hinterher.

Terence taugt nicht für Florida, bis ans Lebensende wird ihm hier schwindeln. Denn hier gibt es mehr Autos als Menschen. Gewiss, die 100-Meilen-Reise auf dem »Overseas Highway Number One«, über 43 Inseln – The Keys – verschafft Einsichten. In keinem Teil der USA ist man dem Herz Amerikas näher: diesem selig selbstverständlichen Umgang mit dem Alltag, dieser tiefen Sehnsucht nach Schwerelosigkeit, dieser bodenlosen Angst vor Schmerz, dieser standhaften Feigheit vor Einsamkeit. Und der so allgegenwärtigen Freundlichkeit.

Am Ausgang mancher Restaurants findet man eine »Relief Box«, mit Alka Seltzer, Aspirin, Antidepressiva und Tylenol. Alles gratis, zur Selbstbedienung. »Keep handy in pocket«, *halte es griffbereit in der Tasche.* In den Nachtkästchen der Motels liegt die Bibel, im Inhaltsverzeichnis steht ganz oben: »Comfort in time of loneliness.« Nie bekomme ich ein Einzelzimmer, grundsätzlich stehen zwei Betten da. Zwölf butterweiche Handtücher warten auf mich, Myriaden Fernsehprogramme dudeln, überall Hinweise auf Escortservice (»We make you happy«), und das Dinner im Hotel wird tatsächlich als »Two for one« angeboten.

»You can be benefitted to death«, sagte John Lennon, *man kann dich mit Fürsorge erledigen.*

So entstand dieses himmlisch blöde Wort vom Paradies: »Florida is paradise« – nie und nimmer allein sein dürfen, nie gehen dürfen, immer fahren müssen, immer das grüne Meer und der sonnengelbe Himmel, immer umzingelt von Gebirgen voller Lebensmittel, immer. Unausweichlich.

Das Leben als heitere Lügengeschichte. Das schwächt sogar die Renitentesten, zuletzt gibt man auf, lässt sich widerspruchslos idiotisieren vom Babytalk der Radiostationen, erfährt gerade, dass Mike aus dem kalten Montana angereist ist und jetzt – in diesem Augenblick – am Strand von Islamorada liegt und »great fun« hat. Aber der Reporter bohrt weiter:

- The weather?
- Great, just great.
- And the beach?

- Gorgeous, a great, great beach.
- And the girls?
- Oh, man, the girls are terrific, great, just great.

Hinterher plappert ein »minister«. Gerade habe er mit Jesus gesprochen, er spüre seitdem neue Power in sich wachsen. Dann hält er beide Handflächen ans Mikrofon und bittet die Hörer, ihre Hände ans Radio zu legen. So gelangten seine frisch vom Gottessohn verabreichten Kräfte an alle: »This is a time of healing.« Später ruft Betsy aus Orlando an, heute sei ihr 13. Geburtstag, und das Studio will es nicht fassen: »Is that true? Oh, how wonderful, how wonderful, Betsy.« Dann tingelt Kenny Rodgers, endlich hören wir den 27. Wetterbericht des Tages, und um 4.07 p. m. fängt Bingo an.

Wie sich die Zeiten geändert haben. Als Anfang des 16. Jahrhunderts die spanischen Konquistadoren und christlichen Missionare kamen – vereint in Gier und Glaubensgeifer –, entdeckten sie ein hartes Land, entdeckten Moskitoschwärme, Alligatoren, tödliche Schlangen, Wirbelstürme, Sümpfe, rebellische Indianer. Und nicht ein halbes Kilo Gold. Dafür gingen Mord und Totschlag um, Brandstiftung und Vergewaltigung. Es wurde gepfählt, gehängt, gefedert, verfeuert, gevierteilt, zum Krüppel geschlagen. Den Rest übernahmen die eingeschleppten Krankheiten, gegen die das Immunsystem der Ureinwohner nicht gewappnet war.

Dann trafen Engländer und Franzosen ein, auch sie raffgierig, auch sie am Ende – wie die Spanier – Verlierer: Im frühen 19. Jahrhundert wurde Florida amerikanisch. Auch grausam, auch maßlos, ja maßloser. Unter Andrew Jackson, General und später US-Präsident, kam es zur massenhaften Vertreibung und zum massenhaften Totschießen der indigenen Bevölkerung.

Nach dem Bürgerkrieg – 1861 bis 1865 – wurden die Verhältnisse für die »Redskins«, die *Rothäute,* nicht gut, aber besser. Das Schlachten im großen Stil hörte auf.

Back to now: Brücken haben etwas Romantisches. Und jene 42, die von Miami nach Key West führen, sie erzählen etwas von der Schönheit der Welt: über die Channel Five Bridge brausen, und der Blick wandert über tausend verschiedene Blau und Grün und Weiß. Noch grandioser der Weg über die Seven Mile Bridge. Irgendwann geht es steil nach oben, und man glaubt, mitten in den Himmel zu fahren. Wie kitschig, wie wahr.

Nachts bin ich nochmals zurückgefahren. Jetzt glühen die Reflektoren des Mittelstreifens wie eine rote Schlange, die durchs Dunkel führt. Und diesmal düst man Richtung Vollmond. Zurückgekehrt zur Erde, wieder an Land, taucht man ins Meer der Leuchtreklamen, die entlang des Highways über Bars, Restaurants und Motels flirren: grell blitzende Augen, grell küssende Münder, die grell strahlenden Namen der Etablissements.

Motels haben viele Geschichten, hier meine liebste: In *Hot Water Music* erzählt Charles Bukowski von einem Paar, das auf Zimmer 302 im Blue Moon übernachtet. Ted raucht, und Viktoria zieht sich aus, und Buk schreibt: »Es war verblüffend, dass hin und wieder eine Frau erschaffen wurde, die so aussah, es war zum Verrücktwerden. Viktoria war ein schöner, verrückt machender Traum.«

Ich bin mit Hernandez in einem Café verabredet. Er nimmt mich mit zu einem Hahnenkampf. Da offiziell verboten, treffen sich Hähne und Spieler immer nachts, freitagnachts. Hernandez ist Exilkubaner, er liebt sein Land und hasst Castro. Vor Jahren lernten wir uns in Miami kennen, wo er als Gärtner arbeitet. Am Wochenende fährt er zum Fischen auf die Keys. Der Besuch einer »pelea de gallos« ist lange versprochen, jetzt endlich hält er Wort.

Die Wellblechhütte befindet sich irgendwo auf Long Key, eine schmale staubige Straße führt zu ihr, weit weg vom Highway. Ein knappes Hundert Wagen stehen da, ein paar Motorräder. Der dritte Kampf ist bereits vorbei, und auf dem Sägemehl der vier mal vier Meter kleinen Arena liegt frisches Blut.

Schwere Luft, hitzige Männerstimmen setzen Wetten, junge Burschen präparieren die nächsten Streithähne für den Todeskampf. Anders als in Mexiko wird das Federvieh hier bis auf minimale Restbestände gerupft. Dann bekommen sie zwei scharfe

»esporas«, *Messerklingen,* an die Füße gebunden. Dann die rosigen, hochnervösen Körper wiegen und mit Alkohol reinigen. Kein Fett soll bleiben, die Klingen sollen reinhauen, nicht ausrutschen. Hernandez flüstert von Drogen, die gereizten Hähne sind gedopt.

Bis in die frühen Morgenstunden hat der Schlachthof geöffnet. Härtester Machismo: das Blut der Tiere, die Schreie der Zuschauer, ihr dunkler Zorn, wenn sie auf den gesetzt haben, der nun blutüberströmt liegen bleibt, und die zügellose Freude, wenn er als erfolgreicher Messerstecher überlebt.

Weiter in den Süden. Der amerikanische Traum macht Ferien: Kolossale Wohnwagen mit den Ausmaßen eines Trucks ziehen vorbei. An der Vorderseite des Trailers haben sie die Harley-Davidson montiert, oben auf dem Gepäckträger liegen die Surfbretter, das hintere Ende ist per Stange mit einem Boot oder einem Reserveauto oder mit beidem verbunden.

Immerhin, einen Radfahrer entdecke ich. Und irgendwann überholt mich ein *Easy Rider* auf seinem Chopper. Ohne Gepäcktruhen, nur ein Bündel Wäsche liegt auf dem Rücksitz. Ein Mann mit einem Männergesicht, lässig hebt er die Hand beim Überholen. Ich mag Kerle, die sich cool bewegen, nicht die Spur von Gehabe, *just cruising, just having a good time.*

Auf dem Bahia Honda Key gibt es eine Tafel, die von »Flagler's Folly« berichtet. Und daneben steht ein Teil dieser Verrücktheit: eine Eisenbahnbrücke, das vielleicht imposanteste Stück, das übrig blieb. Henry Morrison Flagler war der – bereits 75-jährige – Unternehmer mit dem Tigerherz. Er wagt, was keiner sich vorher traute: eine 160 Meilen lange Eisenbahnstrecke von Miami bis nach Key West zu konstruieren, über 43 Inseln, über 37 Meilen Meer, mit 50 Millionen Dollar und 5000 Arbeitern, mit drei Hurrikanen, sprich drei gewaltigen Rückschlägen, mit 700 Toten und sieben Jahren Bauzeit. Auf der Hälfte der Strecke stirbt der (junge) Chefingenieur, Tod durch Erschöpfung. Sein (junger) Nachfolger geht hinterher in Pension.

Aber jener 22. Januar 1912 muss ein berauschender Tag gewesen sein: Zeitungen berichten von zwei Männern, die noch nie einen Zug gesehen hatten und sich aus Freude darüber ins Grab soffen. Flagler, jetzt über 82, fährt auf seiner »Florida East Coast Railway« in Key West ein. Er ist fast blind und weint vor Rührung. Ein paar Monate später wird er sterben.

Irgendwann funktioniert die direkte Schiffsverbindung nach Kuba, so gilt ab nun: in New York in den Zug steigen, in Key West auf die Fähre gehen, in Havanna ankommen. Eine bequeme Verbindung ins damals so beliebte »karibische Puff«.

1920 wird Amerika trocken, Zug und Schiff erledigen eine weitere Dienstleistung: Tonnen kubanischen Rums – »devil water« – gelangen heimlich aufs Festland. Berühmt waren die Bars mit der falschen Dekoration. Drohte eine Polizeirazzia, glitten von der Decke arglos bemalte Wandverkleidungen, um die Alkoholregale zu kaschieren.

Die große Depression kommt 1928, ein eisiger Winter folgt 1932, der fürchterlichste Hurrikan jagt am 2. September 1935 über die Keys. Flagler's Folly, dieses »achte Weltwunder«, hört auf zu existieren: Wagons fliegen durch die Luft, Menschen versinken im Meer, Leichen wirbeln aus ihren Gräbern, Schienen zeigen in den Himmel.

Der Staat Florida kauft den massiv beschädigten Rest und legt eine Asphaltdecke auf die Gleise. 1938 fahren die ersten Autos über die ehemaligen Eisenbahnviadukte, der »Overseas Highway Number One« ist da.

Vierzig Jahre später werden neue, doppelt so breite Brücken gebaut. Die alten bleiben, als wehmütige Erinnerung an tapfere Zeiten. Auf den hübschen Ruinen, den »catwalks«, stehen jetzt die Angler, warten auf Fische und die Sonne, die wie eine Hostie im Meer versinkt.

Mile Zero, das ist Key West. Ursprünglich hieß es »Cayo Hueso«, die *Knocheninsel.* Der Ausdruck kam den Spaniern beim Anblick ausgebleichter Indianerskelette, die unbegraben herumlagen. Weitere Leichen folgten. Piraten landeten an. Captain Blackbeard, Captain Kidd und Captain Black Caesar machten sich einen Namen. Bis der eine enthauptet wurde und die beiden anderen am Strick baumelten.

Als die Amerikaner 1820 kamen, hörte die unkontrollierte Totenkopfanarchie auf und wurde von Amts wegen legalisiert. »Wreck on the reef!«, das war der gellende Glücksschrei des vorletzten Jahrhunderts, wenn die Einwohner Key Wests wieder – wie so oft – vor ihrer Küste ein überladenes Schiff in Brüche gehen sahen, zertrümmert vom Sturm, leckgelaufen auf seichtem Grund, zerbrochen am Riff. Und man sorgte dafür, dass es so blieb: Man hütete sich, Leuchttürme zu errichten, zog sie irgendwann doch hoch – am falschen Platz – und signalisierte verwirrende Zeichen. Key West war die einzige Stadt der Welt, die Lizenzen an dieses Gesindel verteilte, das allzeit bereit lospreschte, um Tonnen von Reichtum an Land zu schaffen.

Das Kaff blüht, ist bald das größte, bald das allerreichste Floridas. Bis erneut Prüfungen anrollen: der Erste Weltkrieg, der Ku-Klux-Klan (»Niggers out of Key West!«), der Schwarze Freitag und Hitlers U-Boote.

Dann, endlich wieder *big money:* der Tourismus. Zwei Millionen übernachten jetzt hier pro Jahr, und die dadurch angerichteten Verwüstungen auf der lächerlich kleinen Insel – 1,25 mal 4 Meilen – können sich sehen lassen.

»Touristen sind wie ein Rudel Nutten«, erklärt mir Bob, den wie andere Tramps das Versprechen auf ewige Sonne vom kalten Norden hierhergetrieben hatte: »Zu ganz bestimmten Zeiten trifft man sie in ganz bestimmten Straßen.« Bob ist Sänger und Dichter. Offiziell hat er einen Hirnschaden, dafür zahlt ihm der Staat die monatliche Ration Lithiumtabletten.

Sein ätzender Satz hat was. Ein Blick in die Duval Street, die Hauptstraße, liefert Beweise: vierzehn Stunden lang Stoßverkehr, *bumper to bumper traffic,* und auf den beiden Bürgersteigen die XX-Superlarge-Heerscharen, zu Fuß, unterwegs mit wildfarbenen T-Shirts und grün oder gelb fluoreszierenden Trainingshosen. Dazu, als Krönung: Socken und Sandalen.

Und hätte man hundert Jahre in den USA gelebt, man wird nie fassen, wie viel Kilo Fleisch in einen einzigen Body passen. Bisweilen denke ich, jetzt streikt der Körper, jetzt platzt er in alle Himmelsrichtungen. Aber nein, mit unendlicher Nachsicht trägt er jede neue Last, die man in ihn hineinstopft. Früher habe ich über die Tausendpfünder gelästert, heute ist das anders. Ein seltsames Mitgefühl ergreift mich bei ihrem Anblick. Als sähe ich mühsam Beladene, die ausweglos in sich gefangen sind. Und keine Erlösung weit und breit.

Links und rechts der Straße befinden sich die Shops, in denen man für eine Milliarde Dollar einkaufen kann. Bald höre ich über Lautsprecher den prophetischen Satz: »She's got the climactic moment when she buys.« Nicht ironisch gemeint, nein, ein durchaus seriöser Aufruf zum Kauf eines Haarshampoos: um dabei zu orgasmieren. *Born to be wild?* Das war. Nun lieber: born to shop! Nicht einmal auf die Hells Angels ist mehr Verlass. Auch sie am Wühltisch, auch sie auf der Suche nach »super bargains«, nach *Superschnäppchen.*

An der Ecke Duval/Green Street, steht »Sloppy Joe's Bar«. Vor langer Zeit hat hier ein mutiger Mensch seinen Scotch getrunken. Davon profitiert die armselige Schwemme noch immer. Nur ist sie jetzt eine Familienlaube, eine Sommerfrische mit Würstelbude plus Laden für Baseballmützen. Hätte Hemingway – ein Dutzend Jahre ansässig im Ort – damals schon geahnt, in welcher Umgebung einmal seine Fotos hängen würden, er hätte sich entschieden früher eine Kugel in den Kopf gejagt.

Nur eine Querstraße weiter, und das Leben wird gut. Kein Konsumwahn, wenig Verkehr, dicke, hohe Bäume. Die Annäherung an das Glück. *Old Town is a beautiful town.* Die weißhellen, uralten Holzhäuser, eingerahmt von wuchernder Natur, auf einer Veranda liest eine aparte Frau ein Buch, irgendwo eine Kinderstimme, stets das leise Rauschen der Blätter und der wolkenlose Himmel. Alles stimmig, alles stimmt.

Abends dringt warmes Licht aus den Fenstern. Das Flüstern eines Liebespaars auf einer Bank. Das beruhigende Geräusch sich sanft berührender Äste, der Mond schaut zu.

Key West ist großzügig, geistig gut durchlüftet. Die Gays leben hier bedenkenlos und zahlreich. Die AIDS-Rate ist beängstigend, höher als anderswo in den Staaten. Mancher zieht hierher, um in Ruhe zu sterben. Ich komme an einem »healing workshop« vorbei. Hier wollen sie lernen, den Gedanken auszuhalten, dass alles bald zu Ende sein wird. Geht das? Am Eingang hängt ein Poster, das hat Witz: »You won't believe what we like to wear in bed – condoms.«

Die meisten Schwulen hier sind »out of the closet«, keiner versteckt seine Orientierung, jeder gibt sie zu. Vor Jahren hatten sie sogar einen Männerfreund als Bürgermeister. (Andersherum funktioniert es übrigens auch: Der jetzige Chef im Rathaus hat dreizehn Kinder von fünf Frauen. Er gilt als bekennender Ehebrecher, war einst Barbesitzer, Waffenschmuggler und Zocker.)

Die Homosexuellen sind friedsam, ondulieren und kleiden sich nachdrücklich, haben ihre eigenen Sex-Shops (»The Pleasure Chest«), ihre eigene rosa Kirche (»The Metropolitan Church«), ihre eigene Handwerkskammer und ihren eigenen Nachtclub: »The Copa« – mit einer Lautstärke, die für Herzrhythmusstörungen sorgt. Ein paar »Dykes«, die eher aggressiven Lesben, sind auch da. So küssen Frauenmünder Frauenmünder, und Männerhände kraulen Männerschultern. So eine zärtliche Tapssucht geht um. Als dritte Gruppe treten die »female impersonators« auf, Transvestiten mit wasserstoffblonder Monroe-Perücke, Büstenhalter und buschigem Brusthaar. Den Höhepunkt des Abends bildet »The wet jockey contest«: Sechs Männer hopsen in Unterhosen auf die Bühne. Small Talk mit dem Conférencier (»Are you gay?« – »Everyday!«), dann saust ein Kübel Wasser auf ihre straffen Körper (und Unterkörper!), das Volk kreischt, der »Mächtigste« wird am heftigsten bejubelt.

Tagsüber liegt Key West am Strand. Der Atlantik ist flach, ein bisschen schmuddelig und die Ufer voller Seegras. Wie Sardinen »schwimzen« (Erwin Jandl) sie eng nebeneinander. Radios orgeln, über uns hinweg kurvt eine Propellermaschine, am Heck flattert die frohe Botschaft von wegen Neueröffnung einer Kosmetikboutique. Vom vierspurigen Roosevelt Boulevard – fünf Meter entfernt – stinkt der Verkehr herüber. Hotdogbuden, Eisdielen, Fastfoodhütten, es soll an nichts fehlen.

Das Nachmittagsprogramm beginnt. Eine der lokalen Radiostationen organisiert »The sexiest swimsuit contest«: Siebzehnjährige Halbgöttinnen mit winzigen Stoffresten am Leib treten an. Hinterher gibt es den »hottest hunk contest«, die intensive Suche nach dem heißesten Typen, diesmal hetero. Braun gebackene, rundum geölte Beachboys mit Bizeps stellen sich auf. Nun quieken die Girls.

Einige Hundert Meter weiter, hinter einer leichten Biegung, ist das Meer frei zugänglich – zu Fuß. Ein einziger Mensch liegt da. Ein schlanker Körper, der Sand, sonst nichts. Keine Sonnenbrille, keine Uhr, kein Handtuch, kein Laut. Geradezu keusch, materialkeusch. Das Bild beruhigt, es entfaltet sofort seine Schönheit.

Vieles, was in Key West geschieht, gehört zu den »mellow activities«, den heiteren, den sanften Beschäftigungen. Auf dem Mallory Square gibt es jeden Abend eine »sunset celebration«. Und die Feier hat Power, die Feuerfresser und Fahrradakrobaten, die Dudelsackpfeifer und Schwertschlucker, die Sternenhexen, die von der Zukunft schwindeln, und die Hungerkünstler, die öffentlich fasten, die Kartentrickser und Katzen, die durch brennende Reifen segeln, und – absolut sensationell – zwei Entfesselungskünstler, die sich mit drei Eisenketten, drei Vorhängeschlössern und drei Handschellen aneinanderschmieden lassen und sich – unfassbar – nach 12 Minuten und 49 Sekunden daraus befreien, ja sich Tintenfischen gleich davonschlängeln. Wie ein Kind schaut man hin und ist gefangen von einem Rätsel.

Die andere Sensation ist »the lady without nose«. Genauso stellt sie sich vor. Sie hat tatsächlich keine Nase, vom Sonnenkrebs weggeätzt, vom haltlosen Sonnenbaden unter Floridas unerbittlichem Himmel. Sie zieht nun täglich als »anti-sunbathing-crusader« durch die Stadt, verteilt Zettel mit Rettungsmaßnahmen, zeigt – nicht unstolz, will es scheinen – auf ihr nasenloses Gesicht.

»America is a freak show«, steht auf eine Mauer gesprayt. Wer will da widersprechen.

Vom Mallory Square geht man eine Viertelstunde und kommt in eine Gegend, von der niemand spricht. Touristenleer. In keinem der Reiseführer wird sie erwähnt. Der Ort ist schäbig, Unrat weht durch die Straßen, schiefe Häuser, verlauste Hunde. Hier leben die Schwarzen. Früher hieß das Viertel »Color Section«, jetzt folkloristisch »Bahama Village«.

Die Geschäfte verlaufen ohne Zwischenfall. Ich nähere mich der Ecke Julia/Thomas Street. Vier junge Burschen stehen da, einer löst sich aus der Gruppe, spricht mich an:

- What you need, red?
- Get me two rocks for ten bucks.

Der Dealer zieht aus dem Mund, versteckt hinter seiner Oberlippe, ein winziges Plastiktütchen. Zwei »rocks«, zwei Kügelchen Crack, das mit Backpulver und Wasser gestreckte Kokain. Ich – »red«, Slang für *weißer Mann* – nehme die Ware, der Schwarze kassiert die zehn Dollar. Am helllichten Tag, Autos fahren vorbei, Leute sehen, was vor sich geht. Andere Kunden nähern sich, zu Fuß oder motorisiert, manche bleiben im Wagen sitzen und werden ohne jede Vorsichtsmaßnahme bedient.

Ich komme mehrmals, und immer *business as usual.* Bei strömendem Regen, morgens, mittags, abends, während der 50 Meter entfernt stattfindenden Sonntagsmesse.

Der meiste Stoff kommt über Stock Island, dem Hafen direkt vor Key West. Auch Miami liefert. Im Autoradio höre ich – mit Blick auf den schwunghaften Handel –, wie der amerikanische Präsident vom »war on drugs« schwadroniert, jenem Krieg, den bisher alle US-Regierungen verloren haben.

Gründe dafür gibt es mehrere, die zwei wichtigsten: Viele wollen von einem Sieg nichts wissen, er würde der Wirtschaft schwer schaden, denn nicht wenige profitieren vom Drogenhandel. Und die andere Ursache: die Korruption, genauer, die Korruption unter den Polizeikräften – die altbekannte Seuche. Die Drogenflut, die dieses Land heimsucht, wäre ohne die diskrete Mitarbeit emsiger Beamter nicht möglich. Die Verlockung nach dicken Bündeln ist zu heftig.

Ich komme auch mit dem Gesetz in Konflikt, doch auf ganz und gar harmlose Weise. Und dennoch eine Begegnung der dritten Art, leicht crazy: vor einer Kreuzung fahre ich in einer Einbahnstraße links an einem Trödler vorbei, in der festen Überzeugung, die Straße sei zweispurig. Banaler Vorgang, noch dazu bei wenig Verkehr, noch dazu mit der Absicht, später links abzubiegen. Von wegen. Ich stehe bereits mit laufendem Motor, warte, dass Rot auf Grün springt, als ein Polizeiwagen mit Blaulicht (!) und Sirene (!) neben mir vollbremst, und der Officer wie von Sinnen anfängt, auf mich einzubrüllen. Als er kurz innehält, frage ich ihn, was der Anlass für den Wutausbruch sei. Eine Frage, die er als weiteren Affront interpretiert, weshalb er noch lauter brüllt. Bis ich irgendwann doch den Grund seiner schäumenden Wut erfahre: Ich hätte nicht links überholen dürfen, denn die Straße ist nur einspurig. Was sie definitiv nicht ist.

Niemand kam durch meine Fehleinschätzung zu Schaden, ich provozierte keine gefährlichen Ausweichmanöver, der Trödler ist längst rechts abgebogen, und auf der Kreuzung befinden sich lediglich ein Wahnsinniger und ich, der in diesen Augenblicken nur eins weiß: ruhig bleiben bei Geisteskranken, sehr ruhig bei bewaffneten Geisteskranken, ja, auf keinen Fall die Stimme heben und dem Gegenüber unbedingt und ausdauernd recht geben. Bis der Spuk vorbei ist und der Mann mit dem dicken Revolver »fucking German« schreiend weiterfährt. Vielleicht war sein Großvater Russe und kämpfte in Stalingrad gegen die Wehrmacht. Das wäre immerhin eine brauchbare Erklärung.

Ach, wie verschieden die Menschlein sind. Am nächsten Tag sehe ich beim Flanieren durch die Stadt eine Frau, die neben dem Trottoir einen provisorischen Stand mit Broschüren aufgebaut hat und an der Bluse einen Sticker trägt, auf dem »Wedding Concierge« steht. Sie antwortet überaus freundlich auf meine Frage, was die zwei Wörter bedeuten: Sie kümmert sich um Hochzeiten, ja, sie hat die Lizenz, Leute zu verheiraten. Es gibt drei Angebote. Beim preisgünstigsten findet die Zeremonie am Strand bei Sonnenuntergang statt, teurer ist es, wenn das Jawort auf einem Boot gegeben wird, und »highclass« wird es, wenn ein Teil des »schönsten Tags im Leben« unter Wasser – videogefilmt – erlebt wird. Nebenbei arbeitet Kylie als »real estate shark«, so sagt sie es, als *Immobilienhai.* Aber der Markt sei abgekühlt, die Preise gehen runter, viele haben sich im Rausch des schnellen Gelds verspekuliert.

Am späten Nachmittag komme ich wieder, jetzt hat die Hübsche Zeit. Wir fahren zum Little Hamaca Park, ein Steg führt über Mangroven, über Krokodile und Salzpfannen. Vöglein zwitschern, und die Welt ist still. Nur einmal unterbrochen, als uns jemand mit seinem Gettoblaster auf den Schultern entgegenkommt. Wir halten die Obdachlose an, ich bitte sie, den Text hören zu dürfen, den Countrysänger Jimmy Buffett gerade schnulzt: »Take it easy«, heißt seine Botschaft, Jimmy singt vom »easy living«, »easy loving« und »easy riding«. Beneidenswerte Amis.

Kylie ist ein warmer Mensch. Sie erzählt von Key West, erzählt, dass die Pferdedroschken im Zentrum abgeschafft wurden, da häufig Betrunkene einstiegen und die verschreckten Pferde durchstarteten. Sie mag Key West, auch wenn sie wie alle Einheimischen über die Touristenflut zürnt, von der sie wie so viele abhängig ist. Sie erwähnt die »Keys disease«, die lokale Krankheit, die sich in dem simplen Satz äußert: »I don't feel like working today.«

Irgendetwas an mir lädt Frauen und Männer dazu ein zu beichten. Das ist eine brauchbare Eigenschaft für einen Reporter. Beim Essen an unserem zweiten Abend in einer Strandbar geht es los, Kylie beichtet. Ohne konkreten Anlass, ohne dass das Gespräch in diese Richtung gegangen wäre. Erstaunlich, die 37-Jährige tritt elegant auf, spricht ein reiches Englisch, sieht gut aus, kommuniziert leicht und schnell mit ihrer Umgebung. Wer käme da auf die Idee, dass sie jahrelang von ihrem Vater und dessen Bruder missbraucht, schwerst missbraucht wurde. Als Kind. Der Satz ist raus, und sie fängt zu weinen an. Ich halte den Mund, berühre nur sacht ihre Schultern.

Geheimnisvolles Key West. Als wir weiter am Meer entlanggehen, umarmt sie mich und sagt, dass sie die Nacht mit mir verbringen will. Ich bin ein einfacher Mann und muss nicht lange überredet werden. Wir fahren zu ihr.

Geschmackvolle Wohnung, ein richtiges Bett für zwei, Blick auf das lichterflimmernde Key West. Wir plaudern, wir trinken, wir kommen uns näher, sitzen irgendwann verspielt auf dem Sofa. Und Kylie hält mittendrin inne: »Sorry, ich kann nicht. Ich möchte es, sicher, aber es funktioniert nicht. Auch mit dir nicht.«

Eine Frau zur Intimität überreden kommt nicht infrage. Erst recht nicht in einem solchen Fall. Ich frage auch nicht nach, warum, wieso. Der Grund ist so offensichtlich. Nach einem (scheuen) Kuss bringt sie mich zur Tür. Ich bin nicht gekränkt, auch nicht ernüchtert, denn ich habe etwas gelernt – über sie, über diese Frau. Das soll zählen. Zudem weiß ich, ach, seit Ewigkeiten, dass bemühter Sex eine Hundsgemeinheit ist. Zwei müssen sich mit übergroßer Freude begehren, dann passiert ein kleines Wunder.

Am letzten Tag ist es so weit, es dauerte eine Weile, bis mir jemand die Adresse verriet: Ich klettere über einen Bretterzaun, Nähe Duncan Street. Ein »Keep out«-Schild warnt. Fünfzehn Jahre hat Tennessee Williams in diesem Haus – einfach, einstöckig, aus Holz – gelebt. Mit seinem Freund Frank Merlo. Nun steht es leer und verwittert. Blätter fallen in den Swimmingpool, durch die Scheiben sieht man eine Küche, alte Böden und ein großes Bücherregal ohne Bücher. Eine Alarmanlage hängt neben einem Fenster. Sie scheint nicht zu funktionieren, da sie nicht losschrillt, obwohl ich mehrmals herumschleiche.

In meiner Jugend habe ich Williams' Stück »Orpheus steigt herab« gesehen. Wie betäubt verließ ich das Theater, da wieder von der Angst getrieben, mein Leben zu verpassen, die falschen Richtungen einzuschlagen, ja dass etwas Entscheidendes fehlt: Tiefe, Beherztheit, Mut.

Ich klettere zurück auf die Straße. Zwei Blocks weiter gibt es einen Buchladen, ich frage nach »Orpheus Descending«, finde eine der Stellen, die mich damals so bewegt hat: »Dieses Land ist einmal wild gewesen. Die Männer und Frauen waren wild, und in ihren Herzen hatten sie füreinander eine Art von wilder Güte, aber nun ist es krank, krank von Neonlicht …«

HERAUSFORDERNDE WELT

DIE TODESWALLFAHRT
Ein eisiger Penis als höchstes Ziel der Gläubigen

DIE ZAPATISTEN
¡Basta! – Frauen und Männer greifen zu den Waffen

EIN SCHWEIZER IN KABUL
Wie einem Land helfen, das nicht aufhört zu bluten

KUBA
Strapaziöses Leben mitten im Sozialismus

NUBA
Ein Volk kämpft um sein Leben

PEKING
Albträume und Lichtblicke

KAIRO
Der Ort für starke Nerven

UNITED STATES NAVAL ACADEMY
Wo Amerikaner das Siegen lernen

DIE TODESWALLFAHRT

Ein eisiger Penis als höchstes Ziel der Gläubigen

Aus ganz Indien sind sie gekommen: nach Pahalgam, nahe dem Himalaya, dem Ausgangspunkt der Wallfahrt. Seit einer Woche bin ich hier, um mich mit all den anderen, den so vielen, vorzubereiten: auf die 50 Kilometer hinauf in 4500 Meter Höhe, auf staubige Hitze und eisigen Wind, auf Schnee und Gletscher.

Mich treibt es zu den Sadhus, den »heiligen Männern«, die ihre Familien verließen, ihren Beruf, ihren Besitz. Nackt oder in Fetzen verbringen sie ihr Leben. Auf der Suche nach Erlösung, nach dem Ende aller Wiedergeburt. Der Marsch wird ihnen guttun, sagen sie. Ist er doch ihrem Gott, Lord Shiva, geweiht. Seine Nähe wird ihr Glück vermehren, wird sie geduldig machen. Auch um ihr armseliges Dasein zu ertragen.

Frühmorgens treffen wir uns zur Meditation unten am Fluss. Zwei Stunden in das rauschende Wasser blicken. Still sein und sich nicht bewegen. Das ist leicht, das ist schwer. Dann Chai trinken und frühstücken in ihren zerschlissenen Zeltbahnen, die sie entlang der Straßen hochgezogen haben. Stets brennt ein kleines Feuer. Wir reden kaum, wir rauchen. Diese wundersame Zeremonie: das sorgfältige Reinigen des »Chilam«, der *Pfeife* aus Ton, das Mischen von Zigarettentabak und »Charas«, dem würzigen *Haschisch*, das Stopfen des Pfeifenkopfs, das Anzünden, das heftige Saugen. Jetzt steigt der typisch süßliche Geruch auf.

Der Chilam macht die Runde. Noch stiller werden. Shiva, ein Held im hinduistischen Götterhimmel, war (auch) ein strenger, bis zur Qual entschlossener Asket. Nur der Konsum dieser Droge war ihm erlaubt, so die Legende, um seinen Körper und Geist zu sensibilisieren.

Bald lernt man zu unterscheiden: dass manche der Sadhus nicht viel taugen. Sie eher als begabte Schwadroneure unterwegs sind, als impertinente Schnorrer, Langfinger, gescheiterte Existenzen, die aus ihrer Vergangenheit blühende Märchen fabrizieren. Und für die Spiritualität nur Ausrede ist, um ihr faulpelziges Leben zu rechtfertigen.

Die Minderheit jedoch beeindruckt. Imponierende Männerköpfe, die dunklen Augen, Ernst und Stolz in den Gesichtern. Kein Bettelton, dafür Freundlichkeit und Wärme. Mit einem von ihnen, mit Girnari Giri, entsteht eine scheue Freundschaft. Vom 2000 Kilometer entfernten Gujarat ist er hierhergepilgert.

Die Stadt quillt über. Tausende drängen herein. Hotels und Zelte sind längst ausgebucht, die meisten schlafen im Freien. Wohlhabende Gläubige verteilen Geld unter den Armen, andere finanzieren mobile Küchen. Die Unruhe nimmt zu, die Aggressionen auch. Leidenschaftliche Gesänge, Tänze, der Rausch der Droge, die allzeit bereite Polizei. Randalierende Trunkenbolde und Taschendiebe werden standrechtlich verprügelt.

Am nächsten Tag, an einem sechsten August um vier Uhr, beginnt die Wallfahrt. Man spürt die Aufregung, den unbedingten Willen, jetzt loszugehen, endlich die Anspannung umzusetzen in Energie. Für eine Wegstrecke, die viele an den Rand ihrer Kräfte treiben wird.

Was für ein Bild: nur das Licht der Fackeln und Taschenlampen in der Finsternis.

Die erste Tagesetappe – von Pahalgam nach Chandanwari – führt über 16 Kilometer und 800 Meter Höhenunterschied. Aus der Dunkelheit tauchen plötzlich Gestalten auf, freiwillige Helfer, die den vorbeieilenden Pilgern einen Becher Tee und zwei Scheiben Chapati reichen.

Das Tempo ist scharf, und bisweilen verschwindet die Straße und wird zum geröllüberladenen Untergrund.

Ich beginne zu fotografieren. Die meisten Sadhus reagieren feindselig. Ein paar schlagen wütend mit ihrem »Trishul«, dem *Dreizack*, nach meiner Kamera. Ihr Zorn ist ganz irdisch. Sie wollen Geld. Mehr Geld. Kostete eine Aufnahme gestern noch eine Zigarette, so sind es heute zehn Rupien. Wir schließen einen Kompromiss. Ich verteile mein Charas, das ich in Pahalgam besorgt habe, und sie lassen mich gewähren.

Schöne Welt. Blick nach unten auf den grünen Fluss, Blick nach oben auf die orangefarbene Sonne, die hinter den Bergen aufsteigt. Kurz nach halb acht erreicht die Spitze des Zuges Chandanwari. Sofortige Essenspflicht, ja Pflicht, dank der Fürsorge – an diesen drei Tagen gewiss – der Reichen. Alles vorhanden, Gemüse, Reis, Brot, Wasser und Tee.

Der Ort ein Nest, nur ein einziger Weg zwischen Bretterbuden, dahinter Hunderte von Zelten. Ein provisorisches »Postoffice«, ein Erste-Hilfe-Zentrum und einen Informationsschalter gibt es. Sogar eine schiefe, winzige Moschee. Für die Muslime, die an der Wallfahrt nur beruflich interessiert sind. Sie arbeiten hier als Träger, Ponytreiber und Köche. Als ich neugierig um das Gebäude streiche, bitten sie mich einzutreten. In keinem Land ist mir das bisher gelungen: der Zutritt während eines offiziellen Gebets. Seltsamerweise bedanken sich die Männer hinterher bei mir, ja eine Aufforderung zum gemeinsamen Mittagessen folgt. Ein weißer Mensch in einer Moschee im Himalaya, das scheint sie zu überraschen.

Die erträgliche Leichtigkeit des Seins. Einladung zweier Polizisten, eine Haschzigarette mit ihnen zu teilen. Wir gehen in eine Teestube und drehen in aller Öffentlichkeit einen Joint. Ruhiges, meditatives Inhalieren. Eine Viertelstunde später herzlicher Abschied, die Herren müssen zurück zum Einsatz. »Our duty, you know«, meinen sie entschuldigend.

Den ganzen Tag über treffen Pilger ein. Bis zu 20 000 Teilnehmer werden erwartet. Am Wasser haben sich die Sadhus eingerichtet. Sie baden, vollziehen komplizierte Reinigungsrituale, meditieren, suchen Holz für das Nachtfeuer. Gespräch mit Girnari Giri. Die Kohte, in der er schläft, dient als Krankenlager: Zehn Leute mit einem bellenden Keuchhusten kauern um das Feuer. Die Gottsucher rauchen zu viel. Gerade wird ein »bumpingchilam« angezündet, eine hochkarätige Haschrakete, die sanft in unsere Leiber fährt.

Drei der Männer sind körperlich missgestaltet, Arme und Beine kurios deformiert. Einen vierten überwuchern Beulen. Fast jeden plagt irgendwo eine schlecht geheilte, eiterverklebte Wunde. Ihre Ernährung ist kärglich, die Kleidung dürftig, schon die ersten 16 Kilometer haben ihnen zugesetzt. Ein Wunder muss helfen, denn der eigentliche Kreuzweg steht noch bevor.

Am frühen Abend beginnt es zu regnen. Mit der Taschenlampe durch den Morast tappen. Schwieriger Stuhlgang. Ein Meer von dampfenden Exkrementen überzieht die Umgebung. Ein kleines Heer von Menschen in der Hocke. Welch friedlicher Anblick.

Ich zahle für einen Schlafplatz. Unruhiges Plätzchen in dem Zelt, der Lärm der Straße, dazu der Krach aus einem Restaurant, dazu ein Lautsprecher, der bis Mitternacht logistische Hinweise und Suchanzeigen für verloren gegangene Familienangehörige in die Dunkelheit plärrt. Irgendwann wird es leiser. Nur unterbrochen von dem seligen Tiefschläfer, der neben mir liegt und alle paar Minuten unbekümmert in die Nacht furzt. Imponierend.

Noch zweieinhalb Tage, dann werden wir Amarnath erreichen, die Höhle in luftiger Höhe, in der sich ein mannshoher, phallusähnlicher Eiszapfen befindet. Die Gläubigen erkennen in ihm den »Lingam«, den *Penis*, das Symbol der Macht Shivas. Während der Vollmondnacht im August erreicht er seine größte Ausdehnung. Deshalb die »Yatra«, die jährliche *Wallfahrt*, genau zu diesem Zeitpunkt.

Shiva ist ein wilder, grausamer, gütiger, ekstatischer Gott, ein fanatischer Tänzer, unfassbar, unberechenbar, schöpferisch, mörderisch, Inbegriff von rätselhafter Natur, die liebt und vernichtet.

Vor mehr als 3000 Jahren, so die hochheilige Mär, hat Shiva in dieser Grotte seiner schönen Gespielin Parvati vom Geheimnis der Ewigkeit erzählt. Von daher rührt die Magie des Orts. Einmal das Götterglied sehen, das verspricht einen besseren Tod, vermindert die Angst, ja vermehrt die Chancen, ohne den Umweg unzähliger Wiedergeburten ins Nirwana einzuziehen. Der eisige Phallus repräsentiert Kraft, Lebenskraft, Schöpferkraft, nur am

Rande besteht eine Verbindung zur Sexualität. Trotzdem bitten »ihn« viele unfruchtbare Frauen um Hilfe. Auf dass Fruchtbarkeit über sie komme.

Alles eine Frage der Frömmigkeit. Der Lingam »lebt«, sagen sie, wird größer bei zunehmendem Mond, wird kleiner, wenn das Gestirn abnimmt. Wissenschaftliche Erklärungen zählen nicht: Schmelzwasser, das durch den Felsen tropft und je nach Wetterlage zu einem mehr oder weniger dicken Eisberg friert, dieser Hinweis hat für das religiöse Volk keine Bedeutung. »Shiva was here«, so lautet die einzige und einzig ewige Wahrheit.

Wieder um halb vier aufstehen, ich zittere vor Kälte. Die ersten Wallfahrer sind bereits unterwegs. Bei den Sadhus brennen noch Feuer, es gibt Tee. Ihr Zustand verschlechtert sich. Die dünnen, nackten Körper, die sie mit Asche und Dreck beschmieren, Zeichen der Buße. Der Chilam macht die Runde, ganz nah den Flammen sitzen sie. Sie husten, einige übergeben sich.

Ich reihe mich ein in den kilometerlangen Zug der Pilger. Kurz nach Chandanwari beginnt der Anstieg zum gefürchteten Pishu Hill. Steil ohne Ende. Jeder muss kämpfen. Alte Frauen und Väter mit ihren Kindern auf dem Rücken. Menschliche Wracks und junge Mädchen. Zarte Menschlein und kraftstrotzende Männer. Und die offiziellen Träger, die Muslime. Laut Gesetz dürfen sie nicht mehr als 30 Kilo transportieren. Die Realität sieht anders aus. Die Lasten sind enorm, die »coolies« schleppen Koffer, verpackte Großraumzelte, Kochgeschirr, Proviant und Decken. Alle 200 Meter bleiben sie stehen, lehnen sich an eine Felswand, ein paar Minuten Pause für ihre schweißgebadeten Leiber.

Vor mir humpelt eine Gestalt, die Lumpen am mageren Körper. Er zieht einen dreckigen Kohlensack hinter sich her, seine persönliche Habe. Ich lege sein Gepäck auf meinen Rucksack und halte zwei Stunden durch. Dazwischen immer wieder abladen und fotografieren. Irgendwann gebe ich auf und hieve den Sack auf den Rücken des armen Teufels.

Wer Geld hat, leistet sich ein Pony. Die Wohlhabendsten reisen mit einem »Dandi«, einer *Sänfte.* Bewundernswürdige Männer, die einen solchen Ballast – meist handelt es sich um voluminöse

Damen – auf ihren Schultern tragen, 50 Kilometer Richtung Gipfel, 50 Kilometer zurück. Manche haben Gesichter wie Galeerensträflinge, so ausgelaugt, so an den Rand letzter Belastung getrieben blicken ihre Augen.

Irgendwo tief unten liegt ein Pferd, ein Kadaver vom vorigen Jahr. Ein Fehltritt, ein Absturz. Das offene Hinterteil, leer gefressen von Fliegen und Geiern. Eine Viertelstunde später ziehen wir am Gerippe eines Esels vorbei. Eindringliche Aufrufe zur Wachsamkeit.

Tausende Schritte. Rauf, runter, rauf, rauf. Nur noch flüchtiges Wahrnehmen der paradiesischen Natur. In den Beinen das bleierne Gift der Mutlosigkeit. Ich verbiete mir, nach oben zu sehen – zu deprimierend. Einen Fuß vor den anderen setzen, mehr Zukunft geht nicht.

Jetzt kommen die ersten Strecken über Gletschereis. Nicht lebensgefährlich, aber gefährlich. Wer sich konzentriert, ist nicht gefährdet. Wer eine Sekunde nicht aufpasst, muss Glück haben, dann landet er auf dem Bauch. Steht er am falschen Fleck, schlittert er zielgenau in die Schlucht.

»Amarnath Jay Ki Hey, Baba shankar Jay Ki Hey«, rufen die Pilger, *es lebe Amarnath, es lebe Lord Shiva.* Der Satz soll sie anfeuern, sie stärken mit Zuversicht.

Nach acht Stunden passieren wir den smaragdgrünen Sheshnag Lake. Kurz darauf erreichen wir das gleichnamige Lager, 3718 Meter hoch. Ende der zweiten Etappe.

Am späten Nachmittag entdecke ich zwischen den Zelten einen Sadhu, der gekrümmt auf dem Boden liegt und sich mit beiden Händen über den Unterleib streicht. Sein von Lepra und Schmerz entstelltes Gesicht, mit Knoten und Verdickungen unter dem Kinn. Leute sitzen in seiner Nähe, ein paar neugierige Blicke, mehr nicht. Ich hole meine Antibiotika. Nutzlos. Ich halte seinen von Krämpfen geschüttelten Körper, er beginnt zu weinen. Ein Polizist, den ich nach einer Trage schicke, nickt und bleibt verschwunden. Ein junger Kerl, Student aus Kalkutta, will sich erkundigen. Und kehrt ergebnislos zurück. Angeblich gibt es keine Trage. Ich gehe los und höre nichts anderes.

Das Lager ist riesig. Durchquert man einen schmalen Canyon, kommt man zum »Medical Center«. Hier haben sie eine Tragbahre. Doch ich muss diskutieren, ein Sadhuleben scheint nicht viel wert zu sein. Endlich willigt man ein. Ich suche einen zweiten Mann. Noch ein Polizist, der auch nickt und sich umdreht nach jemandem, der die Arbeit für ihn erledigen könnte. Schließlich bietet sich ein einfacher Mensch an, und wir eilen zum Kranken, ihn aufladen, und zu dritt – Amal, der freundliche Student, hält den Zitternden fest – wieder zu den Ärzten. Noch einmal durch das Tal, den Gebrechlichen abliefern, Check-up, eine Spritze. Die gelösten Züge, der gequälte Leib schläft sofort ein.

Die dünne, trockene Luft greift an. Zersprungene Lippen, Atemnot, Schluckbeschwerden, Husten, Kopfweh. Abends spricht es sich herum: die ersten fünf Leichen. Kurz vor Sheshnag ein Ausrutscher in den Tod. Keiner zeigt sich sonderlich berührt. Der Tod ist Teil dieser Wallfahrt. Und sterben auf dem Weg zu Shiva? Für Hindus existieren schlimmere Abschiede.

Die dritte Nacht. Diesmal darf ich an nackten Fußsohlen riechen. Als kleine Nachtmusik gibt es Kindergebrüll, Rülpser und die obligaten Fürze. Ich warte auf den Morgen.

Aufstieg ins Fegefeuer. Über den Mahagunas-Pass, 4500 Meter hoch. Matsch, Morast, Gletscherwasser. Das stündlich wechselnde Wetter, zuerst ein freier Himmel, dann Regen, dann kalte Winde. Packponys, die straucheln und zusammenbrechen. Sechzig Kilo lautet die vorgegebene Höchstbelastung für sie. Das soll niemanden kümmern. Manchmal ist der »Ponywall«, der *Treiber*, rechtzeitig zur Stelle, um einen tödlichen Absturz zu verhindern. Zur Strafe fürs Bockigsein wird gnadenlos auf das Tier eingepeitscht.

Die Wut wächst. Die physische Belastung franst an den Nerven. Die Sänftenträger arbeiten jetzt mit einem fünften Mann. Der geht voraus und schafft Platz. Damit keiner im Weg steht, damit der gefährliche Weg nicht noch zusätzlich durch Hindernisse erschwert wird. Doch manche Passagen erweisen sich als zu schroff, die Möglichkeit eines Unglücks zu bedrohlich. So muss der massige Mensch aussteigen und ohne Hilfe klettern. Nicht einfach, da viele dieser Wallfahrer nicht nur beleibt, sondern auch gehbehindert sind.

Ach, Glücksmomente beim Geräusch eines sprudelnden Gebirgsbachs. Den Kopf eintauchen und zehn Minuten lang in die Sonne blinzeln.

Mittags erreichen wir Panchtarni, unser drittes Nachtlager. Ich gehe sogleich zum Fluss, will zwei Stunden wie tot am Ufer liegen.

Der Nachmittag bringt Freude. Ein Sadhu gibt eine Sondereinlage. Er ist nackt und turnt auf der Dorfstraße, streckt seinen Penis in die Länge – bereits Zuschauen schafft Qualen – und wickelt ihn über das drei Zentimeter dicke Holz seines Wanderstabs. Viermal »zieht er an«, wie eine Schraube, fröhlich lachend. Girnari Giri erzählt, dass der Mann unter den Sadhus berühmt ist und zu den wenigen gehört, die mittels Geschlechtsteil einen tonnenschweren Lastwagen von der Stelle bewegen können. Ein Gottsucher mit einem funktionsfähigen Abschleppdienst zwischen den Beinen: Erstaunlich!

Regen, das Notaggregat fällt aus, keine Straßenbeleuchtung brennt. Irrwege im Schlamm. Der Chef des Zelts, bei dem ich für die dritte Nacht reserviert und bezahlt hatte, hat meinen Platz – eher aus Versehen als aus Gier – weiterverkauft. Palaver, irgendwann darf ich doch hinein. 23 Personen auf engstem Raum. Mittendrin der Spirituskocher, Gäste werden noch versorgt. Ich rette mich mit zwei Schlaftabletten.

Im Morgengrauen Aufbruch zu den letzten sechs Kilometern. Leichtes Gehen. Ein Höhenunterschied von nur 250 Metern. Nieselregen. Die Heiterkeit in den Gesichtern der Pilger ist nicht zu übersehen. Nun wird sie nichts mehr aufhalten.

Drei Stunden später der erste Blick hinauf zur Höhle, zur »holy cave«. Auf der langen Steintreppe brodelt es bereits. Die inbrünstige Masse, die von Ordnungskräften nur schubweise eingelassen wird. Um nicht im zügellosen Rausch das Heiligtum zu stürmen.

Mein (gefakter) Presseausweis hilft. Müsste ich mich anstellen, ein halber Tag Wartezeit wäre das Mindeste. Schuhe ausziehen ist Vorschrift, die nackten Füße jetzt im Schmelzwasser. Zuletzt, nur Schritte entfernt, vor dem Lingam stehen, dem weiß glänzenden, frostigen Symbol Shivas. Davor ein Gitter, um zu verhindern, dass das Verlangen nach Berührung den Phallus zerstört. Ein Dutzend Gläubige, zwei Dutzend Polizisten. Auch die Angst vor Terroranschlägen fanatischer Sikhs geht um. Sie wollen ihren eigenen Staat in der Provinz Punjab gründen und drohen, die Kultstätten ihrer Todfeinde, der Hindus, in die Luft zu jagen.

Reis, Münzen, Perlen, Pfeffer, Walnüsse, Räucherstäbchen, Rosinen und Ingwer fliegen über die Umzäunung. Ausdruck von Bitte und Dankbarkeit zugleich. Doch für stille Andacht fehlt die Zeit, denn Tausende andere warten. Die Polizei, die rüde zum Ausgang drängt. Ich habe keine fünf Minuten für ein paar Fotos. Mit der unauffälligen Übergabe eines 100-Rupien-Scheins verlängere ich kurzfristig meinen Aufenthalt.

Dann durch den Hinterausgang hinaus auf die Bettelgasse der Sadhus, die drastisch auf ihre verstümmelten Körperteile zeigen und für eine »Tikka«, den *Aschetupfer auf die Stirn*, ihren Lohn fordern.

Inzwischen hat sich die Lage verschärft. Die nachfolgende Menschenmenge schiebt unkontrolliert Richtung Eingang. Ich stehe auf einem schmalen steinernen Weg, der – zwei Meter höher gelegen – parallel zur Haupttreppe verläuft, auf der sich die Gläubigen Leib an Leib drängen. Schon strecken die ersten ihre Arme in die Luft, aus schierer Angst zu ersticken. Ich ziehe ein paar Kinder zu mir hoch. Das bringt Ärger mit der Polizei. Zu dritt zielen sie mit ihren Schlagstöcken nach meinem Rücken. Oft hat Dummheit keinen Namen.

Es kommt, wie es kommen musste: Eine halbe Stunde lang wird jeder zurückgeprügelt, der nach einem Ausweg sucht. Jetzt tobt die Masse. Geballte Fäuste, Wutschreie, hasserfüllte Sprechchöre gegen die uniformierten Blödiane.

Irgendwann kapieren die Schläger und tun genau das, wofür ich Hiebe bezog: Bereits bewusstlose Frauen und Männer werden nach oben gehievt, Ärzte eilen herbei und starten Wiederbelebungsversuche, sogar Sauerstoffgeräte stehen zur Verfügung. Ein indisches Chaos findet gerade statt, Fluchtszenen, Stürze, die nackte Panik.

Gewiss, sagen sie hinterher, hat Shiva eingegriffen, da die Katastrophe verhindert wurde. Der Zustrom ließ nach, der gigantische Druck wurde schwächer, niemand erstickte.

Trotzdem, die bisherige Bilanz der drei Tage, so erfahre ich von einem Organisator, spricht für sich: 13 Tote. Wachsam mache ich mich auf den Weg zurück nach Panchtarni, dem heutigen Ausgangspunkt.

Eine letzte Nacht. Links Eselsschreie, rechts ein leidenschaftlicher Holzhacker. Bis nach Mitternacht. Kurz vor vier breche ich auf. Warmer Abschied von Girnari Giri, dem ich so vieles verdanke. Der 55-Jährige hat nichts, ich gebe ihm meinen Schlafsack und die Windjacke.

»27 miles« steht auf dem Schild am Ausgang des Lagers, mehr als 43 Kilometer bis nach Pahalgam, dem Start der Wallfahrt. Hunderttausend Schritte hinauf und hinunter. Zuerst verlaufe ich mich in der Dunkelheit. Dann auf der richtigen Spur zum Mahagunas-Pass. Nach Mittag fange ich an zu halluzinieren. Die Erschöpfung? Die Drogen? Sehe Felsen, die sich blitzartig aufblähen, und ich weiche verschreckt zurück. Plötzlich stürzt ein Baum auf mich, ich springe zur Seite. Nein, kein Baum stürzt, nur mein Nervenkostüm fiebert.

Ein hellblauer Tag, windstill. Ein Geschenk der Götter. Oft bin ich allein unterwegs, Sadhus und Pilger sind verschwunden, nirgends ein gequält ächzendes Tier. Ich rede kein Wort, auch nicht in Sheshnag und Chandanwari, wo ich stoppe und einen Tee trinke. Kein Atemzug, kein Gramm Energie darf verschwendet werden.

Nach 11 Stunden und 17 Minuten erreiche ich Pahalgam. Aus meinen Schuhen kommt das Geräusch schmatzender Blasen. Die allerletzten 200 Meter zum *Woodland* hinauf, dem einsam gelegenen Hotel. *No running water*, wie üblich um diese Zeit. Den geschundenen Leib lege ich auf das Bett. Das schweißgebadete Gesicht, das nasse Hemd, das pochende Herz. Das nicht versteht und wild weiterpocht. Es hat noch nicht begriffen, dass es angekommen ist. Erst am Abend wird es ruhiger, lautloser. Jetzt ist die Wallfahrt zu Ende. Glückswellen wandern durch meinen Körper. Ich rühre mich nicht von der Stelle, jede Welle gehört mir.

DIE ZAPATISTEN

¡Basta! – Frauen und Männer greifen zu den Waffen

Als wir ankommen, führt die Polizei gerade das Stück »Volksverdummung« auf. Es beginnt kurz nach Mitternacht und läuft unter der erhaben scheinheiligen Devise ab: »Wir brauchen ein sauberes Mexiko.« Die Farce heißt »Operation gegen heimliche Prostitution« und spielt in Tuxtla Gutiérrez, der Hauptstadt Chiapas', tief im Süden Mexikos. Sie geht so: Der Polizeipräsident versammelt drei Dutzend Polizisten und die als Hofberichterstatter tätige Lokalpresse. Dann fahren alle gemeinsam zum bekanntesten Puff – San Remo de las Estrellas – und laden 25 »damiselas« auf. Um sie zum Präsidium zu transportieren. Das Volk soll glauben, dass die Polizei die Moral hütet und die Hurerei abschaffen will. Absurder könnte der Gedanke nicht sein. Was abgeschafft werden soll, sind Prostituierte, die nicht rechtzeitig ein »lubricante«, ein *Schmiermittel,* sprich Schweigegeld, überweisen. Die Vernehmung soll sie – diesmal noch ohne Prügel – daran erinnern.

Am folgenden Tag treffen wir – Fotograf Rolf Nobel und ich – José Martinez, der gerade den Wald anzündet. Vielleicht ein 3000 Quadratmeter großes Areal. Der Campesino verfeuert mit den fünf Söhnen die Bäume, um Platz für ein Maisfeld zu schaffen. Nackter Raubbau, denn nach ein paar Ernten ist der Boden wertlos, und die Familie muss woanders zündeln.

Der Mann ist 45 Jahre jung, und seine Haut faltet sich müde wie die eines Achtzigjährigen. Er sagt den einfachen, so gefährlichen Satz: »Si nada pasa, algo pasará«, *wenn nichts passiert, wird etwas passieren.*

Chiapas riecht gut. Riecht nach Ölmeeren, die in seinem

Bauch lagern. Fünfzig Prozent des Stroms für das Land werden hier produziert. Kaffeetonnen wachsen. Die Landschaft ist farbig und hügelig, mit saftiger schwarzer Erde und einem monatelang hellblauen Himmel. Manche der etwa siebzig Großgrundbesitzer-Clans fliegen mit dem Hubschrauber über ihre Latifundien.

Chiapas stinkt. Stinkt nach Hunger, stinkt nach Ausbeutung (umgerechnet zwei Euro Tageslohn), stinkt nach Ignoranz (mehr als die Hälfte der Indigenen kann nicht lesen und schreiben), stinkt nach Krankheit (nirgends im Staat ist die medizinische Versorgung dürftiger), stinkt nach Religionswahn (zwischen Katholiken und protestantischen Freikirchen, mit Toten und Schwerverletzten auf beiden Seiten), stinkt nach Polizeiterror, nach Alkoholleichen, nach Drogen, nach 40 000 Huren, nach Demütigung, nach uralten Wunden, nach unheimlicher Wut. Stinkt nach Gewalt.

Zehn Jahre lang hatten sich die Indigenen, die Nachkommen der Mayas, vorbereitet. Heimlich, unsichtbar, lautlos. Und am ersten Januar 1994, sehr früh morgens, schlugen sie los. Um das Wort »dignidad« – *Würde* – wieder in Mexiko einzuführen. Datum und Stunde des Aufstands waren klug gewählt: Polizisten und Soldaten lagen noch silvesterblau in ihren Kojen, und die Regierung feierte – weit weg – das Inkrafttreten eines milliardenschweren Abkommens: NAFTA, The North American Free Trade Agreement.

Für alle mittellosen Teufel in Mexico – das ist knapp die Hälfte der Bevölkerung, also sechzig Millionen – gilt dieser Handelsvertrag als der Inbegriff des Neoliberalismus, als Raubtierausgabe des Kapitalismus. Für die allerärmsten Teufel, die Indigenen, war es das Startzeichen, um im so reichen, so ärmlichen Chiapas einen Schrei loszulassen, der am folgenden Tag durch die Weltpresse ging: »¡Ya basta!«, *jetzt reicht es!* Und Rathäuser loderten, Polizeiposten brannten, Gefängnisse verkohlten. Die Armee rückte an, ein Bürgerkrieg schien auszubrechen, zuletzt blieben über fünfzig Tote liegen.

So wurde der Name »Chiapas« berühmt. Der kleine Erdteil sollte in den nächsten Jahren die Geschichte des 20. Jahrhunderts um ein paar faszinierende Einsichten bereichern: Kein sozialistischer Arbeiter- und Bauernstaat war geplant, kein linksradikaler Wortschwall war zu hören, niemand predigte Rache. Einer der erstaunlichsten Sätze von »subcomandante« Marcos, dem Denker, Philosophen und militärischen Kopf der Rebellen, liest sich wie eine poetische Einladung zur Versöhnung: »Die Welt, von der wir träumen, ist eine Welt, in der viele andere Welten Platz haben.«

Wir fahren nach La Realidad, dem »Hauptquartier« der Zapatisten. Reise durch ein hochmilitarisiertes Land. Inzwischen hat die Armee in Chiapas 170 Stützpunkte mit 60 000 Soldaten eingerichtet. Immer wieder kommen uns Militärkolonnen entgegen. Man will Muskeln zeigen, will einschüchtern durch schiere Übermacht. Mehrmals werden unsere Personalien notiert, wir sollen uns aufstellen zum Foto. Das Regime misstraut jedem, der nicht dazugehört.

Mitten in der Selva Lacandona liegt die »Hauptstadt«, das Dschungelkaff: 600 Einwohner, kein elektrisches Licht, keine Kanalisation, aber ein Bächlein fließt, eine Million Moskitos schwirren, und Tortillas mit braunschwarzen Bohnen gibt es.

Auch hier sind sie misstrauisch. Zu viele kamen mit einer falschen Identität vorbei, zu viele standen auf der Gehaltsliste des Innenministeriums.

Irgendwo, einen halben Tagesritt weit weg, halten sich Marcos und »la Comandancia del Ejercito Zapatista de Liberación National«, versteckt, die *Kommandantur der Befreiungsarmee der Zapatisten.*

Während die Vorposten der Zapatisten unsere Papiere und Empfehlungsschreiben durchsehen, erfüllt ein Beben die Luft: Vierzehn Panzerwagen und Jeeps der mexikanischen Armee ziehen auf der einzigen Kiesstraße durch das Dorf. Im Schritttempo. Sie filmen uns, wir fotografieren sie. Ein lächerliches Schauspiel. Sie wollen beweisen, dass sie da sind, bedrohlich da, permanent da.

Drei Nächte lang schlafen wir in Hängematten, in der vierten kommt Moises – mit Kapuze, Revolver und Walkie-Talkie – und bittet uns höflich zu verschwinden. Ein Interview mit Marcos sei augenblicklich zu gefährlich für den »subcomandante«, wir würden nur unsere Zeit vergeuden. Um vier Uhr morgens brechen wir auf.

Ach, Marcos' rasante Träume, die von einer Welt fantasieren, in der sich viele Welten den Platz teilen: Die Machthaber seines Landes teilen nichts. Und absolut nichts mit den Indigenen. Mexiko fault. Seit 1928 – länger als jede andere politische Führung – ist die PRI, die Partido Revolucionario Institucional, an der Macht. Wenn diese Partei etwas institutionalisiert hat, dann die Korruption, den Politmord, den Wahlbetrug.

Dennoch, im Schleichtempo kommen (bescheidene) Erfolge. Februar 1996 wird ein erster Vertrag unterschrieben. Er gesteht den Indigenen eine gewisse Autonomie zu. Rechtskräftig ist noch nichts, die Regierung hintertreibt bereits. Bewundernswerte Zapatisten, mit welchem Optimismus sie Abkommen mit notorischen Vertragsbrechern unterschreiben.

Ende April findet die zweite Gesprächsrunde statt, Thema »Demokratie und Gerechtigkeit.« Zwei Autostunden von der Hauptstadt entfernt liegt der armselige Flecken San Andrés Larraínzar, der Verhandlungsort. Ein paar Hundert Einwohner, schiefe Häuser, ein schiefer Platz. In »San Andrés de los pobres«, in *Heiliger Andreas der Armen,* haben es die Zapatisten umgetauft.

Vom Rücksitz unseres Wagens klettert Octavio. Er war per Autostopp unterwegs, so nahmen wir ihn mit. Drei seiner neun Kinder sind krank. Geld für Medikamente hat er nicht, also muss er hier in der Kirche beten. »La virgen me ayudará«, *die Jungfrau wird mir helfen,* sagt er lächelnd beim Abschied.

Strikte Sicherheitsvorkehrungen. Spezialeinheiten der Armee durchsuchen mit Metallsonden die Flachbaracke, den Konferenzraum. Den »ersten Friedensring« um das Gebäude bilden Angehörige des Roten Kreuzes. In fünf Metern Abstand stehen die Indigenen, die oft von weit her gekommen sind, um die Zapatisten zu unterstützen. Zuletzt der Kordon der Soldaten.

Die Regierungsvertreter treffen ein, kurz darauf die Berater und Gäste des EZLN, des Ejército Zapatista de Liberación Nacional. Viele gehören der Intelligenzija an, Anwälte, Juristen, Professoren, Publizisten. Spätnachts – sie haben ein untrügliches Gespür für dramatische Gesten – kommt die 26-köpfige Delegation der Zapatisten. Alle vermummt. Wie sagen sie es so sarkastisch? »Wir haben unsere Gesichter versteckt, damit sie uns sehen.« Jetzt nimmt man sie wahr.

In das Nest zieht Leben ein. Sechs Tage werden die Verhandlungen dauern. Die internationale Presse berichtet. Ein Lautsprecher scheppert über den Platz. Doch keine Umerziehungstiraden zermürben, kein feuriger Appell gegen die Schandtaten des Kapitalismus ist zu hören, dafür südamerikanische Schnulzen. Als ich hinhöre, schluchzt gerade Enrique Gúzman: »... y tu cabeza en mi hombro«, *und dein Kopf an meiner Schulter.*

Von Mexiko City – immerhin tausend staubige Kilometer weiter oben im Norden – marschierte Oscar Rodriguez hierher, um neben dem Gemüsemarkt sein »fuego de la paz«, sein *Friedensfeuer,* aufzubauen: ein Altar aus Palisaden, erleuchtet von einem ewigen Feuer und dem Bild eines herzblutenden Jesus Christus. Sagt Oscar, unwiderruflich entschlossen: »Ich werde so ausdauernd für den Frieden beten, solange er nicht da ist.«

Señora Graciella hat ihre Souvenirbude hochgezogen. Um Marcos und die Zapatisten als Devotionalie auf Aschenbechern, T-Shirts, Skimützen, Postern, Schlüsselanhängern und Feuerzeugen zu verkaufen. Diskret öffnet sie eine kleine Schatulle. »Para los iniciados«, *für die Eingeweihten.* Zum Vorschein kommen Kondome mit einem rebellischen Gag. Wer sie fachgerecht anlegt, wird ein erfreuliches Wort lesen: »Levantamiento«, *Erhebung,* wundersam zweideutig.

Zähes Reden. Die Indigenen fordern die drei einfachsten, die drei revolutionärsten Zustände, um die ein Mensch bitten kann: Demokratie, Freiheit, Gerechtigkeit. Danielle Mitterand, die Witwe des ehemaligen französischen Präsidenten, nimmt als Beobachterin an den Verhandlungen teil. Sie sagt, mutig die diplomatischen Spielregeln verletzend: »Ich bin auf eurer Seite.«

Der Widerstand der Regierungsvertretung – gegen diesen Satz und gegen alle Forderungen, das Politiker-Banditentum abzuschaffen – ist unübersehbar. Wie einleuchtend. Auf dem Spiel stehen jahrzehntelang erbeutete Pfründe und Privilegien. So klingen die täglich verlautbarten Ergebnisse der Gespräche eher kümmerlich. Das Ziel – ein sozial faires Mexiko – scheint noch ein halbes Dutzend Revolutionen fern zu sein.

Anfang Juli ruft Marcos in San Cristóbal de las Casas, der romantischsten Stadt in Chiapas, zu einem »nationalen Dialog« auf. Möglicherweise, so der »subcomandante«, würden die Zapatistas in absehbarer Zeit ihre Waffen niederlegen und ausschließlich mit politischen Mitteln für ihre Träume kämpfen. Als zivile, friedliche und demokratisch gewählte Organisation.

Die Zapatisten sind stark. Denn sie haben nichts zu verlieren. Nichts mehr. Nach den Verhandlungen werden sie abstimmen: entweder mit Gewalt zuschlagen oder mit heiligmäßiger Geduld den dornigen Weg durch die Institutionen antreten. Das Bewusstsein, dass sie angefangen haben, sich zu wehren, verleiht ihnen Selbstvertrauen. Auch jagt sie keine Ideologie, und kein blutrünstiger Kommunismus soll herrschen. Nur von dem einen Wort – »Würde« – scheinen sie besessen. Das muss sein, ohne das wollen sie nicht weiterleben.

In einem Gespräch mit den »comandantes« Tacho und David und 24 unter Skimützen verborgenen Frauen und Männern taucht es wie ein Refrain immer wieder auf und klingt in all ihren Sprachen – Tzotzil, Tzeltal, Chol und Tojolabal – so anders. Beim Abschiednehmen bitte ich sie, die vier verschiedenen Wörter aufzuschreiben. Teuflisch schwierig, schier unaussprechbar für fremde Zungen. Doch wir versprechen, sie auswendig zu lernen: »Sleguilal vinic antzetic« und »Lequilaltic« und »Wen le la chumtial« und »Ja lekilaktiki«: *Würde.*

EIN SCHWEIZER IN KABUL

Wie einem Land helfen, das nicht aufhört zu bluten

»Der Held«, notierte Albert Camus, »beweist sich im Alltag.« Heroische Augenblicke hätten wir alle einmal, aber durchhalten, nicht taub werden im Gedröhn des Blödsinns, das wäre Sache von ein paar wenigen.

So einer lebt zurzeit in Kabul. Peter Stocker, Jahrgang 48. Stattlich, leicht rundlich, oft mit Pfeife und Panamahut unterwegs. Er sieht gut aus, diskret elegant, sein lässiger Gang steht ihm gut.

Stocker leitet das IKRK, das »Internationale Komitee des Roten Kreuzes«, in der afghanischen Hauptstadt. Das ist ein anstrengender Job, vor seinem Bürofenster liegen die Sandsäcke, wie alle anderen musste er bisweilen rennen. Um davonzukommen.

Knapp 45 Millionen Schweizer Franken stehen ihm als Budget zur Verfügung. Das ist enorm. Das ist nichts, um ein von 16 Jahren Krieg und Bürgerkrieg in den Abgrund geschossenes Land zu heilen.

Aber die lächerliche Summe bestätigt Stocker nur. Ein Beweis mehr für die Gier der westlichen Welt, »mit ihrer Lust zum Egoismus, ihrer Unfähigkeit, herzugeben und zu teilen«. So redet er. Der Mann ist Revolutionär, er will ein würdiges Leben für jeden.

Intensive Lehrjahre liegen hinter ihm. Er wächst in der Nähe von Basel auf, verbringt seine Jugend als halbstarker Flegel und fauler, mittelmäßiger Schüler und wird am Ende ein diplomierter Kaufmann. Früh merkt er, dass »es dödelet in der Schweiz«, dass es nach Fadheit riecht in seiner Heimat, nach Sattsein und geistiger Stille. Er liest Hermann Hesse, der Stachel des Widerstands wird größer, er lässt sich vergiften. Noch ist nichts klar in seinem

Kopf, er weiß nur bald, dass sein Arbeitsplatz die weite Welt sein soll und nicht ein viereckiges Büro im Rathaus seiner Gemeinde.

Er haut ab, lebt und arbeitet – Hotelgewerbe – sieben Jahre in England, Italien, Frankreich und Spanien. Er lernt Sprachen, vergisst die Schweiz, wird immer bescheidener in seinen materiellen Ansprüchen. Zugleich nimmt die (innere) Verwirrung ab, er verspürt das dringende Bedürfnis, irgendetwas zu tun, das anderen von Nutzen sein könnte. Einmal fällt das Wort »Mitgefühl«, er sagt es ruhig, ohne Feierlichkeit.

Mit 30 kehrt er zurück, liest in der Zeitung eine Annonce des Roten Kreuzes, stellt sich vor, bekommt einen Vertrag und geht für 24 Monate in den Sudan und nach Eritrea. Dort hat er ein erstes Schlüsselerlebnis: Er besucht Gefangene, fertigt Protokolle, trägt dafür Sorge, dass die Briefe an die Familien weitergeleitet werden. Nachricht geben von einem, der lebt, das scheint ihm nützlich.

El Salvador folgt, wieder passiert etwas für ihn Entscheidendes: Nach wochenlangen Gesprächen erlaubt die Regierung dem Roten Kreuz, Nahrungsmittel ins Rebellengebiet zu bringen. »Am Ende unserer Mühen hatte ein Mensch keinen Hunger mehr.« Der Satz ist wichtig für ihn. Stocker muss, so ist er, sein Leben rechtfertigen.

In dieser Zeit lernt er den ihm eigenen Stil: Er gibt jedem Verhandlungspartner – auch dann, wenn es sich um einen Massenmörder handelt – einen Vertrauensvorschuss, will ihn zu einer humanen Geste verlocken, glaubt an das Gute hinter aller Bosheit und ist bereit, sein Ego bis zur Unkenntlichkeit zu schleifen: wenn nur hinterher ein Ergebnis vorliegt, irgendetwas, was den Zustand der Leidtragenden erhellt, ihren Schmerz lindert, die Einsamkeit verkürzt.

Die nächsten vier Jahre verbringt er in Nicaragua und Mosambik. Dann zieht er um nach Somalia. Dort warten neue Überraschungen auf ihn: um für die dem Roten Kreuz geklauten Fahrzeuge Ersatz zu beschaffen, fährt er zum lokalen Mietwagenverleih. Der Boss des Unternehmens gibt allerdings nur »packages« ab: Mit den zwei Wagen liefert er ein halbes Dutzend

Leibwächter mit, die hinterherfuhren, um dafür Sorge zu tragen, dass weder Mensch noch Vehikel abhandenkamen.

Bald aber regiert der nackte Terror im Land, und keine Eisenbahnladung Schwerbewaffneter könnte die Sicherheit Stockers und seiner Leute garantieren. Notevakuierung nach Nairobi, Kenia.

Er geht nach Kabul. Und bereut noch immer nichts, auch nicht die Momente der Todesangst. Unbeirrbar will er aller Welt Freund sein. Mehr denn je ist er davon überzeugt, dass nur ein glücklicher Mensch geben kann. In Afghanistan ist er glücklich. Beim Frühstücken liest er. Das ist eine Sucht bei ihm. Wo eine freie Minute sich bietet, greift er zum Buch. Literatur soll ihn beschwingen, ihn zum Freundlichsein verführen. Nie Zeitungen, nie TV. Sie stimmen düster, meint er, drosseln die Wärme.

Das Land ist riesig und kaputt. Nach knapp zehn Jahren Krieg gegen die sowjetischen Besatzer entschließen sich die Sieger, die Afghanen, zu einem Bürgerkrieg. Die Mudschaheddin, die einst so innig verbundenen Freiheitskämpfer, zerfallen in Fraktionen, schießen sich nun gegenseitig über den Haufen. Kabul wird zum Zentrum der Auseinandersetzungen. Es geht um Macht. Was sonst.

Irgendwann liegt die Hauptstadt in Trümmern, fast 70 Prozent ist Ruinenlandschaft. Der Tadschike Rabbani – 28 Prozent der Einwohner sind Tadschiken – regiert als »Interimspräsident«. Sein bester Mann, General Massud, hat bis Ende März 1995 alle Gegner 30 Kilometer weit hinter die Stadtgrenzen verjagt. Dort brennen sie auf einen Gegenschlag. Rache ist versprochen. Als Abschiedsgeschenk hinterließen sie 22 Millionen Quadratmeter schwer vermint.

Wer ihnen achtsam aus dem Weg geht, kann augenblicklich ohne Lebensgefahr von einer Straßenseite zur anderen gehen. Am helllichten Tag. Nachts herrscht Ausgangssperre.

Ein paar Tausend Bomben, Granaten und ein paar Tausend weggerissene Körperteile scheint der Frieden von diesem Erdteil noch entfernt zu sein. Peter Stocker, dem Visionär einer sanfteren Welt, ihm und seinen 50 (westlichen) und über 570 (lokalen) Mitarbeitern wird es an Schwerarbeit nicht fehlen.

Wer hier durchhält, »brucht Hunger«. So sagen die Schweizer vor Ort. Nur wer Hunger hat, nur wer Leidenschaft mitbringt für das, was er tut, wird die Zumutungen wegstecken. Und ein Land und ein Volk kennenlernen, die nichts, noch immer nichts einbüßten von ihrer Schönheit und ihrer Kraft.

Redet Stocker nicht von der Rettung der Menschheit, dann singt er das Hohelied der Afghanen.

Die Fakten: Das IKRK unterstützt mehr als 65 »medical structures«. Darunter fallen auch winzige, nur mit einem Mann (Frau eher nicht) besetzte Erste-Hilfe-Posten. Am großzügigsten versorgt mit Geld und Personal werden sechs Krankenhäuser und vier »Orthopaedic Centers«. Jedes davon liegt in einem Gebiet, das von einer anderen Kriegspartei beherrscht wird. Es gab den Fall eines Hospitals, das in zwei Wochen dreimal den »Besitzer« wechselte.

So ist die eine Kunst der Helfer die des langen, langmütigen Überredens. Um die Frontlinien überschreiten zu können. Damit der zuständige Kommandant nicht das Rote Kreuz der Kollaboration mit seinem Todfeind verdächtigt. Damit er begreift, dass in den Range Rovers keine Waffen verschoben werden, sondern Medikamente und Verwundete. Also Linderung, also Hilfe für jeden, auch für seine wund geschossenen Legionäre.

»Unser Geschäft ist komplizierter geworden«, sagt Stocker, »früher gab es zwei Gegner, einer gegen den andern. Wie übersichtlich. Heute steht hinter jeder Dorfeinfahrt ein Dorfgeneral.« Das weltberühmte Rote Kreuz muss Werbung machen. Von der Genfer Konvention haben viele hier noch nichts gehört. Dass westliche Männer und Frauen nach Afghanistan kommen, ohne Schaden anzurichten, das verwundert. So werden dicke Stapel von Broschüren an den Kontrollpunkten verteilt. Mit Hinweisen auf die Grundsätze der Organisation (»strengste Neutralität«), ihre Absichten und Ziele.

Zweiter Schwerpunkt: Verteilung von Lebensmitteln an »internally displaced people«, Familien, die aus ihren zerbombten Häusern flohen und in öffentlichen Gebäuden, Schulen und

Moscheen, untergebracht wurden. Trinkwasser ist rar, die hygienischen Zustände gewiss herausfordernd.

Seit der Krieg leiser wurde in Kabul, verschärft sich das Problem, denn jeden Tag kehren plus minus 2000 Flüchtlinge – jahrelang im Exil, auch in Pakistan oder Iran – in die Hauptstadt zurück. Gehen in ihr ehemaliges Viertel und suchen ihren Besitz. Und finden ihn nicht. Bis sie vor einem Schutthaufen stehen und von den Nachbarn erfahren, dass das einmal ihr Hauptwohnsitz war.

Weitere Aufgabe: Gefangenenbesuche. Bis knapp 3000 in sechs Monaten in 42 verschiedenen Strafanstalten. Die Nachricht klingt trocken und verrät überirdische Geduld. Die eisernen Spielregeln des Roten Kreuzes sollen bei diesem delikaten Prozedere mithelfen, um jede falsche Bewegung zu verhindern. Erstens: Nicht nach den Gründen der Verhaftung fragen! Zweitens: Nicht die Freilassung fordern! Drittens: Kein Rapport an die Öffentlichkeit! Und viertens – eine Spielregel, an deren Einhaltung Stocker besonders liegt: Den Gefängnisdirektor als Verbündeten gewinnen, ihn zur Nachsicht überreden und nie hochmütig (westliche) Moral predigen.

Nach dem Kampf um eine Besichtigungserlaubnis beginnt die Detailarbeit der Menschenfreundlichkeit: Besuch *aller* Räume, ein persönliches Gespräch mit dem Gefangenen, ein Dossier anlegen, bei Bedarf einen Brief von ihm an seine Familie mitnehmen. Dann Decken, Seifen, Kleidung verteilen. Und Plastikfolien für die Fenster, als Regenschutz. Zuletzt das »water and sanitation team« anrücken lassen, um die unsäglichen Toiletten zu renovieren. Reinigen, mörteln, Rohre verlegen.

Eng verbunden mit den Gefangenenbesuchen ist die Arbeit der »Tracing Agency«: Suche nach Verschollenen, Nachrichten von einem zum andern bringen, einem Vater helfen, den Sohn zu finden, die beruhigende Botschaft verbreiten, dass beide am Leben sind. Und Hunderte Male kam eine Erfolgsmeldung, konnte die gesuchte Adresse gefunden werden. Das will hier etwas heißen, liegt doch manches Dorf einen 15-tägigen Eselsritt weit hinter den Bergen.

Die letzte Aufgabe des IKRK, die unblutigste und erfreulichste, »the food production program«, Stichwort: Hilfe zur Selbsthilfe. Wie in Bagram, 65 Kilometer nördlich von Kabul. Dort bekamen 50 Familien – etwa 600 Personen – 30 Hektar Land zugewiesen, um sich eine neue Existenz aufzubauen. Das Rote Kreuz lieferte das Saatgut und das Werkzeug. Und die Afghanen packten an, gruben einen Kanal in die harte Erde, zimmerten das Gestänge für die Toiletten, bohrten einen 35 Meter tiefen Brunnen, steckten bereits das Areal für eine kleine Moschee ab und werden in ein paar Wochen die ersten Bohnen und Kartoffeln ernten.

Stocker verteilt keine Spaten, zimmert keine Scheune, sitzt in keinem Truck am Steuer. Er bittet die zuständigen Arbeiter, das zu erledigen. Stocker arbeitet im Kopf. Er ist der Verhandler, der Entscheider. Nach der obligaten Buchlektüre, nach sechs Zigaretten und sechs Tassen Kaffee kommt er morgens ins Büro hinter den Sandsäcken und bringt seine Visionen mit. Das scheint sein großes Talent: die Temperatur eines Landes messen und anschließend die passenden Ideen anbieten.

Der Mann ist ziemlich brillant. Hat er etwas zu Ende gedacht, dann handelt er, zieht es durch. Egal, ob andere seiner Meinung sind oder nicht. Ihn schützt sein Erfolgsquotient. Manche halten ihn für autoritär. Auch das stimmt. Denn der unbedingte Wille, über seine Eingebungen zu diskutieren, ist dem Schweizer fremd.

Das stört kaum. Die große Mehrzahl der Leute, die mit ihm arbeiten, scheint hochgradig motiviert zu sein. Stocker ist der Boss, er fasziniert sie, er spornt sie an, beide Seiten wissen, dass sie sich aufeinander verlassen können. Und die dritte Seite, die Regierung, zeigt sich grundsätzlich kooperativ, wenn Stocker mit Vorschlägen an sie herantritt.

Da das Rote Kreuz als einzige humanitäre Organisation – neben Ärzte ohne Grenzen – in Kabul blieb, als es ununterbrochen »rainy« war, es im Frühjahr Tag und Nacht Bomben auf die Hauptstadt regnete, ist ihr Ansehen nochmals gestiegen.

Erstaunliche Fußnote: Während dieser Zeit ließ Stocker einen »Sicherheitsdelegierten« einfliegen, einen Offizier der Schweizer Armee, der keine andere Aufgabe hatte, als den Kopf hinauszustrecken, um das Pfeifen der Granaten und Raketen zu dechiffrieren: um vorauszusagen, wie viele Minuten oder Sekunden noch zur Verfügung stünden, um von hier nach dort zu hetzen.

»Es brucht Hunger«, um im fernen Afghanistan auszuharren. Das sommerheiße, winterkalte Land zehrt. Dazu der strenge Wind der »islamischen Revolution«, die hier am 28. April 1992 ausgebrochen ist. Für die 50 »expats«, die westlichen Angestellten, gibt es kein »social life« außerhalb der eigenen (weißen) Gemeinschaft. Nachts ist es finster, nichts leuchtet, nichts spielt, kein Kino, kein Theater, keine Musik. Freundschaftliche Beziehungen zu einheimischen Frauen – selbst wenn sie unverheiratet sind und für das Rote Kreuz arbeiten – liegen jenseits aller Vorstellungskraft. Sogar zu Bürostunden bleiben die Türen offen. Um jeder Heimlichkeit, jedem Gerücht vorzubeugen.

Das dornenreiche, keusche Brot der Menschenliebe, hier kann man es sich verdienen.

Dennoch, man hört niemanden nörgeln. Eher umgekehrt. Die Westler vor Ort fühlen sich bereichert. Stocker, so sagt er, zieht die materielle Armut in der »Dritten Welt« der emotionalen Fettsucht in der steinreichen Ersten Welt vor. Was den Afghanen an geistiger Toleranz fehlt, das machen sie oft wett mit ihrer Wärme, der grandiosen Generosität, ihrer Würde, die nicht krumm wird, auch nicht im Anblick der eigenen Not.

Und Not haben sie genug. Allein in den beiden vom Roten Kreuz in Kabul finanzierten Krankenhäusern wurden in den ersten sechs Monaten des Jahres 1995 fast 20 000 ambulante Konsultationen durchgeführt, über 5800 chirurgische Eingriffe vorgenommen, knapp 2700 Kriegsverletzte behandelt. Darunter fallen auch die zehn, zwölf Kabuler, die täglich mit ein oder zwei oder drei weggefetzten Gliedern eingeliefert werden. Opfer der totenstill leisen Minen, die überall in der Hauptstadt lauern.

Noch lange nach einem solchen Unfall wird sich das Rote Kreuz im hiesigen »Temporary Orthopaedic Center« um die Verstümmelten kümmern. Tausende von Prothesen und Orthesen, Krücken und Rollstühle wurden hier schon gefertigt. Zwei Drittel der Beschäftigten – alle Afghanen – sind selbst behindert, manche mit Doppelamputationen. Ganz im Sinne des Leiters des Zentrums, des Italieners Alberto Cairo.

Diese Personalpolitik verschafft den Handwerkern, Krankenschwestern und Orthopäden ein Gefühl von Achtung, da sie trotz Behinderung gebraucht werden. Und – nicht unwichtig – ein gerade Amputierter fühlt sich weniger gedemütigt, weniger Krüppel, wenn der andere nicht als athletischer Muskelprotz auftritt, sondern als ein Mensch, der ebenfalls das Trauma erlebt und – bestanden hat. Cairo erzählt, dass noch Arbeit für die nächsten 40 Jahre ansteht. Selbst wenn es ab sofort keine neuen Opfer mehr gäbe.

Zum Abschied bringe ich Stocker einen Satz von Lao-Tse mit: »Jedem, der mir wohltut, tue ich wohl. Und jedem, der mir nicht wohltut, tue ich auch wohl – so wird jedermann gut.« Stocker winkt ab, das klingt ihm zu heilig, zu rührselig. An endgültige Lösungen glaubt er nicht. Und an den Genen der Menschen lasse sich grundsätzlich nichts ändern. Aber das zähe Suchen nach Zwischenlösungen, das treibt ihn an. »La liberté, c'est accepter«, sagte er einmal. Freiheit, das heißt, die Dinge und die Welt so hinzunehmen, wie sie sind. Um sie dann – tagtäglich, wenn möglich heiter – eine Spur wohnlicher einzurichten.

KUBA

Strapaziöses Leben mitten im Sozialismus

»¡Ven acá!«, ruft jemand leise, *komm her.* Es ist Nacht, der Sichelmond glitzert auf das Meer, sanft rollen die Wellen ans Ufer. Jenseits der Straße stehen alte spanische Häuser, sie gehören zum ehemaligen Villenviertel von Cienfuegos, einer kleinen Stadt im Süden Kubas. Von dort kam die Stimme. Ich nähere mich und erkenne den Schatten einer Frau. Als ich ganz nah bin, führt sie eine Hand an meine linke Wange. Ich sehe ihr Gesicht, die glatte Stirn, die Augen. Sie küsst mich. Nicht wild, nicht schlingernd, eher forschend, als wolle sie erfahren, wie sich die Lippen eines »Yuma«, eines *Fremden,* anfühlen. Hier auf der Insel leben sie noch hinter den sieben Bergen. Vielleicht hat ein Mann aus einem unbekannten Land ein Geheimnis? Ich weiß keine Erklärung für den Kuss. Und für Fragen bleibt keine Zeit. Der Mensch löst sich nach Sekunden und verschwindet in der Dunkelheit. Eine Verrückte, eine Tollkühne? Habe ich das geträumt?

»In unserem nächsten Krieg«, kabelte der amerikanische Reporter Stephen Crane aus Havanna an seine Zeitung, »sollten wir Armee und Marine vereinigen und Washington überfallen. Ist diese Stadt einmal geplündert und erledigt, ist der Rest des Problems sehr einfach zu lösen.« Das war Ende des 19. Jahrhunderts. Crane fühlte sich angewidert von der Grausamkeit der US-Truppen, die als »Befreier« die spanischen Konquistadoren verjagt hatten.

Die Spanier waren nicht besser. Vierhundert Jahre lang saugten sie Kuba leer, schossen die Insel indigenenfrei und vernichteten die aus Afrika hierher verschleppten Sklaven mit Arbeit.

Okay, ab 1898 war Kuba also »frei«, sprich, eine Marionettenregierung folgte der anderen. Ausgehalten und gemaßregelt, installiert und abserviert von Washington. Leichtes Spiel, denn kubanische Präsidenten frönten zwei gefährlichen Liebschaften: die eine mit der amerikanischen Mafia und die andere mit der Chase National Bank, deren Machenschaften ihr Eigentümer Mister Rockefeller organisierte.

Ein »paradise« entstand, und der »dance of millions« legte los. Die exorbitanten Gewinne aus Zuckerrohr, Zigarren und Casinos flossen zurück ins Land der Investoren. In den Staaten selbst herrschte Prohibition, so wurde Kuba zum bevorzugten »watering hole«, zur Lieblingstränke rauschsüchtiger Yankees.

Nach dem Suff ging es ab in die »académias de baile«, *Tanzschulen,* so der (puritanische) Deckname für die Puffs der Hauptstadt. Wo folglich keine Nutten tätig waren, sondern »académicas«, *Akademikerinnen.*

Fulgencio Batista, letzter US-gesponserter Autokrat, hatte Pech. Nur vierzig Millionen Dollar – zwölf pralle Kisten – konnte er in der Nacht zum ersten Januar 1959 an Bord seines Flugzeugs schaffen. Der Mann war auf der Flucht. Ein gewisser Fidel Alejandro Castro Ruz und sein bester Freund, Ernesto »Che« Guevara, hatten ihn vertrieben. Jetzt sollte alles anders werden.

Zurück zum Anfang. Eine Stunde nach der Landung in Havanna zischt es an meinem rechten Ohr. Jeder zischt hier, das übliche Geräusch, um auf sich aufmerksam zu machen. Denn Kontaktaufnahme mit Ausländern ist verboten. Es muss schnell gehen:

- Willst du ein Mädchen?
- Was kostet es?
- Zwanzig Dollar.

Roquelio und ich verschieben den Menschenhandel und verschwinden in den engen Gassen von La Habana Vieja, der *Altstadt.* Überall die schön verschimmelnden Gebäude, zugleich der titanische Versuch, sie zu renovieren. Doch die Milliarden fehlen, um wiedergutzumachen, was seit Jahrhunderten verwittert.

Roquelio kennt sich aus, irgendwann geht es blitzschnell links ab durch einen dunklen Hausflur, drei Stockwerke hoch, letzte Tür hinten rechts.

Der Raum ist rot, dunkelrot warm beleuchtet. Blechdosen hängen an den Wänden, wir sind in einer »casa clandestina«, einem *heimlichen Haus.* Hier können wir reden, hier gibt es Bier.

Das sind – bald wird es offensichtlich – zwei außergewöhnliche Privilegien. Roquelio, der tagsüber in einer Apotheke arbeitet, kümmert sich um alles. Er wechselt Dollar zum fast siebenmal höheren Schwarzkurs. Hat Bekannte, die in einer Tabakfabrik arbeiten und kiloweise die sündteuren »Puros« verstecken, um sie hinterher um ein Fünftel des offiziellen Preises abzusetzen. Zieht kleine Tütchen mit »buena Maria«, *passablem Marihuana,* hervor, zeigt seinen Vorrat von »Hachi«, erwähnt bedauernd, dass nach der Hinrichtung von General, Kriegsheld und Kokain-Grossisten Arnaldo Ochoa der Markt für Koks ausgetrocknet sei, und kommt noch einmal zurück auf sein allererstes Angebot: seine »amigas«, die für wenig Geld eine ganze Nacht lang zur Verfügung stünden. »Keine Angst, die Mädchen sind sauber.« Schon möglich. Kubas Gesundheitspolitik ist rigoros. Jedermann wurde untersucht, staatliche Rollkommandos zapften zwangsweise Blut ab. Wer positiv getestet wurde, verschwand – in einen Plastiksack verpackt – im »Sanatorium«, nicht weit von der Hauptstadt entfernt. Um dort, unter Ausschluss der Öffentlichkeit, zu siechen.

Roquelio ist keine Ausnahme. Ein gutes Dutzend seinesgleichen werde ich treffen. Harmlose Kleintäter, ihre kriminelle Energie eher Ausdruck von Missmut einer ernüchterten Jugend. Die Revolution ist lange her und für sie längst tot. Noch brodelt es nicht, aber man hört die geraunte Wut, spürt das Verlangen nach einem anderen Leben.

Am selben Abend spricht »Fifo«. So nennen ihn die, die ihn nicht mögen. Fifo ist Fidel. Wie ihn die rufen, die ihn anbeten. Heute Nacht feiern sie den 137. Geburtstag des Freiheitskämpfers José Martí. Es regnet Flugblätter auf den Parque Central, Martí hatte keine Ahnung vom Kommunismus, dafür war er ein begabter Poet: »Nicht ohne Nützlichkeit sind Wahrheit und Zärtlichkeit.«

Castro kommt, »el comandante en jefe«. Er hat diesmal Erbarmen und ist nach einer Stunde fertig. Manchmal geht es viermal so lange. Der Mann verfügt über Charisma, kein Zweifel. Imposanter Redner, er stürmt, schreit, droht, bekniet, verführt, lächelt, lacht, plustert, inszeniert Andachtspausen und verkündet hemmungslos wieder einmal die Merkverse sozialistischer Plattitüden. Direktübertragung über Rundfunk und Fernsehen. Morgen gibt es auf dem Bildschirm eine ungekürzte Wiederholung, und die Parteizeitung Granma wiederholt schriftlich den Sermon.

Fidels Verdienste sind gewaltig, durchaus: Jeder kann lesen und schreiben, keine Kinderarbeit, niemand bettelt, die medizinische Versorgung ist kostenlos und flächendeckend.

Erstaunlich, bedenkt man den Zustand karibischer Nachbarstaaten. Aber der Chef hat die Zukunft verschlafen. Kuba läuft ins Abseits, die Wirtschaft taumelt. Das hat mehrere Gründe: die amerikanische Wirtschaftsblockade, die sozialistische Bruderschaft verdämmert, Drakula Ceauşescu liegt verscharrt in kalter Rumänienerde, Honecker vergreist im Hausarrest. Und Gorbatschow wendet sich ab, weil Fifo nicht hinhört, nichts wissen will von Perestroika und Glasnost.

Nächster Fehler: die gezüchtete Presse. Statt Nachrichten gibt es Hofberichterstattung, Fake News und Wunderstatistiken zur Mobilisierung der schwindenden Moral. Daneben das rasante Zeitschriftenangebot aus dem »befreundeten« Ausland: »Revista Militar« – Militärillustrierte aus der UdSSR, »RDA deporte« – Sportzeitung aus der DDR und »Romania de hoy« – Rumänien heute.

Und die dritte Todsünde, die unverzeihlichste: ¡No libertad!, *keine Freiheit!*, keine Chance, anders zu denken, keine Aussicht auf einen Pass, kein Versprechen auf die große weite Welt.

Noch stehen die Alten auf Castros Seite, zeigen ihre Wunden aus dem Kampf mit dem Batista-Regime, zeigen die Fotos ihrer zehrenden Kinder, zeigen auf Fidel, der das alles veränderte.

Armer Fifo, sein Freund und Kampfgefährte Che Guevara

hatte mehr Glück. Der Unbeugsame verließ seinen Posten, um in Bolivien die Weltrevolution gegen den Kapitalismus anzuzetteln – und wurde dabei erschossen. Ches Heiligsprechung ist inzwischen abgeschlossen. Während Castro noch immer am Leben ist, sich jede Nacht woanders verstecken muss, um möglichen Anschlägen zu entkommen. Und nie mit einer Frau neben sich auftritt. Aus Angst, man könne sie abfangen und ihn erpressen.

Kuba hat so viele Dinge, die versöhnen. Wer die Scheu und das Misstrauen seiner Bewohner überwindet, wird einer unverbrüchlichen Freundlichkeit begegnen. Unerlässlich, denn hier als Einzelmensch reisen fordert Nerven: das Erstehen einer Busfahrkarte, eines Zugtickets, die Eroberung eines Sitzplatzes in einer der »Máquinas«, wie jene Kollektivtaxis heißen, das Ausfindigmachen eines unbelegten Hotelbetts, das endlich – endlich – sich Setzen in einem Restaurant, der eher sinnlose Versuch, ein Soda zu organisieren: Überall wuchern die Metastasen jener sozialistischen Schlafkrankheit, die – unter dem betäubenden Dusel regierungsverordneter Kommandowirtschaft – Weltrekorde von Ergebnislosigkeit und totgeschlagener Zeit aufstellt.

Der kleine Erdteil in Zeitlupe. Die meisten Touristen reisen nie wie Kubaner. Sie fliegen, sie mieten einen Leihwagen, befahren die Insel in klimatisierten, drei Monate im Voraus bezahlten Coaches, speisen in – für Einheimische – unbetretbaren Hotels, verbringen ihren gesamten Urlaub in Gegenden, die für die Besitzer des Landes »off limits« sind.

Ach, die kubanischen Frauen und Männer, die oft rührend und manchmal ein wenig beschämt mir beistehen, mich ohne Fahrschein in den Bus schieben, mir eine letzte (kubanische) »Cola« überlassen, Mädchen ihre Freunde, die Fahrkartenverkäufer, überreden, mich noch reinzulassen, gesetzte Damen mir Fahrpläne und Tricks erklären, junge Männer mich wieder heimlich, wieder verboten, in ihren Lastwagen mitnehmen.

Ganz Kuba wollte ich sehen. Von den Tabakfeldern im Osten, von Pinar del Rio über Havanna runter ans Karibische Meer nach Cienfuegos, nach Trinidad, durch die Provinzen Sancti

Spiritus, Ciego de Avila und Camagüey, bis in den äußersten Westen, ins heiße, schwarze Santiago de Cuba.

Nicht dass man blind würde vor unerträglicher Schönheit. Oft monoton die Landschaft, bisweilen öde. Mitten durch endlose Plantagen von Zuckerrohr und Bananen, vorbei an tausend plakatgroßen Sprüchen, die vom unwiderruflichen Sieg künden:

¡Siempre preparados! – *Allzeit bereit!*

¡Comandante en jefe, órdene! – *Führer, befiehl!*

¡Socialismo o muerte! – *Sozialismus oder Tod!*

Vorbei am »Nationalbaum«, der Königspalme, vorbei an mageren Kühen auf verbrannten Cowboy-Wiesen, vorbei an einem Hirten, der seinem Freund winkt, dem Truckfahrer.

Esel stehen im Weg, Alte schaukeln vor ihrer Haustür. Ein junger Kerl fährt in einer Beiwagenmaschine seine Braut spazieren. Kubanisches Landleben, friedlich, fügsam, mit unendlich viel Zeit. Zuweilen führt die Strecke am Meer entlang, durch die offenen Fenster weht ein sachter Wind. Das Radio dudelt.

Was nie aufhört auf dieser Insel: die Musik. Sie kam mit den Sklaven. Darin liegt vielleicht ihr Geheimnis. Kuba war nie frei. Nicht vor 350 Jahren, nicht heute. So reden die Lieder von der Sehnsucht, den Träumen, von einer Ahnung von Freiheit. Oder von Liebe, von ewiger Liebe, ja von der Hingabe im Strudel der Leidenschaft. Alles, was im tatsächlichen Leben so oft nicht zu haben ist. Die Musik soll beschwichtigen. Oder befeuern.

Dann, wenn sie tanzen. Dann fährt Musik wie ein Aphrodisiakum in ihre Körper. Bravouröses Beispiel: Samstagabend, Calle Heredia in Santiago de Cuba. Jedes Wochenende ist die Straße gesperrt, um sie den Musikern, den Sängern und dem tanzwütigen Volk zu überlassen. Eine 12-Mann-Band fetzt gerade »Nadie es como tu« von Lalo Rodriguez in die Verstärker, mit dem Refrain: »Ven devórame otra vez, ven devórame otra vez«, *verschling mich noch einmal, verschling mich noch einmal.* Ah, wie lässig und souverän kubanische Männer mit ihren Frauen umgehen, ah, wie elegant die Frauen dem Rhythmus folgen, wie irgendwann die schweißnassen Leiber sich schamlos schön aneinanderschmiegen, sich unrettbar verliebt der Welt zeigen. »Cantándole al amor«, *es der Liebe erzählen, es der Liebe singen,* so nennen sie das hier.

Sich berauschen, das ist Teil der Kultur: Orlando ist Santero, ein Priester, ein Medium. Seine Religion »Santería« kam wie die Musik aus Afrika hierher. Ein bizarres Gemisch aus Götterglauben und Katholizismus.

In Orlandos Wohnung steht ein wildes Durcheinander von schwarzen Puppen, christlichen Heiligen, Fotos von Che und Fidel und Standbildern ferner, im Yorubastamm (Nigeria) verwurzelten Gottheiten. Der »Magier« wohnt abseits vom nächsten Dorf. Besser so, der Staat sieht solche Zeremonien mit Argwohn.

Drei Männer schlagen die »tambores«, bald peitschend, bald ruhig, zuletzt rasend und ohne Unterbrechung. Ruckartig fällt Orlando in Trance, »poseído por dios«, flüstert jemand, *besessen von Gott,* von Chango, dem Herr des Donners, des Feuers und der Sinnlichkeit. Orlando geht in die Hocke, breitet die Arme aus, spricht jetzt mit ihm, redet auf ihn ein, erzählt ihm von mir, will eine Antwort auf meine Fragen. Er ist der »mensajero«, der *Bote,* er hat die Kraft und die Fähigkeit, so heißt es, mit dem »espíritu« zu kommunizieren.

Orlando winkt mich zu sich – der Trommelwirbel hört nicht auf, der ganze Raum schwitzt jetzt unter der Anspannung –, schmiert mir Kreide auf Stirn und Hände, berührt Knie und Füße. Aus einem Lederbeutel holt er 18 Schneckenhäuser, wirft sie in die Luft, sprüht Wasser darauf, schaut sich die Formation an, öffnet ein übergroßes Buch, vergleicht Zahlen, interpretiert. Elfmal (!) wiederholt er den Vorgang, dann fällt der 77-Jährige zu Boden, keucht, atmet schwer, kommt zur Ruhe. Emilio, einer der Trommler, signalisiert: kein Grund zur Aufregung. Das passiert öfter, auch jüngeren Santeros.

Stille jetzt. Nach ein paar Minuten kehrt Orlando aus der Trance zurück und schenkt mir »una china pelona«, *einen fla-*

chen Kiesel, der mich behüten soll. Und Glück bringen. Zuletzt schreibt er auf, was er von Chango erfahren hat: »¡Cuídate, la vida es bella y peligrosa!«, *pass auf, das Leben ist schön und gefährlich!*

Herrlicher Hokuspokus, um eine Nachricht zu hören, die so brandneu nicht ist.

Überall im Land hängt dieser Steckbrief: »Tim McBush – wanted«. Der amerikanische Präsident in der Pose des Revolverhelden. Die eine Million Dollar Belohnung ist durchgestrichen, es gibt sparsame zehn Centavos für seine Festnahme.

Das Verhältnis der beiden Staaten ist miserabel, seit Castro amerikanischen Besitz verstaatlichte. Dafür bekam er das Embargo, den Abbruch diplomatischer Beziehungen und die Killerkommandos der CIA. Einer der Mordversuche ging durch die Weltpresse: Ein mit Giftsubstanzen gebrautes Shampoo sollte den »karibischen Bolschewiken« erledigen. Auch das misslang, nie erreichte es Castros Haupthaar.

Einen Amerikaner gab es, der Kuba liebte, selbst nach der Revolution. Und der eine freundliche Nähe zum »presidente« und dem Industrieminister Che Guevara unterhielt: Ernest Hemingway zog 1939 endgültig von Key West auf die Insel, weil er, wie er schrieb, »lieber Scheiße frisst, als in diesem Kaff zu sterben«.

Eine Geschichte – wahr? – wird mir zugetragen, die den widersprüchlichen Umgang des Schriftstellers mit dem Land und seinen Bewohnern beschreibt. Es ist das Jahr 1945. Der Weltberühmte sitzt mit »una dama« im Restaurant El Templete in Havanna. Ein abgerissener Porträtmaler kommt herein, zeichnet ihn, bittet um eine Spende. Hemingway blickt missmutig auf, zerknüllt das Blatt, wirft es zu Boden, sagt gereizt: »Mein Sohn macht das besser.« Der Mann behält die Nerven, antwortet ruhig: »Ihr Sohn hat auch die Mittel, um zu studieren. Hätte ich Geld gehabt, hätte ich heute ein anderes Format als Künstler. Das wenige, was ich kann, habe ich mir selbst beigebracht.« Er geht. Fünf Minuten später reut den Amerikaner sein kaltes Herz, er eilt hinaus, sucht ihn. Erfolglos kehrt er zurück, hinterlässt beim Wirt zwanzig Pesos und ein paar warme Worte der Entschuldigung.

Hemingway war eben ein »typo complicado«, ein *schwieriger Typ.* Aber seine Freundschaft zu Kuba bestand bis zuletzt. Der argentinische Reporter Rodolfo Walsh erinnert sich an das kürzeste Interview seines Lebens, als er 1960 – ein Jahr nach der kommunistischen Machtübernahme – den 61-Jährigen auf dem Flughafen von Havanna traf. Es musste schnell gehen, es war laut, Aufrufe drängten zum Check-in. Und Hemingway sagte nur zwei Sätze als Antwort auf die Frage nach Kubas Zukunft: »Vamos a ganar. Nosotros los cubanos vamos a ganar«, *wir werden siegen. Wir, die Kubaner, werden siegen.*

Er hat diesen zwiespältigen Sieg nicht mehr erlebt. Nicht lange danach machte er es wie japanische Soldaten, die nicht als Kriegsgefangene in die Hände der US-Truppen fallen wollten: Er feuerte sich ein Paar Bleipatronen mittels Doppelflinte in den Kopf. Am nächsten Tage meldete der staatliche Rundfunk: »Ha muerto un gran amigo de Cuba«, *ein großer Freund Kubas ist gestorben.*

Auf dieser Insel ist noch vieles anders. Und manches besser. Das Spiel zwischen Frau und Mann, wie einleuchtend. Einfach witziger, fordernder, mutiger. Hinterherpfeifen ist noch erlaubt, und ich sehe – Ehrenwort –, wie die Mädchen mit ihren Hintern »antworten«, anschaulichster Ausdruck von heiterer Kenntnisnahme des Kompliments. Oder der rassige Mensch überquert die Straße, und drei Männer stellen sich auf, verbeugen sich tief und singen dreistimmig: »Mira la linda que viene, mira la linda que va«, *schau die Schöne, die kommt, schau die Schöne, die geht.*

Und die Frau lacht, fühlt sich beschwingt, genießt den Furor, den ihr Auftritt verursacht. Das hat was, dieser männliche Charme, der sich noch herzeigt, noch riskiert, sich zu blamieren. Und nie gehen ihnen die Wörter aus. Einen höre ich sagen, die Hände ausbreitend und den Mund offen: »Tu eres una joya ambulante«, *du bist ein wandelnder Edelstein.* Und der Edelstein flaniert weiter, nur fröhlicher jetzt als die Sekunden zuvor.

Eine der Vokabeln der spanischen Sprache für »Liebe machen« heißt »templar«, *mildern, beruhigen.* Also den erotischen Aufruhr, das heftige Verlangen besänftigen. Und von der drängenden Notwendigkeit, diese Lust zu löschen, wissen beide, Frauen wie Männer. Was wohltuend auffällt, ist die Abwesenheit von Heuchelei und Bigotterie.

Hundert andere Vergnügen haben die Kubaner nicht. Gehe ich spätabends durch die Straßen Havannas, dann ist genug Platz für mich und die streunenden Katzen, für ein paar alte Männer, die auf dem Bürgersteig Domino spielen, für eine Frau, die auf ihrer Hausschwelle sitzt und ein Glas Rum trinkt – und für die Patrouillen der »Guardia«, die mit Knüppel und Taschenlampe das Viertel durchstreifen. Eine Art Parapolizei, regimetreu und ergeben.

Aber eines Nachts wird es heiter, zumindest für den Besucher. Zufällig komme ich am »Mercado Centro« vorbei, dem größten Supermarkt auf der Insel. Supermarkt à la cubaine! Und ich sehe – Mitternacht ist schon vorüber – Menschenmassen vor dem Eingang liegen (!). Ich frage nach dem Grund des ungeheuren Andrangs und erfahre, dass sie hier ausharren, weil in zehn (!) Tagen der 14. Februar gefeiert wird, der Tag der Verliebten, und nur dann, hier, ein französisches Parfum verkauft wird. Ein grandioser Luxusartikel.

Um an die paar Hundert Flacons – für die vielen Tausend Anwärter – ranzukommen, stehen sie hier tagsüber sechsspurig Schlange. Und um ihren Standort nicht zu gefährden, liegen sie nachts sechsspurig Schlange. Die ganze Großfamilie hilft mit, schichtweise im Kampf um den Duft aus einem fernen, wohlriechenden Land.

Zwei Tage nach dem Valentinstag komme ich wieder. Sie stehen noch immer dort, wenn auch nicht mehr als unüberschaubare Menge, jetzt warten sie auf die notwendigsten Dinge des Lebens.

Die Krux, ein Kubaner zu sein. Mit meinen neuen Bekannten auszugehen verlangt Umsicht. Da es grundsätzlich verboten ist, kann der Kontakt zu Fremden nur Unheil über den Sozialismus bringen. Riskieren sie es trotzdem, heißt es aufpassen. Plötzlich sagt einer: »¡Miren, los monos!« – *Achtung, Affen!* Die Affen sind die Bullen. Blitzartig drehen sie ab, verteilen sich, im nächsten

Augenblick bin ich allein. Bis sie mich einige Straßen weiter wieder finden, wie zufällig.

Einmal werden wir überrumpelt, »Policía encubierta«, *Zivilstreife.* Ausweise vorzeigen, Leibesvisitation (Dollar!), mitkommen aufs Kommissariat. Eine für Ausländer ungefährliche Situation. Die Affen reden überhaupt nicht mit mir, ich kann unbehelligt weitergehen.

Eineinhalb Stunden später treffen wir uns, wie vereinbart, in der Wohnung von Braulio. Die Jungs hatten Glück. Fremdwährung wurde bei ihnen nicht gefunden, mit einer Geldstrafe, sprich Schmiergeld, kamen sie davon.

Braulio hat ein tapferes Herz. Seit Tagen suchen Yasnay – kennengelernt auf einer der heimlichen Partys – und ich eine Möglichkeit, uns ungestört zu sehen. Nachts, in der Zweimillionenstadt Havanna. Liebe ist leicht, Liebe machen ist schwer. Mein Hotel bleibt für sie, die Kubanerin, verschlossen. Sie lebt im Haus ihrer Eltern, auch gesperrt. Unser Problem haben viele. So gibt es in schmalen Seitenstraßen »posadas«, *Stundenhotels.* Für Verliebte, die daheim kein leeres Bett finden. Doch diese Adressen sind Fremden untersagt. Gewiss unheimlich, wie man sich das Leben auf Erden miserabilisieren kann. Mit einem Extraschein kommen wir dennoch hinein. Und kehren wieder um: billige Atmosphäre, fleckige Wände, schmuddelige Leintücher.

Wir kontaktieren Braulio, er reagiert sogleich und improvisiert für uns in seiner kleinen Wohnung ein Nachtlager. Die zwanzig Quadratmeter sind durch eine Bretterwand geteilt, im hinteren Teil liegt das Schlafzimmer für ihn und seine Frau, vorne das Wohnzimmer. Wir verrücken Möbel, der Fernseher muss zur Seite, eine saubere Matratze hat nun Platz. »Somos pobres,« *wir sind arm,* sagt er, als ich nach dem Bettzeug frage. Also hilft Williams, der Nachbar im Stock darüber. Eine komplette Garnitur wird geliefert. Alles geschieht im Dunkeln.

Liebe in Zeiten der Diktatur.

Was Braulio hier unternimmt, ist tatsächlich gefährlich. Dem Haus gegenüber befindet sich eine Zweigstelle der »Comités de Defensa de la Revolución«, ein *Blockwart-Büro* – frei übersetzt.

Zudem ist der 27-Jährige vorbestraft, saß 18 Monate im berüchtigten Zuchthaus Combinado del Este – wegen »Republikflucht«. Mit drei Lastwagenreifen, einer Plane, zwei Freunden, vier Büchsen Sardinen, Wasser, Kaffee und zwanzig Aufputschtabletten wollte er hinüber nach Miami. Kurz vor Erreichen der internationalen Gewässer wurden sie gefasst.

Doch heute geht alles gut. Keiner fasst uns, keiner fordert Rechenschaft. Yasnay legt noch ein Handtuch auf das Standbild Elegguas, eines Heiligen aus dem Santeríakult. Er will nicht – so wird von ihm erzählt –, dass man sich vor seinen Augen liebt.

Um halb fünf, noch vor Tagesanbruch, schleiche ich hinaus. Niemand hat etwas gesehen. Keine Gottheit und kein Hausmeister, der auf einem Stuhl im Flur döst. Ich fühle das Steinchen von Orlando in meiner Hand. Das wird ein schöner Tag. Unter der ersten Straßenlampe lese ich den Zettel, den mir Braulio als Geschenk mitgegeben hat, es ist der Satz eines ehemaligen Mithäftlings, poetisch und umwerfend pathetisch: »Amaneció y viviré otra vez«, *die Sonne ging auf, und wieder werde ich leben.*

NUBA

Ein Volk kämpft um sein Leben

Jan ist ein Cowboy. So nennen sie in dieser Gegend jeden, der eine Pilotenlizenz hat – und Mut. Mut, weil er heimlich und illegal Grenzen überfliegt und Passagiere und Waren transportiert, von denen keiner wissen darf. Als wir uns zum ersten Mal irgendwo im Norden Kenias treffen, sagt er zuerst »Hi« und kurz darauf – wir schnallen gerade die Sicherheitsgurte fest – »Let's fly right into the fucking sun«. Und zieht seine federleichte Cessna nach oben, mitten hinein in eine fantastische Morgensonne.

Auf 10 500 Fuß Höhe fängt Jan ein drittes Mal zu reden an. Unter uns liegt der Süden Sudans. Und sein Bürgerkrieg. Angst macht redselig. Seit 1955 gehen sie hier aufeinander los. Unterbrochen nur von einem lauernden Waffenstillstand zwischen 1972 und 1983. Grundsätzlich muss Jan damit rechnen, dass sie ihn irgendwann runterholen. Bis zuletzt wusste ich nicht, wann wir starten. Jeden Tag ändert er die Abflugzeit, den Kurs, die Flughöhe. Nachts kann er nicht fliegen, die Dunkelheit ließe ihm keine Chance bei einer Notlandung. Alle fünfzehn Minuten gibt er seine Position zu Freunden nach Nairobi durch.

Jans Reden besänftigt, seine Nerven, meine. Als wir den Weißen Nil überfliegen, sagt er heiser: »Enemy's land.« Bisher flogen wir über Gebiete, die sich zum Großteil in Händen der Sudan People's Liberation Army befinden. Schießen sie auf uns, dann aus Versehen. Die SPLA – mehrheitlich christlich – ist der Todfeind der anderen Bürgerkriegspartei, des muslimischen Regimes in Khartum. Orten uns die staatlichen Stellungen, wissen sie sofort, was wir vorhaben. Denn vierzig Flugminuten nördlich des Flusses wohnt noch ein Feind Khartums: die Nuba. Viele

Christen und Animisten unter ihnen. Sie zu vernichten ist seit 1985 inoffizielles Ziel. Und seit April 1993 – hochoffiziös verlautbart – Ziel eines »Heiligen Kriegs«. So heilig, dass er selbst das Töten von aufständischen Muslimen legitimiert. Alle Unheiligen – augenblicklich auch wir beide – sollten sich vorsehen.

Jan liebt die Gefahr. Und das Reden über sie. Das würde ihn beschützen, behauptet er. Was ihm tatsächlich immer wieder das Leben rettet, ist der Umstand, dass der »Heilige Krieg« vorläufig ohne Radargeräte auskommen muss. Zuletzt – jetzt auf 700 Metern Höhe und somit in Reichweite jeder besseren Flinte – sagt er trocken: »Wir haben Glück, die Jungs sind gerade mit dem Vergewaltigen von Nuba-Girls beschäftigt. Wir können landen.« Wir setzen auf, rasen über eine in die Savanne gehauene Schneise, irgendwo in einem Bergtal.

Als ich die abgerissenen Figuren am Rande der Piste sehe, fallen mir die Fotos von Leni Riefenstahl ein. Da waren die Nuba schön und nackt und frei. Heute, nur ein halbes Jahrhundert später, scheint alles anders zu sein. Wie man sich täuschen kann, bald werde ich es wissen.

Schwierige Spurensuche. Noch lässt sich nicht mit Sicherheit sagen, woher dieses »Sudannegervolk« kommt. Höchstwahrscheinlich sind sie die Ureinwohner dieses Landes. Manche stellen einen Zusammenhang mit dem christlichen Königreich der Nubier in Meroe her, Stadt im nördlichen Sudan, 350 n. u. Z. zerstört. Auf der Flucht vor den Siegern zogen die vertriebenen Einwohner den Nil hinunter. Bis sie eine Gegend fanden, die ihnen natürlichen Schutz bot.

Andere Forscher haben eine »Sklavenjägertheorie« parat. Besonders Ende des vorletzten Jahrhunderts veranstalteten die Araber großflächige Razzien zum Einfangen kostenloser (schwarzer) Arbeitskräfte. Auch das wäre ein Grund für die Afrikaner gewesen, den langen Marsch in den Süden anzutreten und sich in einer Landschaft zu verschanzen, die unzugänglicher war für die Bedürfnisse rastloser Menschenhändler.

Fest steht, dass das Wort »Nuba« von Fremden erfunden wurde, von den Ägyptern und Sudanesen. Ein eher böser Begriff, um von Schwarzen zu reden, die »versklavbar« sind. Zudem, »die Nuba« gibt es nicht. Die heute eineinhalb Millionen gehören über fünfzig verschiedenen Stämmen an, mit über fünfzig verschiedenen Sprachen. Gewiss, ein paar Traditionen haben sie gemeinsam. Wie ihre lässige Toleranz und das verschwenderische Lachen. Und die Tatsache, dass die Mehrheit von ihnen auf einem 80 000 Quadratkilometer großen Territorium lebt. Meist als Farmer, die sich untereinander auf Arabisch verständigen. Sie alle laufen Gefahr, auf unheimlich stille Weise zu verschwinden.

Hassan el-Turabi, der spirituelle Chef der National Islamic Front und die graue Eminenz der Regierung in Khartum, hat sich eine neue Form des Genozids ausgedacht. Keine flächendeckenden Massaker, keine offenen Schlachten, keine Presse. Dafür verhungern lassen, da und dort exekutieren, versklaven, ausräuchern. Und die Bäuche der Nuba-Frauen »arabisieren«, sie freigeben zur Massenvergewaltigung durch die hungrige Soldateska.

So wurden die Nuba-Berge von der Außenwelt abgeriegelt. Damit keiner stört beim diskreten Morden. Und so behält Jan, der Cowboy, seinen Arbeitsplatz und riskiert für gutes Geld seine Haut und transportiert Lebensmittel, Medikamente, gebrauchte Hosen und einen Reporter zu den Nuba.

Die Zwischenlandung dauert nur kurz. Jan füllt aus Kanistern Kerosin nach, die Nuba laden aus, ein vom Feind eroberter Toyota-Pick-up steht bereit, herzlicher Abschied. Der Cowboy fliegt zurück, wir schwingen uns auf die Ladefläche, die Fahrt geht nach Kauda.

Ich sitze neben Duma. Der 17-Jährige trägt zerlöcherte Shorts, eine (linke) Sandale und zwei sauber geputzte Kalaschnikows über dem nackten Rücken. Das macht einen halben Dollar für die Garderobe und 1000 Dollar für die zehn Kilo schweren Accessoires. Alle zwölf Mann sind bewaffnet. Als der Wagen vor einem quer laufenden Affen scharf bremsen muss, verrutscht die Plane über den – von Jan gelieferten – Kisten, und »exercise books« und leere Schulhefte fallen heraus. Bewachtes Papier für Kinder, damit sie schreiben und lesen lernen, das ist ein erfreuliches Zeichen.

Schöner Sudan, beleuchtet von einem afrikablauen Himmel, vorbei an mit Akazien bewachsenen Hügeln, vorbei an den so geheimnisvoll aussehenden Affenbrotbäumen.

In Kauda heiße ich »Kalo«, der *Drittgeborene* – weil ich zwei ältere Brüder habe. Hamad, der »health supervisor«, begrüßt mich und zeigt mir meinen Schlafplatz: neben Erdnusssäcken, einem Karton mit Sesam, drei weiteren Pritschen und 14 Maschinenpistolen schlage ich das Moskitonetz auf.

Hamad wird mich beschützen. Ein langer Marsch wartet auf uns. Er wird als Soldat marschieren, ich als Augenzeuge. Hamad ist, wie so viele hier, Muslim. Er und andere werden einen Islam demonstrieren, der leicht ist, ja sinnenfreudig. Hamad fragt mich nach meiner »hübschen Schwester«, meine Religion (hätte ich eine) interessiert ihn nicht. »Meinem Gott«, meint er lachend, »geht es keine fünf Minuten besser, weil du an ihn glaubst oder nicht glaubst – he's happy anyway.«

Kauda liegt in der »liberated area«, frei von Regierungstruppen. Seit 1985 kämpfen die Nuba gemeinsam mit der SPLA – unter der Führung von John Garang – gegen Khartum. Garang ist ein Visionär, der noch immer von einem toleranten Sudan träumt. Sein Traum begann, als das damalige Staatsoberhaupt Jaafar Mohammed Numeiri 1983 für den ganzen Sudan die Scharia einführte, jene rabiat erzkonservative Rechtsprechung.

Was Garangs Stamm jedoch – die Dinka aus dem Süden des Landes – unternahm, um seine Version von Toleranz zu realisieren, sprich den Barbareien der Scharia Einhalt zu gebieten, gehört ebenfalls ins Schwarzbuch der Menschenschande. Ähnlich bestialisch wie die heiligen Krieger aus dem Norden schlachteten sie die Zivilbevölkerung, rissen Föten aus Unterleibern, warfen Mütter, Kinder und männliche Geschlechtsteile in offene Feuer, hinterließen Blutlachen, tief genug, um einen Teil der bis dato insgesamt 1,3 Millionen Opfer darin zu versenken.

Auch die Nuba kamen in den Anfangsjahren des Bürgerkriegs unter die Räder: zwangsrekrutiert, vergewaltigt und geplündert, sahen sie sich, geografisch genau zwischen den Fronten, von beiden Seiten terrorisiert. Bis sie sich – mit dem Kommandanten und ehemaligen Volksschullehrer Yussif Kuwa an der Spitze – der SPLA anschlossen. Unter der Bedingung, dass sie als gleichberechtigt anerkannt würden. Das funktionierte. Heute ist Kuwa der dritthöchste Offizier in der SPLA. In den befreiten Gebieten der Nuba-Berge – und ich konnte es oftmals überprüfen – kommt es zu keinen Übergriffen mehr. Das Gen der Nachsicht ist den Nuba nicht auszutreiben.

Und nicht ihre Lust am Raufen. Fröhliches Kauda. Erst nach schweren Kämpfen dem Feind entrissen, ringen die Knirpse schon wieder neben den einst von Leichen verstopften Brunnen. Das ist tatsächlich ein Nationalsport: sich gegenseitig anspringen, an den Schultern packen und in den Sand schleudern. Und grinsend aufstehen und den nächsten Gegner, den nächsten Sechsjährigen, herausfordern.

Ein Dutzend Jahre später werden sie jene Männeroberkörper besitzen, die der englische Fotograf George Rodger für den Westen entdeckte, und die Leni Riefenstahl bald den Schlaf rauben würden. Und die einstige Liebhaberin blonder Oberkörper nicht eher ruhen ließen, bis sie selbst, hautnah, vor diesen makellosen Leibern stand.

Erstaunlich, wie sie das schaffen, eingedenk ihrer so kärglichen Kost. Vom ersten Tag an weiß man, was es alle kommenden Tage geben wird: Kesra und Okra. Eine Art Fladenbrot aus Sorghum – »Mohrenhirse« –, in eine braune Soße getunkt, die an den Fingern klebt wie lästige Uhufäden. Eigenartiges Bild, wenn zehn Leute gleichzeitig in denselben Topf fassen und anschließend ihre klebrigen Fingerspitzen in den Mund stecken. Aber so ernähren sie sich, ohne Besteck, ohne Ansprüche. Hinterher wird Wasser gereicht, zum Trinken und Waschen. Es reinigt die Hände und verdreckt die Mägen. Malaria geht um. Jemand holt vom nächsten Baum ein paar Zweige, jeder bekommt eine »Zahnbürste«.

Betriebsames Kauda. Auf dem dunklen Dorfplatz, erleuchtet von den Sternen und umstellt von Palmen, deren leicht aneinanderschlagende Blätter ein Geräusch wie sachten Regen produzieren, beginnt der Abenddrill. Das vierte und letzte (tägliche) Training. Eine Pfeife schrillt, alle wehrtüchtigen Männer stürmen aus ihren Unterkünften, marschieren auf, stehen still, schultern die Kalaschnikows oder G3s (ein Schnellfeuergewehr made in Germany) und singen ihre Hymne: »… und wir kämpfen für das Strahlen unseres Landes und wir mehren den Ruhm unserer Heimat.« Danach spricht Deputy Commander Fadalla Osman – er hat mir am Nachmittag die Grasnarben gezeigt, unter denen seine gefallenen Brüder liegen – zu den Soldaten. Ruhig, konzentriert, ohne Hass in der Stimme: dableiben aus Liebe zur Freiheit, nicht davonrennen, sich nicht kaufen lassen von der Angst und dem Geld Khartums.

In eine Hausmauer, übersät von Einschusslöchern, hat jemand geritzt: »Fear is coming over me.« Sie kam, als der Kampf um Kauda losging.

In dem Schuppen, in den ich um acht Uhr zurückkehre, raucht Hamad eine letzte Zigarette. Das Dorf ist jetzt märchenstill. Wir beide, plus Duma und Schuldirektor Kadir, teilen uns den Schlafplatz. Hamad bietet mir »Saud« an, Tabak mit Asche und Wasser vermischt. Man legt den Mix zwischen Zähne und Unterlippe, nach Minuten zieht eine sanfte Euphorie in den Kopf. »Warum nehmt ihr das?«, frage ich, und Hamad: »To relieve our sadness«, *um unsere Traurigkeit zu lindern.*

Erbarmungslos selig schnarcht Duma in die Nacht. Hamad fragt mich, wieso wir Deutschen nicht endlich einen Schalldämpfer für Schnarcher erfinden.

Prekärer Friede in Kauda. Morgens, mittags, nachmittags verlässt ein Teil der Soldaten das Dorf, Spähtrupps. Fünf Stunden Fußmarsch entfernt liegt Mendi, die nächste Garnison der Regierungstruppen. Eine von über zwanzig in den Nuba-Bergen. Das Land ist befreit, viele der größeren Städte befinden sich jedoch in den Händen der Araber. Wenn auch von starken SPLA-Kräften umzingelt. Beiden Seiten fehlen die Mittel für den entscheidenden Schlag. Kommt es zur Schlacht, dann wird geschlachtet. Kauda steht auf der Abschussliste, jede Nachlässigkeit wäre das schnelle Ende für die achthundert Einwohner.

Die Angst ist unsichtbar, sie zeigen sie nicht her. Der kleine

Tari bastelt aus Sorghum-Hülsen einen Lastwagen, Kürbisschalen liefern die Reifen. Gefreiter Tom versucht mit Spucke, sieben schmalen Papierstreifen und einer Sicherheitsnadel, seinen einzigen 50-Pfund-Schein – Realwert vier Cent – zu restaurieren. Schuldirektor Kadir flickt das 31. Loch seines T-Shirts. Sein Stellvertreter Moses führt mich durch die demolierte Schule.

Später beginnt unterm großen Mangobaum die »Primary School«. Hier sitzen all die, deren Klassenzimmer als Schutthaufen nach der letzten Invasion übrig blieb. Die wenigen Bücher ähneln ihren Hemden: zerschlissen. Wer nichts hat, schreibt die Buchstaben mit dem Zeigefinger in den Sand.

Als sie uns Erwachsene kommen sehen, erheben sie sich – die Kinder von Muslimen, Christen und Animisten – von ihren Sitzgelegenheiten aus Ziegelsteinen und singen zur Begrüßung das Alphabet, auf Englisch, die neue Sprache der Revolution.

Vom Büro des Rektors – das Schild »Director's Office« hängt schief über der Tür – stehen immerhin noch die vier Wände. Der Rest flog davon, das Blechdach liegt zerschossen auf dem Hof. Kadir hält sich jetzt während der Pausen im »Sekretariat« auf. Das hat ein Dach und eine Pritsche.

Nachts tapse ich rüber in die Bruchbude, in der die Lehrer übernachten, die sich gerade in der Ausbildung befinden. Neumondfinster. Blind renne ich in den Haufen Kalaschnikows, vorsichtig nähere ich mich einer der Strohmatten. Ich komme, weil sich die Studenten vor dem Einschlafen Geschichten erzählen. Die spannendste dieses Abends weiß der junge Elmaji. Sie sei eine Parabel über Naivität – die falsche, die ins Unglück führt. Ja, sagt er, wir Nuba sollten das Misstrauen üben und lernen, nicht immer jedem zu trauen: Ein Skorpion steht am Flussufer und fragt einen Frosch, ob er ihn nicht auf die andere Seite bringen könne. »Natürlich nicht«, antwortet der Frosch, »denn du würdest mich sicher mittendrin zu Tode stechen.« – »Wie denn das?«, meinte der Skorpion, »bin ich blöd? Wenn ich dich umbringe, gehe ich doch selbst unter.« Das leuchtet dem Frosch ein, er lädt den Skorpion auf seinen Rücken und beginnt, Richtung gegenüberliegendes Ufer zu schwimmen. Doch mitten im Fluss holt der Skorpion seinen tödlichen Stachel heraus und sticht zu. Als sie beide untergehen, gurgelt der Frosch: »Warum hast du das getan, ich sterbe und du ersäufst mit mir, warum?« – »Schon klar«, entgegnet der Skorpion, »aber ich kann nicht anders, ich bin ein Skorpion, vergiss das nie.«

Eine Fabel gegen die Hinterlistigkeiten der Regierungsclique in Khartum. Um das Land der Nuba zu konfiszieren und gleichzeitig dessen Bewohner abzuschaffen, haben sich Turabi und sein »Revolutionsrat des Heils« noch eine zweite Finte einfallen lassen. Helfen Morden, Totschlagen und Anzünden von Kirchen, Moscheen und Ernten nicht weiter, wieso nicht ein halbes Hundert »peace villages« aufstellen? In diesen eingezäunten Lagern herrscht Ausgangsverbot, werden Nuba-Frauen systematisch für die intimeren Bedürfnisse der nächstliegenden Einheit abkommandiert, landen Kinder und Väter in sklavenähnlichen Arbeitsverhältnissen. Das Wort »Friedensdorf« stammt aus dem Wörterbuch des Skorpions.

Aufbruch mit Hamad nach Chingaro, dem militärischen Hauptquartier. Wieder mit dem Toyota, dem einzigen Vehikel in der Umgebung. Sorglose afrikanische Anarchie, nicht ein Ersatzteil steht zur Verfügung. Deshalb müssen wir bei jeder Reifenpanne – es gibt keine Straßen, nur einen in den Busch geschlagenen Weg – auf dem Radmantel Ringelreihen tanzen, um alle Luft aus dem Schlauch zu quetschen. Das dauert und ist Anlass zu starken Heiterkeitsausbrüchen. In der Sonne sieht man die Narben der Männer glänzen, schweißüberzogen. Das sind bisweilen rituelle Zeichen der Schönheit – oder Hinweise auf verheilte Schusswunden.

Wenn irgendwie noch Platz ist, werden Wanderer mitgenommen. Eine junge Frau zwängt sich neben mich, sie hört auf den leicht verwirrenden Namen »Kaka«, *die Erstgeborene.* Kaka bringt mich in charmanteste Verlegenheit, denn unbekümmert streicht sie mit beiden Händen über ihre nackten Brüste und lächelt mich an. Ich weiß nicht mehr wohin mit meinen Augen, bis alle vor Lachen kreischen, und Hamad mich mit dem einfachen Wort »soap« erlöst. Kaka bittet mich um Seife. Okay, Seife – und nichts anderes.

In Lugi, einem Dorf mit drei Hütten, ist die Piste zu Ende. Aufstieg mit Rucksack und Waffen. Die Nuba-Berge stehen im Weg. Ein anstrengender Nachmittag fängt an. Hamad und ich bilden die Nachhut, er erzählt mir sein Leben, und der Pfad ist hundsgemein steil.

Der 34-Jährige schwänzte schon als Erstklässler den Unterricht, dafür verprügelte ihn der Vater und verfrachtete ihn in eine Heimschule nach Kadugli, der »Hauptstadt« der Nuba. Jahre später wurde er als Rädelsführer eines Studentenprotests – ein Aufschrei, unter anderem, gegen die miserable Verpflegung – öffentlich ausgepeitscht. Tage danach entkam er dem Straflager, kehrte zurück in seinen Geburtsort Khartum, arbeitete nebenbei als Krankenpfleger und studierte erfolgreich Jura. Das war das passende Fach, um hellhörig zu werden für die Machenschaften des Regimes.

Irgendwann brach er – nicht einmal die Freundin wusste Bescheid – heimlich auf: »Ich verließ den Sudan, um in den ›neuen Sudan‹ zu gehen.« Neu ist da, wo sie um ihre Freiheit kämpfen. Im Süden.

Er will keinen töten, er will reparieren. Hamad wird zuständig für das »Gesundheitswesen«, das nicht existierte. Und er wird, ohne je einen Tag einschlägige Praxis erfahren zu haben, der Nuba erster und viel beschäftigter Amputierer. Ich habe noch ein paar Tage Schonzeit, dann muss ich hinsehen, wenn Hamad Hand anlegt.

Nach sieben Stunden – wir durchqueren gerade eine Talsohle – kommt es zu einer Szene, die auf originelle Weise lebensgefährlich und komisch zugleich ist. Jemand schreit »Antonow!«, und alle stieben auseinander. Wir hören das Geräusch eines Flugzeugs. Greift die Regierung hier an, so mit der Luftwaffe. Jede andere Taktik scheitert an dem unzugänglichen Terrain. Während dieser zwei Minuten Panik wird ein weiterer Grund sichtbar, warum der Krieg hier so schnell nicht aufhören wird: Die feindlichen Piloten sitzen nicht in High-Tech-Bombern, sondern in russischen Alteisen, aus denen sie nach Augenmaß tödliche Fracht abwerfen.

Wir reißen uns die Rucksäcke herunter, und Hamad keucht voraus. So hatten wir es vorher besprochen. Er beherrscht das Gelände, überall haben sie hier Schützengräben angelegt, deren Standorte er genau kennt.

Wir kommen davon, irgendwo donnert es zweimal, dann Stille, die Maschine verschwindet. 300 Meter entfernt finden wir eine zerfetzte Ziege, einen tiefen Krater und den verschreckten Ziegenbesitzer.

Mit einem konzentrierten Blick nach oben ziehen wir weiter. Dieses kurze Auftauchen und Verschwinden von Bombern, sagt Hamad, ist Teil der Kriegsführung. Auch wenn keine Leichen zurückbleiben, die Angst bleibt zurück, die soll die Nuba vertreiben, sie zwingen, ihre Heimat zu verlassen.

Als wir in Chingaro ankommen, bin ich irgendwie tot, hingerichtet von fünf Bergen und einer sudanesischen Sonne. Ohne Hamads permanente Lügengeschichten – »Noch eine letzte Steigung, und wir haben es geschafft!« – wäre ich irgendwo liegen geblieben.

Nachdem wir Ashia, seine hochschwangere Frau begrüßt haben, sagt er den überwältigenden Satz: »Komm, du kannst bei uns beiden in der Hütte schlafen, du bist müde, du brauchst Ruhe.« Sechs Wochen hat er die Hübsche nicht gesehen, ich bin überzeugt, er träumt von sinnlicheren Freuden als von der Fürsorge um meine geschwollenen Füße. Ich lehne dankend ab und ziehe in die »Gästehütte«.

Abends bereitet Ashia Tee. Über Chingaro liegt der Sternenhimmel, und vom anderen Ende des Dorfs schweben Lieder sanft zu uns herüber. Begleitet von einer Lyra, dem Lieblingsinstrument der Nuba.

Am nächsten Tag organisieren sie ein Fest. Früher feierten sie öfter, da waren sie weniger mit dem Überleben beschäftigt. Aber heute gibt es einen unaufschiebbaren Grund: Nach genau einem halben Jahr haben zwanzig Frauen und sechs Männer ihren Nähkurs abgeschlossen! »Das«, sagt die Leiterin, SPLA-Captain Marian, »ist ein Schritt in die Freiheit. Bald muss keiner mehr die Berge verlassen, um sich Kleidung zu besorgen.« Und sie schleppen die beiden Singer-Maschinen vor die Zuschauer und nähen um die Wette. Um nach neuneinhalb Minuten – »new record, new record!« – zwölf blaue, mit rotem Rand eingefasste Taschentücher zu verteilen.

Als ich von Marian ein Exemplar geschenkt bekomme, soll ich öffentlich ein paar Worte sagen. Glücklicherweise erinnere ich mich an eine Anekdote aus Gandhis Leben, der von der Singer-Nähmaschine schwärmte, ja wusste, dass Herr Singer eines Tages die blutigen Finger seiner mit Nadel und Faden hantierenden Gattin sah und daraufhin beschloss, sich etwas auszudenken, was die Schmerzen und das Blut stoppen würde. Und so erfand Mister Isaac Singer, der Amerikaner, die weltberühmte »sewing machine«.

Diese kleine Liebesgeschichte ist das Signal. Augenblicke danach beginnt – jetzt halbmonddunkel – das Fest. Ein Kreis bildet sich, die eine Hälfte besteht aus Frauen, die andere aus Männern. Alle tanzen. Zwei Mädchen treten nach vorne, zwei Burschen kommen ihnen entgegen, alle vier – nun ganz nahe voreinander – stampfen mit je einem Fuß rhythmisch und heftig auf den Boden. Die Mädchen locken, weichen langsam in den Kreis zurück, die Burschen folgen, die nächsten vier beginnen den »Kirang«, den *Tanz der Einbeinigen.* Und die Musiker, direkt neben dem immer ekstatischer keuchenden Quartett, feuern an: ein Schlagzeuger, seine Darbuka am Bauch befestigt, sein Bruder mit einer Art Conga zwischen den Beinen, ein Steppke mit dem Kashkush, einer vernieteten Blechkiste voller Kieselsteine in den Händen und – Star jeder Gruppe – der Lyraspieler und Sänger.

Und Kadil singt von jenen, die morgen wieder in den Krieg müssen. Ein Kriegslied, ein kriegerisches Aphrodisiakum, ein Versprechen, den nächsten Feind mit den eigenen zehn Fingern zu erdrosseln. Und das Stampfen, die rauen, erotisierenden Schreie der Tänzer, die Kopfstimme Kadils, das rasende Schlagen der Trommeln, der Mond, die Sterne, die Nacht, die Gefahr hinter den Bergen – alles katalysiert auf sagenhafte Weise die Magie des Augenblicks.

Nachdem mehrmals die Kürbisschale mit Marissa, dem Sorghum-Bier, herumgereicht wurde, vergisst Kadil seinen Zorn und beginnt, immer begleitet von seiner Leier, seine Zärtlichkeiten mit der schönen Khalida aus dem Dorf Laras zu beichten. Und die Küsse mit der schönen Miriam in Tabuli. Und die heimlichen Sünden mit der allerschönsten Nira im fernen Tabarya.

Bis drei Uhr früh dauern die Bekenntnisse. Dann verschwinden auch die letzten Schatten. »Ehebruch«, hörte ich einmal, sei hier eine der häufigeren Beschäftigungen. Mit einem so innig schmachtenden Kadil als Minnesänger und Anstifter kein Wunder.

Am dritten Tag in Chingaro ist es so weit. Morgens um Viertel nach sechs zerrt Hamad an meinen Füßen: »Los, schnell, du hast Glück, vielleicht muss ich amputieren.« Der Satz »du hast Glück« klingt frivol, aber er ist Hamads Rache, weil ich ihm seine furchtbaren Geschichten nicht glaubte.

Wir machen uns auf den Weg nach Lumun, einem der dreizehn »Primary Health Care Centers«, die er während der letzten Jahre aufgebaut hat. Hadi, der Bote aus Lumun, hetzt voraus. Eine Stunde später kommen wir an.

Für alles, was in den nächsten hundert Minuten passiert, passt das Wort »unbeschreiblich«. Das »Gesundheitszentrum« besteht aus neun Hütten, eine trägt den aberwitzig pompösen Namen »operating theatre«. Davor liegt die Bahre mit dem schockgelähmten 18-jährigen Jerman, der auf eine Mine getreten ist und den sie über Nacht hierhergebracht haben. Drinnen steht in einem sonst völlig leeren Raum eine hüfthohe Pritsche, mit Stroh bedeckt. Und auf dem Stroh träumt eine Henne. Sie räumt den Platz mit den morgendlichen Sonnenstrahlen erst, als jemand ein fleckiges Leintuch über dem »operating table« ausbreitet.

Alle suchen – und finden nichts. Im »pharmacy room« – für weniger dramatische Verletzungen durchaus brauchbar ausgestattet – lagern nicht eine Ampulle Morphium und nicht 100 mg Barbiturate für eine Anästhesie. Hamad scheint bereits innerlich darauf vorbereitet zu sein, ruhig sucht er die sechs muskulösesten Männer aus: damit sie Jerman auf den Operationstisch von

Lumun hieven und den Verletzten nicht eher loslassen, als bis das Gemetzel vorbei ist.

»Fifty-fifty«, sagt Hamad noch und fängt an, die Wunde zu waschen und mit einem Messer die Hautfetzen und die losen Knochen abzutrennen. Einer von zwei Operierten stirbt, verendet an Herzstillstand, Blutverlust, Nierenversagen oder septischem Schock. Jerman wird überleben, auch als Hamad den in heißem Salzwasser desinfizierten Fuchsschwanz ansetzt, um den Rest der rechten Wade wegzusägen.

Niemand wird von den Abgründen wissen, in die der junge Mensch an diesem Tag stürzt. Spürt er doch – keine Ohnmacht rettet ihn –, wie ein anderer ihm das Bein durchschneidet, um ihn vor dem Sterben zu retten. Und Hamid sägt, und die sechs Hünen nageln den Patienten auf das Tuch, und in diesem Epizentrum maßloser Pein windet sich der um Erbarmen winselnde, um Erbarmen brüllende Körper Jermans.

Damit keiner diese Schreie hört, hat das Regime in Khartum die hiesige Provinz Südkordofan versiegelt. Keiner humanitären Organisation wird Zugang gestattet. Widersetzt sie sich, verliert sie die »Erlaubnis«, in den Massenlagern, die in den Wüsten zwischen der Hauptstadt und Port Sudan wuchern, tätig zu sein. Dort hausen all diejenigen, die dem Tod im Süden das Elend im Norden vorziehen. Auch viele Nuba, viele dem Krieg oder den »Friedensdörfern« Entflohene, zu erschöpft für den Kampf, zu traumatisiert von der Aussicht auf eine gewaltsam verpasste Schwangerschaft.

Was den Nuba widerfährt, ist kein Religionskrieg. Selbst wenn viel Geifer und Bigotterie den Hass schüren. Es geht vor allem um andere Instinkte, um Macht und Gier. Die Gründe des Konflikts sind denkbar überschaubar: Der »arabische« Norden – genauer, die Regierung vor Ort – will die Herrschaft über den »afrikanischen« Süden. Und der Süden – darunter viele Gläubige des Islams – will das nicht. Er will am Leben bleiben, gleichberechtigt und respektiert in seinem Anderssein. Und er will teilhaben am Reichtum eines inzwischen ruinierten Landes. »Muslims, Christians, animists, none of us gives a damn«, flucht der Muslim Hamad, »the Sudan is big enough for all of us.«

Vielleicht sind die Nuba heute bewundernswerter als die Generation davor. Weil sie um ihre Freiheit und Würde kämpfen. Um ein Haar wären sie als unheilbare Pazifisten untergegangen, dezimiert, verstreut, verdämmernd, beraubt ihres Lebensstils, dem sie einmal ihren Weltruhm verdankten.

Der »Alternate Commander« Mohamed Juma – er führt die taktischen Operationen, wenn Yussif Kuwa abwesend ist – hat mir für den kommenden Abend einen Blick auf einen der coolsten Aspekte im Leben seines Volks versprochen. Bevor wir losziehen, zeigt er mir – er selbst ist Muslim – eine Bibel in arabischer Übersetzung. Geschenk für seine Frau, die Christin.

Wir brechen auf nach Achirun. Hundert Berge – so werde ich am Ziel fantasieren – liegt es hinter Chingaro. Eine militärische Karawane setzt sich mit uns in Bewegung, Juma ist grundsätzlich von einer schwer bewaffneten Leibgarde umgeben, ausgerüstet mit Munitionskisten, Panzerfäusten, Funkgeräten und Maschinengewehren. Ein paar stecken sich eine Blume in den Lauf.

Die Nuba haben keine Füße mit Menschenhaut, sondern Hornhäute wie Kreppsohlen. Damit klettern und hüpfen sie, oft barfuß und immer gazellenleicht, von einem Stein zum anderen. Was zudem ihre Überlegenheit auf deprimierende Weise demonstriert, ist ihr an den unmöglichsten Stellen ausbrechendes Gelächter. Sie hüpfen und lachen.

Nach über sechs Stunden scheint Achirun tatsächlich zu existieren, wir hören es bereits von fern. Weit vor dem Dorfeingang warten dicht gedrängt Frauen und Männer, die meisten nur mit Fäden am Leib, nur einige stehen mit vollständiger Hose und ganzem Hemd da. Sie alle jauchzen, winken wie von Sinnen, singen, krächzen, plärren unisono mit den Kleinsten: »Wir, wir Kinder sind das Licht der Revolution.«

Wir ziehen vorbei, die Soldaten winken zurück, manchen kommen die Tränen. Achirun ist Teil der befreiten Gebiete, und die Leidenschaft dieser Willkommensfreude lässt die Zustände zu Zeiten der Unfreiheit erahnen.

Noch eine letzte Anstrengung: Tief muss man sich bücken, um durch die seltsam niedrigen Eingänge ihrer Hütten zu gelangen. Doch dahinter gibt es Bänke zum Hinsetzen, und 10 Grad kühler ist es auch, sogar die Fliegen pro Nasenloch werden weniger.

Nach dem Essen – eine halbe Banane gab es als außerordentliche Nachspeise –, führt mich Hamad zu den »Koudjour«, den Medizinmännern, Weisen und Regenmachern. Vierzehn Männer mit Gesichtern und Körperteilen aus einem anderen Jahrhundert erwarten uns. Als Zeichen des Respekts haben sie bereits eine Kuh und eine Ziege geschlachtet. Chef Abenj Almende leitet die Zeremonie. Juma muss die Kadaver aus einer bestimmten Richtung kommend überschreiten, anschließend bindet Abenj uns beiden (ich bin Jumas Gast) je einen Fußknochen um das rechte Handgelenk. Das soll uns beschützen. Dann spucken die vierzehn in ihre Hände und schwingen bizarr geformte Stöcke über unseren Köpfen. Das, so versprechen sie hoch und heilig, wird die tückischsten Geister vertreiben. Zuletzt versteckt Idriss, Spezialist im geheimnisvollen Entwaffnen der Feinde, ein Bündel Gras – das »anti-bad-spirit-grass« – unter einem Stein. Jeden Halunken, der nun in Rufweite hier vorbeikommt, wird es ab sofort böse erwischen.

Inzwischen haben sich die Bewohner der Umgebung bei einem riesigen Feigenbaum versammelt. Juma ist Offizier, er weiß, dass magische Grasbüschel allein nicht taugen, um alle Freiheit zurückzubekommen. Er spricht lange – auf Arabisch, einer der Lehrer übersetzt in den lokalen Dialekt – von feigen Nuba, die im Sold von Khartum ihr eigenes Volk verraten und als Spione anheuern. Er fordert äußerste Wachsamkeit, fordert die Frauen auf, sich nicht von der Propaganda irreleiten zu lassen und in die vom Feind besetzten Städte zu gehen. Dort warte keine frische Kleidung auf sie, sondern Gewalt und Notzucht. Die Nuba entvölkern, auch das sei ein Ziel des Gegners.

Es kommt zu einem witzigen Zwischenfall. Eine Zuhörerin ist so mitgerissen von Jumas flammender Rede, dass sie aufspringt und gellend ein Revolutionslied anstimmt. So mitreißend, dass einer der »stickfighter« – er bereitet sich auf den nächsten Programmpunkt vor – das rasante Trällern als Kampfsignal missversteht und in voller Montur herbeirennt. Wie üblich bei den Nuba, endet das Missverständnis in tosendem Gelächter.

Umzug auf den Schulhof, alle kommen, Hunderte, Tausende. Ich frage, wie viele hier leben, und Hamad antwortet hintersinnig mit »more«. In Afrika sind es immer *mehr*, als einer sich vorstellen kann. Ein weites Viereck bildet sich, die Sonne bekommt diesen warmroten Spätnachmittagsglanz, geräuschvoll ziehen die Stockkämpfer ein.

Die sechs Krieger treten heute als akrobatische Clowns auf. Rasseln an den Fußgelenken, Glöcklein am Hosengürtel, Federschmuck auf dem Kopf, ihre Unterarmschoner sehen aus wie abgebrochene Skispitzen. Echte Profis, so gerissen wie Catcher. Je zwei hauen mit knochenharten Stöcken aufeinander ein, man will um ihr Leben fürchten, wenn sie wie gefällte Bäume zu Boden krachen. Um zehn pathetische Sekunden lang tot dazuliegen und in der elften berstend vor Kampfeslust wieder hochzuspringen, bereit und hungrig auf die nächste Runde.

Jumas Versprechen, jetzt wird es wahr. Die Stars erscheinen, die Ringkämpfer, zwölf junge Kerle mit aschebedeckten Schultern und sauber definierter Bauchmuskulatur. Das Dutzend stammt aus verschiedenen Dörfern. Während sie eine Ehrenrunde drehen, blasen sie heftig in ihre Trillerpfeifen. Alle wurden so ausgesucht, dass jeder gegen jeden kämpfen kann, weil Körpergröße und Gewichtsklasse in etwa gleich sind.

Noch einmal die Hände mit Sand einreiben, dann stehen sich die ersten drei Paare gegenüber, züngeln mit ihren Armen wie Schlangen, lauern auf die geringste Abwesenheit des anderen: um ihn auszuhebeln und auf den Rücken zu wirbeln. Nicht auf die feine griechisch-römische Art, eher Freistil, mit Haken und Ösen. Ihre scharfkantigen Schlagringe aus Messing haben sie, auf Drängen der SPLA, inzwischen abgelegt. Es ist Krieg, und das Land braucht vollständige Männer.

Das Publikum scheint erregt wie die Athleten zu sein. Keine Sekunde hält es still. Von wilder Freude oder wüsten Verzweiflungsschreien begleitet, gehen nun die letzten sechs Muskelmänner – sie haben die Endrunde erreicht – aufeinander los. Als einer der Kämpfer am Knie blutet, rennen Mädchen auf ihn zu und – sensationell – lecken seine Wunde. In den kurzen Pausen kommen die Hilfsbereiten wieder, reichen den Gladiatoren Ziegenmilch und einen Brei aus Sorghum.

Nach einem Sieg dreht jeder Gewinner eine Ehrenrunde, mit der unerlässlichen Trillerpfeife und einem skrupellos-eitlen Hüftwackeln – unübersehbarer Hinweis auf andere potente Körperteile. Ein Ringkampf in den Nuba-Bergen ist en passant eine willkommene Gelegenheit, sich bei den Damen der Gegend vorzustellen. Als Liebhaber für die kommende Nacht oder als Mann fürs ganze Leben.

Als der Schiedsrichter den 18-jährigen Awad zum Gesamtsieger erklärt, stürmen alle, auch die Männer, auf ihn zu, drücken ihn, heben ihn auf ihre Schultern und tragen ihn – jetzt für Minuten eingehüllt in einen Orkan brausender Lebensfreude – davon.

Schon dämmert es, ein orangeheller Horizont leuchtet auf die Hütten. Wie Scherenschnitte erscheinen nun die Frauen und Männer, die in ihre umliegenden Dörfer zurückkehren. Der Zauber Afrikas, man will heulen vor Ergriffenheit.

Von Achirun ziehen wir nach M. Aus Sicherheitsgründen soll Jan, der Cowboy, eine andere Piste anfliegen, um mich herauszuholen. Als wir – 48 Stunden später als geplant – endlich das Geräusch seiner Cessna über uns hören und sehen, wie er Schleifen zieht, anscheinend nicht genau weiß, wo die neu angelegte Lichtung liegt, rennen Hamad, Duma, ich und Hunderte los, um ihm den Landeplatz zu zeigen. Zwanzig Minuten lang sind wir unterwegs, und ich kann nicht sagen, warum ich gerade jetzt an meine Lieblingsszene der letzten Wochen denken muss. Oder doch, scheint sie wohl wie keine zweite von der Entschlossenheit und dem unbedingten Willen der Nuba zu erzählen.

Ich saß in der Ruine, in der Rektor Kadir und Vize Moses die Studenten unterrichteten, die bald Lehrer werden sollten. Auf dem Studienplan standen Pädagogik, Englisch, Musik, Mathematik, Psychologie, Geografie und Wissenschaft. Im Augenblick fand Religionsunterricht statt, und auf die Tafel hatte jemand den ketzerischen Satz geschrieben: »Gott gab uns einen wunderbaren Körper. Und Sinne, alles, um glücklich in der Welt zu leben.« Die 41 hockten auf ihren Steinhaufen und diskutierten das erste Menschenrecht: *the pursuit of happiness.*

Gleichzeitig sah ich durch die zerschossenen Fensterrahmen – 50 Meter von den Büchern und der Tafel entfernt – die Soldaten beim Training. Was für ein spektakulär modernes Bild – Geist und Mut, so nah. Mit beiden, so hatten es sich die Nuba geschworen, wollten sie für ihr Glück kämpfen. Das kleine Wort für die zwei anderen, die zwei unersetzlichen Wörter: Freiheit und Würde.

PEKING

Albträume und Lichtblicke

Aus den Augenwinkeln sehe ich ihn kommen. Und weiß, was es geschlagen hat. Jetzt, mitten in Peking, mitten auf dem Tiananmen-Platz, direkt unter einer gemeinen Mittagssonne. Und Sekunden später steht der junge Kerl vor mir und beschenkt mich mit dem phänomenalen Satz: »May I swing tongues with you?«

Peking ist voll von emsigen Frauen und Männern, die schonungslos jeden weißen Menschen mit einem Vorschlag zur »English conversation« heimsuchen. Aber George – eigentlich heißt er Yu, doch der fremde Vorname klingt mondäner – hat sich diese sinnverwirrende Anrede vom Zungenschwingen ausgedacht. Sie verdient Belohnung. Von den delikaten Missverständnissen, die diese Aufforderung hervorrufen kann, ahnt er wohl nichts.

Als wir über den größten Platz der Welt spazieren, begreife ich, dass George das Wort »tongue« mit »mothertongue«, *Muttersprache,* verwechselt. Unbeschwert verbringen wir beide – Mutterzungen schwingend – ein paar gemeinsame Stunden.

Dies kleine Exempel mag zur Warnung dienen: China ist anders, hinter jeder Ecke lauern (Denk-)Fallen. Auf dass kein Fremder hier mit dem Gefühl abreist, er habe etwas begriffen. Das Einzige, was er mit nach Hause bringen darf, ist ein Sack Mirakel. Und auch das ist gesichert: Manche hauen um, andere schurigeln. Versprochen.

Auf wenigen Seiten soll ich von Belgien berichten. Ich meine, Peking ist so riesig wie dieses Land in Europa. Dass es mehr Pekinger als Belgier gibt, war zu vermuten: Zwanzig Millionen sind es augenblicklich. Schuld daran hat auch der Mann, an dessen Sarg George und ich gerade vorbeihuschen. Am südlichen Ende des »Platzes des himmlischen Friedens« – wie irreführend Namen sein können – steht das Mausoleum (sprich MAOsoleum) von Mao Zedong. Ein Fünfsekundenblick auf den transparenten Sarkophag ist jedem Besucher gegönnt, dann drängen hunderttausend andere nach.

Mao hinterließ Spuren. Rund dreißig Millionen tote Chinesen hat er auf dem Gewissen, so fürsorglich und rabiat kümmerte er sich um die Gegner des Kommunismus. Dass er nebenbei für die astronomischste Bevölkerungsexplosion der Menschheitsgeschichte verantwortlich ist, nimmt man nicht ohne Ironie zur Kenntnis: Der Chef persönlich übernahm es, seine damals – 1949 – schon exorbitant vielen, schon 300 Millionen zählenden Landsleute zum grenzenlosen Kinderreichtum anzutreiben. Heute sind es 1,4 Milliarden, und die Frage sei erlaubt, ob die Welt nicht mit ein paar Chinesen weniger auskäme.

So gerät selbst der so einfache Akt, die Ehefrau mit Kind zu fotografieren, zu einem schwierigen Unternehmen. Denn aberwitzig viele andere Ehemänner wollen ebenfalls genau jetzt und genau hier ihre seit 1976 verordnete Kleinfamilie – mit Selbstauslöser – ablichten. Also rennen viele, die noch nach einem letzten freien Quadratmeter suchen, in die Schusslinie jener, die ihn bereits gefunden haben und strammstehen. George und ich – beide ohne Gattinnen und ohne Kameras – bewegen uns wie auf einem Minenfeld. Pausenlos werden wir zum Festwurzeln aufgerufen, einer ruft verwegen »Fleeze!« (sic) – und auf der Stelle frieren wir ein.

Peking fiebert, 1999 wird die Hauptstadt berühmter denn je. Am 1. Oktober feiern sie die ersten fünfzig Jahre der Staatsgründung. Nicht weit vom Mao-Sarg entfernt leuchtet eine Tafel, die jene Tage und Sekunden anzeigt, die noch fehlen bis zur Übernahme von Macau. Dann – am 20.12. – kehrt die portugiesische Kolonie samt Casino-Mafia und Masseusen zum »motherland« zurück. Man darf vermuten, dass nicht alle Betroffenen diesem Tag entgegenjubeln.

George studiert an der Foreign Studies University, ich will wissen, wie er lebt. Wir entern einen Bus. Das Wort »entern« stimmt, wird man doch beim Benutzen eines öffentlichen Verkehrsmittels nie ganz den Eindruck los, dass just im selben Augenblick die anderen zwanzig Millionen auch mitfahren wollen. Sinnigerweise steht neben dem Fahrer geschrieben: »Wenn noch Platz ist, lasst die anderen einsteigen.« Ein witziger Spruch, denn im Chinesischen ist das Schriftzeichen für »Platz« identisch mit dem für »Luft«. Verstanden, erst bei Luftnot herrscht Platznot.

Solche Zustände bieten jedoch einen eklatanten Vorteil: Sie fordern zur Demut auf. Wichtigtuer sollten draußen bleiben. Peking und China sind der rechte Ort, um sein Ego zu schrumpfen. Wer sich weigert, wird gestutzt. Täglich. Von den 1,4 Milliarden. »Der Gentleman«, schreibt Altmeister Konfuzius, »strebt nach Harmonie.« Das allerdings ist ein vorlauter Satz, denn Gentlemen sind mir im Gewühl noch nicht begegnet.

Peking schmückt sich. Das sieht so aus: Ein Drittel der knapp 17 000 Quadratmeilen liegt hinter Bauzäunen, ein Drittel liegt in Schutt und Asche (die alten, gerade niedergewalzten Viertel), und das letzte Drittel steht zur Besichtigung frei. Hier wird eine Hauptstadt, nein, ein Erdteil renoviert. Sogar ihre Geldscheine sanieren sie. Auch sie sollen frisch aussehen.

Heimlich beobachte ich das Gesicht von George, als er auf die nagelneu glitzernden Fassaden blickt. Der Ausdruck von Stolz ist unverkennbar: China will endlich zu den Global Players gehören. Von dem Tag, dem 27. Mai 1949, an dem die siegreichen Kommunisten in Shanghai einmarschierten und die erschöpften Bauernsöhne aus den Kloschüsseln (ein nie zuvor gesehenes Möbel) der dortigen Luxushotels Wasser tranken, bis zu jenem Frühlingsmorgen, an dem »Adam & Eve«, Pekings erster Sexshop – eine aufblasbare Claudia Schiffer wäre u. a. zu erstehen – eröffnet wurde, von jenem fernen Tag bis heute war es ein langer, mühsamer und rasanter Weg.

Bis zur Universität sind es sieben Staus. Die Zeit jedoch wird verkürzt durch hundertfaches Telefonklingeln. Ich registriere, wie mich eine Illusion verlässt: Die Wichtigtuer sind nun auch in

China eingetroffen. Und wie die Wichtigen im Euroland sprechen chinesische Wichtige ebenfalls laut und ungeniert in ihr Handy. Zusätzlich wiederholen sie meist laut und ungeniert, was ihnen gerade mitgeteilt wurde. Bis wir ankommen – hier eine kleinste Auswahl –, erfahren wir, dass Herr Liang morgen um 10.30 Uhr ja pünktlich am Bahnhof sein soll, um Herrn Nong – Erkennungszeichen: gelber Koffer! – abzuholen. Außerdem lässt Frau Huang nachfragen, ob ihr Mann bereits auf dem Nachhauseweg sei, und Herr Huang – wir können es bezeugen – bestätigt: »Ja, ich bin bereits im Bus.«

George muss noch auf die eigene Frau und das eigene Telefon warten. Er gehört noch nicht einmal zu den hier ansässigen Durchschnittsverdienern mit hundert Euro monatlich. Er ist Student und kommt tatsächlich mit 25 Yuan über den Tag. Bescheiden, äußerst bescheiden leben, das schaffen sie noch immer.

Wir betreten den Plattenbunker, in dem sich seine Unterkunft befindet. Auf Zimmer 303 – fünf mal sieben Meter – wohnt er. Mit sechs (!) anderen, für jeden ein Feldbett mit zerschlissenem Moskitonetz. Kein Ventilator gegen die Hitze, und im Winter fällt wochenweise die Heizung aus. Nachts lernt er auf dem Gang, dort brennt das Licht länger. In die fleckige Toilettenwand hat ein Witzbold Deng Xiaopings letzte Weisheit geritzt: »Es ist glorreich, reich zu werden.« Ich frage George die Mutter aller Fragen: »Bist du ein glücklicher Mensch?« Und George, der Asiate, antwortet verwundert: »Happy? It's not on my mind.«

Schon erstaunlich, wie die Gegensätze sich breitmachen in dieser Stadt. Ich gehe ins Parkson, einem jener auf Neuchinesisch genannten »department stores«. Hier versprechen sie »happy shopping«.

Die fixen Chinesen, wie scheinbar mühelos sie aufholen. Noch vor fünfzehn Jahren (ich war da) sah es in ihren Kaufhäusern aus wie in der Eisenhandlung einer sibirischen Kolchose. Und jetzt: Glitzer und Glamour. Die Kosmetiketage könnte auch am Boulevard Haussmann in Paris stehen. Das Licht stimmt, das Arrangement der Waren, die Großzügigkeit der Verkaufsfläche. Sogar in der Herrenabteilung sieht es nach Eleganz aus. Nur die Männerhosen, merkwürdig, liegen noch herum wie die Rinderhäute auf dem Schlachthof von Chicago.

Als ich das Parkson verlasse und einen Blick zurück auf das Stahlgebirge werfe, wird plötzlich klar, wie das moderne Peking anödet. Nicht weil es modern ist, nein, weil es aussieht wie bei uns, so gleich, so gräulich, so kalt. So ununterscheidbar. Klon-Architektur mit dem unbedingten Willen, nicht zu überraschen.

Ich fliehe in die *Hutongs*. Jene alten Wohngebiete, die (bisher) von den Betonbirnen verschont blieben. *Hutong*, so vermuten sie hier, bedeutet »Pfad zwischen Jurten«, Anspielung auf die Horden Kublai Khans, die hier vor achthundert Jahren ihre Feldlager aufschlugen. Heute gibt es keine Zelte mehr, dafür einstöckige Häuser, eng nebeneinander, oft nach den konfuzianischen Grundregeln von Ordnung und Gleichmaß angelegt: mehrere Zimmer mit einem gemeinsamen Innenhof, immer so arrangiert, dass das morgendliche Licht durch den südöstlichen Eingang auf den Hausaltar fällt.

Die sanitären Verhältnisse sind wüst, und im Winter verhindern rostige Koksöfen immerhin den Kältetod. Alles wäre renovierbar, wenn die zuständigen Bürokraten und die sie belohnenden Immobilienzuhälter sich nicht darauf geeinigt hätten, dass Profitgier glorreich ist. Dazu, schon wieder, Konfuzius: »Undenkbar zu billigen, dass jemand seine Freude auf den Schmerz eines andern baut.« Das soll nichts heißen, viele hier warten auf ihre Zwangsräumung. Ihr Schmerz soll der Korruption nicht im Weg stehen.

Das Erfreulichste in den *Hutongs:* keine Autos. Die meisten Wege sind zu eng. Zweimal habe ich ein Taxi verlassen – nach zwanzig Minuten absoluten Stillstands in einer Gaswolke. Hier in den schmalen Gassen jagen keine Hupen, hier hört man das Klappern der Sandalen, das Kichern von Himmel und Hölle spielenden Kindern, das Klingeln von Fahrradglocken. Doch keine Hunde streunen. Wie schade, sie gelten noch immer als »Schädlinge der Arbeiterklasse«, als unnötige Fresser.

Das Leben spielt vor der Tür: auf den Stufen oder winzigen Hockern sitzen und Zeitung lesen oder Tee schlürfen oder Domino spielen oder reden und den Kopf nach links zum einen und nach rechts zum anderen Nachbarn drehen. Während die ambulanten Scherenschleifer vorbeiziehen, die Gemüsehändler. Und der Mann mit dem Bauchladen schreiend die Fassaden entlanggeht, tapfer schreiend, dass der Mann mit dem Bauchladen gerade zur Stelle sei. Ein Freelance-Ohrenreiniger übernimmt für einen Yuan (10 Cent) die öffentliche Reinigung – wobei zwölf aufmerksam zuschauen – meiner beiden Ohren. Das behutsam nach draußen beförderte Schmalz wird säuberlich auf meinen Schultern deponiert. Als Beweisstücke gründlicher Arbeit.

Alle 50 Meter steht ein Herr mit einer roten Binde am rechten Oberarm herum. Intelligent wäre, gute Beziehungen mit ihm zu pflegen. Der Mensch sorgt dafür, dass die Wege manierlich bleiben, treibt die Stromrechnung ein und schlichtet Streit. Und trägt zu. Wer gegen die Regierung stänkern will, sollte es außer Hörweite tun. Peking wimmelt – auch lange nach Maos Tod – von nebenberuflichen Spitzeln. Denunzieren als Volkssport.

Im ersten Abendlicht, wenn ein *Hutong* am romantischsten aussieht, treffe ich den alten Sang May Sun. Mit nacktem Oberkörper und weißem Mongolenbart übt er Thai Chi Chuan. Kaum bog ich um die Ecke, schrie er mich an, natürlich auf Englisch: »I am deaf, please shout.« Offensichtlich ist er davon überzeugt, dass ich ebenfalls schwerhörig bin. Also schreien wir uns vergnügt an. Und Sang May Sun macht die wunderbar stillen Bewegungen vor und fordert mich gleichzeitig – gellend – auf, sie nachzumachen. Und so üben ein eleganter Chinese und eine eckige Langnase im Rot der jetzt erträglichen Pekingsonne die Kunst des Gleichklangs.

Doch der innigste Abend kam 24 Stunden später. George (alias Yu) und ich radeln den weiten Weg zum Poly Plaza Theatre. In einem Pulk von zweihundert Chinesen Rad zu fahren erweist sich als reinste Meditation: kein Reintreten, kein Leerlauf, kein Abbremsen. Auch kein Beschleunigen, kein wieder Stoppen und Loslegen. Dafür dieses gleichmäßig gleitende Fahren, die eine durchgehende Bewegung, diese so heilende Gleichmütigkeit.

Hinter den Türen des Theaters produzieren sie das Schwerste, was es gibt – Leichtigkeit: Chinesische Akrobaten segeln mit ihren Körpern durch die Luft. Wie kleine Vögel tauchen sie nach unten und nach oben und nach links und nach rechts und in alle restlichen Himmelsrichtungen. Ach, wir Zuschauer sind gewiss auf der dunklen Seite der Erde zur Welt gekommen, nie werden wir ihr Geheimnis begreifen. »We are all spellbound«, flüstert mir George ins Ohr. Er sagt nichts als die Wahrheit. Verzaubert blicken wir auf die Bühne, und keiner wagt noch einen Laut. Wunder fordern Atemlosigkeit.

KAIRO

Der Ort für starke Nerven

Ach, Kairo. Wer die Passkontrolle hinter sich hat, betritt eine Arena. Ich habe sie dreieinhalb Sekunden hinter mir, und Mohamed und Mohamed – viele Mohameds kennt die Stadt – und Radny umringen mich. Wir erreichen den Ausgang und haben uns inzwischen verdoppelt. Sechs der sechzigtausend Taxifahrer Kairos auf der Jagd nach Beute. Mohamed II. sagt einen vernünftigen Preis, zielsicher ziehen wir über den Parkplatz in Richtung seines rostigen Fiats.

Zu meinem Hotel ist es noch weit. Wir sitzen bereits, da springt Mohamed II. wild entschlossen vom Fahrersitz und rennt auf einen Mann zu, der sich ebenfalls wild entschlossen uns nähert. Und Tonnen von heißen Worten schütten sie aufeinander, schreien, deuten schreiend auf mich. Wahrscheinlich hat der Falsche die Beute abgeschleppt.

Augenblicklich sind wir in Arabien, und hitzige Palaver können dauern. So schultere ich den Rucksack und schleiche davon. Auf halbem Weg zurück schenkt mir Allah einen dritten Mohamed. Wir huschen zu seinem Wagen und preschen los.

Dieser rüde Kampf um ein bisschen Geld, wie er Respekt einflößt. Und von Kairo erzählt. Das die Nerven schindet und keines seiner Geheimnisse herausrückt, ohne dafür einen Eintrittspreis zu fordern: bedenkenlose, ja ruchlose Neugier.

Hilfreich wäre noch zu wissen, dass der Name Kairo von Al Qahira kommt: die Siegreiche. Und Al Qahira von Al Qahir: Planet Mars, Planet Kriegsgott. Wer also heil ankommen und heil davonkommen will, sollte sich bald auf die Suche nach jenen Ecken und Winkeln dieser Stadt machen, die ihn mit allem versorgen, wonach er so dringlich verlangt. Als Wiedergutmachung für ertragene Mühsal: wunderliche Frauen und Männer, Morgenland, sanftes Glück.

Bis es so weit ist, sind ein paar Umwege fällig. Ankunft im Hotel. Dass die Hauptstadt auf fünfzehn oder sechzehn oder siebzehn Millionen Einwohner zurast, glaube ich sofort, als sich das Gitter des Acht-Personen-Aufzugs schließt. Stürzten wir jetzt vom siebten Stock hinunter – unser Modell stammt aus britischen Kolonialtagen –, so käme ein knappes Dutzend im Keller an. Tot oder mehrfach gelähmt.

Wir ziehen zu viert in mein Zimmer. Der Erste öffnet die Lifttür, der Zweite macht sie zu, der Dritte trägt meine Tasche, der Vierte den Zimmerschlüssel. In den nächsten Tagen werde ich erfahren, dass meine Trinkgelder unter anderem dem Lebensunterhalt von insgesamt 47 Familienangehörigen dienen. Ein Sack Schuldgefühle, auch dem entkommt vor Ort kein Reisender.

Irgendwann allein. Ich will telefonieren, doch die Leitung wackelt, ich komme nicht durch. Eine Stimme sagt forsch: »Please replace the telephone.« Unheimlich, ich soll den Telefonapparat ersetzen. Ein paar Gedankensprünge später verstehe ich, was gemeint ist: »Leg den Hörer wieder auf.« Um es erneut zu versuchen. Noch ein Stress: Die Sprache, die nichts klärt, nur neue Verwirrung anhäuft. Von der Anstrengung, ein wackelfreies Telefon zu finden, nicht zu reden.

Um fünf Uhr morgens ruft mich Allah zu sich. Der Muezzin, nein, der Lautsprecher des Muezzins bohrt sich in meinen Schlaf. Wie 99 Prozent der Kairoer bin ich um diese Zeit nicht fähig, um die Vergebung meiner Sünden zu bitten. So werde ich von den Hunden bestraft, die nun heiser bellend auf das Gebrüll antworten.

Als ich den Frühstücksraum betrete, wird umgehend klar, dass den Einwohnern Kairos mit der Erfindung verschiedenster Beschallungsgeräte gleichzeitig ein Ohrlid wuchs: Musik für einen Kriegsfilm donnert durch den Saal, und nicht einer fasst sich schmerzwimmernd an den Kopf.

Hinaus auf die Straße. Ich bin noch nicht auf der anderen Seite, und zwei junge Kerle, einer links, einer rechts, fragen: »Do you remember me?« Der Satz soll Vertraulichkeit herstellen. Um mich anschließend in den Papyrusladen ihres Onkels abzuschleppen. Am nächsten Eck fängt mich ein Mordsdicker ab – »Welcome to Cairo!« – und zeigt auf das Schild über der Tür, »Gold & Silver«. Seine Botschaft, wie übersichtlich: Kauf einen Sack Geschmeide, und du bist willkommen! Hundert Meter weiter besitzt einer Witz, mit freudig verblüfftem Gesicht läuft er neben mir her und ruft bravourös geheuchelt: »You look like an American actor.« Denn für einen amerikanischen Schauspieler habe er ein paar feine Adressen, wo sich »best looking ladys« auf meinen Besuch freuen würden.

Mir fällt ein wirklicher Amerikaner ein, Mark Twain, der auch einmal in Kairo unter die Räder der Fänger und Bakschisch-Hungrigen kam und erschöpft notierte: »Wir litten Qualen, die keine Feder beschreiben kann.«

Glücklicher Twain, wäre er heute am Midan Ataba vorbeikommen, es hätte ihn weggefegt. Denn vor 150 Jahren – da traute er sich in die Stadt – waren menschliche Lungen und Trommelfelle noch nicht stabil genug, um ein solches Monster an Kreuzung ohne Sinnenschwund zu überstehen.

Wer vom modernen Kairo ins alte will, muss über diesen Midan, diese Schnittstelle. Ich muss. Und so hört sie sich an: die Flüche der Taxifahrer über die Fußgänger. Die Flüche der Fußgänger über die Taxifahrer. Die Schreie der Polizei, die ambulante Händler verjagt. Deren Schreie. Die Schreie der Zutreiber, die Kunden in die Busse treiben. Die Presslufthämmer der pyramidalen Baustelle mittendrin. Die Sirenen der Polizeiautos, die Sirenen der Krankenwagen. Die orgelnden Stereoanlagen an den Lenkern der Motorrollerfahrer. Die frenetischen Musiklawinen, die aus den Geschäften fauchen und wie Flammenwerfer die vorbeieilenden Passanten heimsuchen. Die Hupkonzerte der Hochzeiter und die Hupkonzerte all jener, die den schönsten Tag im Leben bereits hinter sich haben. Das Krächzen eines Taubstummen. Die Gasmänner, die auf ihre Gasflaschen hämmern, um zum Verkauf zu animieren. Die Schrotthändler, die »bekia, bekia« brüllen, *Schrott, Schrott.*

Es müsste hundert Wörter für »Lärm« geben, um jeden Krach auf diesem Platz zu benennen: vom Stupser auf die Hupe bis zum Kairoer Trompeten-von-Jericho-Massaker eines Omnibusfahrers.

Noch ein Hinweis für Zeitgenossen mit sensiblen Nasen: Vor 240 Jahren ließ ein gewiefter Sultan überall in der Stadt Fleischstücke aufhängen. Er wollte wissen, in welcher Gegend sie am schnellsten verrotten. Um anschließend seinen neuen Palast dort aufstellen zu lassen, wo die Luft am saubersten roch.

Ein Batzen Fleisch, heute mitten auf einer Kairoer Kreuzung baumelnd: Schon in den frühen Nachmittagsstunden würde er faulen und stinken.

Soweit die kalte Seite der Wahrheit.

Nun die warme, jetzt kommt Kairo, die Verwunschene. Weil sie Rätsel bietet, die jeden, sagen wir, jeden Hartnäckigen zu kleinen Veitstänzen der Freude verführen. Wunderlichkeiten, die woanders auf dieser Welt nicht auftauchen.

Bin ich neu irgendwo, dann spiele ich den Angeber, führe mich auf, als wäre ich einer, der sich auskennt. Dabei hilft am besten, wenn man den Gang des Fremden ablegt, das Zögerliche, das Ungewisse, die suchenden Blicke. Ich praktiziere das seit Jahrzehnten, und ich wette, es funktioniert. Ein Tag muss sein, mehr nicht, und ich bewege mich wie ein Einheimischer. Klar, ich sehe noch immer wie ein Fremdling aus, aber eben wie einer, der da lebt, sprich einer, der die Tricks kennt, die ewig alten Sprüche, die Fallen. Und deshalb weniger oft als tumber Tourist belauert wird, eher als einer, der souverän die Verlocker, die Charmeure und penetranten »businessmen« auf Distanz hält.

Ich treffe Selim. Mitten im mittelalterlichen, siegreichen Kairo. Das mit den tausend Gässchen und Nebengässchen, den nonchalant streunenden Hunden und Ziegen, den »Weg! Weg!« zischelnden Radfahrern mit dem Berg Brotfladen auf dem Kopf, mit den hauptberuflichen Einölern, die mit überlangen Pinseln quietschende Scharniere schmieren, mit Karim, dem Wäschebügler, der mit wasservollem Mund die Hemden seiner (unwissenden) Kundschaft einsprüht.

Ich frage Selim, ob er glücklich sei, und der junge Französischstudent sagt weise: »Ich bin frei.« Ein amüsanter Kerl, als »Conversateur« hat er sich vorgestellt, als einer, der gern konversiert, gern parliert. Und wir schlendern ins windschiefe Café El Hakim, benannt nach dem wahnsinnigen Kalifen, der sogar die Herstellung von Damenschuhen verbot. Um sicher zu sein, dass keine Frau sich auf die Straße wagte.

Reden und schauen. Ein Schaf schmust mit einer Katze, ein Brunnen plätschert, eine andere Katze überquert die Steinfliesen unter den Stühlen, die Sonne wirft einen Lichtkreis auf den Boden, der stille Tariq bringt die Wasserpfeifen, im Gegenlicht ringelt sich der Dampf aus den Teegläsern, und Selim erzählt die Geschichte von seiner Freundin Aisha, die er heimlich besucht. Und die ihn heimlich empfängt. Denn noch immer schmusen in dieser Stadt nur die Tiere in aller Öffentlichkeit.

Mit einem heiteren Dusel im Kopf – beschwingt von einer Liebesgeschichte und zwei Shishas – mache ich mich auf den Weg zum Kräuterhändler Hosni. Selim hat ihn empfohlen und den Weg beschrieben. Trotzdem verirre ich mich. Wie erfreulich.

So stehe ich plötzlich vor drei Kindern, Höchstalter zwölf. Das Trio arbeitet als Akrobaten, zieht durch die Gegend, springt durch brennende Felgen mit den spitz nach innen montierten Messern. Rami, der vierte Steppke, feuert sie an, wirbelt auf der Trommel. Und geht vorher (!) – das entbehrt nicht einer gewissen Ironie – mit einer Blechdose herum und bittet um ein paar Münzen.

Nochmals vierzehn Ecken. Und irgendwann vorbei an einem Mann, der vor einem Berg Büstenhalter sitzt und zart – vor der Damenkundschaft – die Körbchen drückt. Der handfeste Beweis, dass die Ware etwas taugt.

Dann Hosnis Kräuterladen. Der Mensch soll mich heilen. Vor Tagen fiel ich vom Rad, und seitdem schmerzt das Kreuz. Hosni wird mich retten. Nicht seine Essenzen und Extrakte, die er mit gehörigem Hokuspokus mischt, werden Linderung verschaffen.

Nein, er und sein Singsang erledigen das. Der begnadete Einluller bietet mir sein Sofa an und lässt tausend Wörter los, die Grandioses verkünden: einen für immer biegsamen Leib, einen strahlenden Rücken, eine selige Zukunft, einen noch Ewigkeiten dankbaren Käufer. Aus dem Hintergrund dringt sacht Musik, Radio d'Illusion sendet. So heißt der Sender tatsächlich.

Ich wandere durch Al Gamaleyah, das verschlungene Quartier, in dem einst Literaturnobelpreisträger Naguib Mahfuz seine Kindheit verbrachte. Und sich alles merkte, um es später in seine Bücher zu schreiben. Direkt daneben liegt der »Nördliche Friedhof«, eine von drei »Städten der Toten« Kairos. Irritierender kann ein Name nicht sein. Denn hier leben sie. Hunderte, Abertausende haben die Mausoleen und Grüfte seit Generationen besetzt. Da vertrieben von maßloser Wohnungsnot, da verschreckt von der Aussicht eines einsamen Daseins in einem Trabantensilo.

Eine Beerdigung findet gerade statt, der Trauerzug zieht vorbei, ein paar zufällige Besucher heben den rechten Zeigefinger nach oben. Als Zeichen, dass nur ein Gott existiert. Ich trotte hinterher. Nach Minuten erreichen wir die Begräbnisstätte der Familie.

Alles geht seinen gewohnten Gang. Ein halbes Dutzend Frauen, vermummt in ihren schwarzen Malabayas, wartet bereits. Einige reden, einige schluchzen. Zwei Totengräber nehmen die in weißes Tuch gewickelte Leiche von der Bahre und legen sie in die Vertiefung, routiniert schaufeln sie die Erde in das staubige Loch. Nun kreischen Ehefrau und Töchter. Die Söhne des 51-jährigen Toten beruhigen sie. Der Schmerz wird leiser.

Über den Friedhof flanieren. Am Leben bleiben ist anstrengend in Kairo, aber Totsein hat auch seine Tücken: der braune, rissige Boden, die verwahrlosten Gräber, manchmal ein Bündel dreckiger Plastikblumen, die Hunde, die eher scheu und dünn zwischen den Platten nach Nahrung schnüffeln, zuletzt, wie jetzt, ein müder Himmel, grau versiegelt, drückend.

Für die meisten gibt es weder Strom noch fließendes Wasser. Dafür haben sie etwas schier Unbezahlbares: Stille. Ihre Mitbewohner, die Toten, sind geräuschlos, Totenstille herrscht.

Ich begegne Gamil. Gar nicht unglücklich. Er hat eine Karriere hinter sich, so sagt er, er schaffte es vom Gemüseverkäufer zum Grabwächter. Er teilt frischen Leichen ihre Grube zu. Und bei den Lebenden, die auf der Suche nach einer Unterkunft vorbeikommen, tritt er als Makler auf. Für einige Scheine rückt er »Adressen« heraus, die seit Jahren aufgegeben sind, wo sich keine Seele mehr um die Toten kümmert, der »Wohnraum« folglich ab sofort zur Verfügung steht.

Gamil wurde hier geboren, wie sein Großvater, wie der Vater. Geburtsort: Friedhof. Das klingt wundersam ironisch in westlichen Ohren. Hier nicht. Gamil führt mich zu einer vor Stunden geöffneten Kammer, schiebt zwei sperrige Skelette enger zusammen, muss Platz schaffen für einen angekündigten Leichnam. Er sagt glatt: »El hamd lilaha, *Gott sei Dank,* ich habe Arbeit.«

Er nimmt mich mit zu sich, in sein – nicht ein Hauch Sarkasmus liegt in seiner Stimme – »Wohnzimmer«: die Leichenhalle. Freundliche, unkomplizierte Begrüßung mit seiner Frau Menna, die Tee und Plätzchen auf den Tisch, sorry, auf einen der uralten Sarkophage stellt. Der Fernseher läuft, eine Quizsendung, und wir sitzen auf plastiküberzogenem Acrylplüsch, hellblau und hellrosa. Und plaudern. Eine wunderlich absurde Situation, die absolut wirklich ist.

Drei dieser riesigen Friedhöfe gibt es. Und wer etwas vom Leben und Sterben der Menschen lernen will, der ist hier richtig. Am nächsten Tag treffe ich Sair. Wieder rein zufällig. Lange arbeitete er in einer Schuhfabrik. Dann machte das Unternehmen bankrott, und er zog um. Vor 23 Jahren, aus der Wohnung, für die er die Miete nicht mehr zahlen konnte, mitten in die Gräber. Eine Anschrift für starke Nerven. Die sechsköpfige Familie verfügt über ein einziges Bett. Und neun Quadratmeter. Sair ging nur kurze Zeit zur Schule, er sammelt Alteisen und verkauft es. Würde hat er, er lässt sich nicht gehen, er legt Wert auf saubere Kleidung. Auch er ist Teil einer Gesellschaft, in der Rechtlosigkeit als tägliches Gesetz umgeht. In einem Staat, dessen Bewohner nicht nur von ihren Politikern zu (bettelarmen) Narren gemacht werden, sondern selbst von ihren Göttern und Propheten:

Sair und ich sind allein, so kann er reden. Er ist bedrückt, er will sein Unglück erzählen. Und er redet offen, so, als wäre er froh, dass jemand zuhört. Drei Töchter hat er und nur einen Sohn. Die Jüngste kam vor fünfzehn (!) Monaten zur Welt. Ein einziger männlicher Nachfolger, das geht nicht. So muss Sair so oft wie möglich ran an seine Frau. Damit noch ein Sohn auftaucht. Und sein Männerherz Frieden findet, und damit alle fünf Kinder – die zwei dann und die drei – im Dreck landen. Wie er. Damit die Ausweglosigkeit ausweglos bleibt. Damit kein Funken in die Zukunft leuchtet.

»Ist das gerecht, dass ihr so lebt?«, frage ich blöd. Und Sair, ruhig: »Man darf nicht widersprechen.« Über der Waschschüssel hängt eine Sure aus dem Koran: »Allah vergisst keinen.« Das sinnleere Versprechen dient wohl als Firewall gegen die Verzweiflung.

Links von den Sprüchen des »Allerbarmers« klebt das Hochzeitsfoto von Sair und seiner hübschen Alisa. Auch er schmuck und mit einem leichten Lächeln im Gesicht. Wie dieser Moment so vieles versprach: Er war fest angestellt, sie machte eine Ausbildung, beide waren jung und lebten in sauberen, soliden Verhältnissen. Und keine Hoffnung überlebte, jede endete in einer Sackgasse.

Beim Abschied habe ich das Gefühl, dass ich bedrückter bin als Sair. Aber ja, er sieht durchaus seine Lage, doch irgendetwas beschützt ihn. Sein Herz schwärt nicht. Warum? Seine Religion? So eine nonchalante Gleichgültigkeit? Ich weiß es nicht.

Woody Allen fällt mir ein. Er wollte seinen in Manhattan gedrehten Film »Annie Hall«, *Der Stadtneurotiker*, ursprünglich »Anhedonia« nennen. Das griechische Wort für seine (unsere) Unfähigkeit zur Freude, zum Glück. Nun bietet ja Kairo eine Million mehr Zumutungen als New York, um düster zu werden und kerzengerade in den Irrsinn zu gehen. Auf seltsame Weise geschieht jedoch das Gegenteil: Kein elend trostloses Lebensgefühl geht um, kein abendländisch europäischer Trübsinn verdunkelt die Gesichter. Vielmehr, trotz mancher Ausnahme, herrscht »Hedonia«, *Frohmut, Gleichmut.* Nicht überschäumend und berstend, auch nicht 24 Stunden am Tag. Aber als Fundament, gewiss.

Schuld an dieser Seligkeit ist ihre Sprache. Die Wirklichkeit interessiert so wenig. Was zählt, ist jedermanns Fähigkeit, sich aufunddavonzureden. Das Alphabet dient als Sprungbrett ins Reich der Fantasie. Um Träume zu weben. Um über die Beschwerden des Alltags hinwegzugleiten. Weiß jemand ein innigeres Beispiel für ihre Verführungskraft als die Geschichte von Scheherazade, die tausendundeine Nacht lang plapperte, um nicht wie alle Jungfrauen vor ihr den hübschen Kopf zu verlieren? Ihre Wörter waren ihr Wortschatz, ihr Juwel, um am Leben zu bleiben.

Dieser Tresor erinnert an jene »Palaces of Perfumes«, die seit Jahrhunderten in Kairo stehen. Oft gerade da, wo die Stadt am heftigsten riecht. Düfte und Worte, nicht vieles ist unerschöpflicher und zauberischer, um mit einer anstrengenden Welt fertigzuwerden.

Wer durch Old Cairo fährt, dem ist nicht zu helfen. Denn Gehen ist die erste Pflicht des Reisenden. Dann wird er beschenkt, allerorten: mit einem Esel und seinen 300 Paar Sandaletten auf dem Rücken, mit vier Männern, die ein Doppelbett mit – am Kopfende (!) – eingelegten Spiegeln eine aberwitzig enge Treppe hinauftragen, mit einem Bettler, der, »Gott gibt« krächzend, die Hand ausstreckt, mit einem Alten, der mit einem Pappkarton – Aufschrift: »Baraka«, *Glück* – entlang der Reihen eines Cafés zieht und jedem gegen Kleingeld Frischluft zuwedelt, mit Müllabfuhrgebühren-Kassierer Tarek, der mit Amar, dem ihm hauptamtlich beigestellten Geldträger, unterwegs ist, um längst fällige Beiträge einzutreiben, und der, so vertraut er flüsternd, immer erst kommt, wenn die Dreckhaufen auf der Gasse – »So zahlen sie endlich!« – in die Wohnungen der Anlieger fluten, ja, wird belohnt mit einem Abdullah, der ein lang gerolltes Eisenkabel von Überschwemmung zu Überschwemmung trägt, um ein Loch in die verstopften Gullys zu bohren, damit irgendwann die seit Wochen stinkende Kanalbrühe wieder verschwindet, mit einem fliegenden Apotheker, der aus seinem Bauchladen »Pillen, um ein gleichgültiges Herz zu wärmen«, herauszieht, mit Amira, einer jungen Frau, die in einem Verschlag sitzt und für einen Großkunden rosa Knöpfe auf Gürtel für Bauchtänzerinnen näht, mit Ibrahim, der mit seinem mobilen, kerosinbetriebenen Lötkolben die Blechtöpfe der Nachbarschaft repariert, mit Mahmud, der seine zwei Riesenspinnräder aufstellt – imposante 90 (!) Meter voneinander entfernt –, um seine Riesenfäden zu spinnen, mit Hassan, dem Buchhändler, der niemals ein Buch zum Lesen verkauft, da er die großen Schwarten kiloweise an nie lesende Fleischer und Gemüsehändler abgibt, die mit den herausgerissenen Seiten ihre Hammelkeulen und Salatköpfe einwickeln.

Und mit dem zwölfjährigen Amre, der auf einem der tausend Misthaufen nach altem Draht sucht, den zerschlissenen Sack auf dem Rücken. Er fällt mir auf, weil ein buntes Stück Papier aus einer der Hosentaschen lugt. Ich bitte ihn, es mir zu zeigen. Es ist der Fetzen eines Stadtplans, er zeigt den Standort eines Flughafens, »aeroporto« steht da und daneben »Roma«. Eifrig deutet Amre auf das Symbol eines Flugzeugs und ahmt mit der rechten Hand den Flügelschlag eines Vogels nach. Der Junge kann keine Buchstaben verstehen und hat doch alles begriffen: Er will weg, will abhauen. Sauber faltet er den Evakuierungsplan zusammen, küsst ihn und schiebt ihn wieder in seine Tasche.

Vor über 180 Jahren besuchte der englische Politiker Benjamin Disraeli die ägyptische Hauptstadt. Später beschrieb er eine Szene, in der ein Eunuch die von einem öffentlichen Bad kommenden, tief verschleierten Frauen zurück zu ihrem Arbeitsplatz, ihrem Harem, begleitete. Als Aufpasser.

Mir ist dieser Auftritt entgangen. Dafür begegne ich zwölf Männern, die geordnet und paarweise hintereinandergehen. Das Rätsel löst sich, als ich die sechs Handschellen sehe, die je zwei verbinden. Der 13. Mann ist ein Polizist, kein Kastrierter. Aber bewachen muss auch er. Eine wüste Schlägerei mit Messer und Knüppel, höre ich, sei der Grund des Aufmarsches. Manchen kleben noch die Blutspuren an Kinn und Schläfe. Inzwischen scheint das Adrenalin versiegt zu sein, denn die Rowdys unterhalten sich angeregt, erzählen sich Witze, flachsen mit dem unbewaffneten (!) Beamten. Der flachst ebenfalls. Einen der Schläger begleiten Ehefrau und Tochter.

Am Ende des langen Fußmarsches durch die Altstadt geschieht ein Mirakel. Jetzt öffnen sich die Pforten des Orients. Wir erreichen die Ahmad-Maher-Straße, rechts liegt das Polizeipräsidium, links ein Kaffeehaus. Und alle gehen dort hinein, je ein Duo, noch immer gefesselt. Bald blubbern die Wasserpfeifen, Getränke kommen, jedermann bestellt ein Sandwich. Raufen macht hungrig. Danach Siesta. Sitzen, schauen, schlummern. Auch der wachhabende Polizist unterbricht bisweilen die Wache, rutscht mit dem Kopf nach hinten, atmet gleichmäßig durch den offenen Mund.

Das alles ergibt Sinn, wenn man erfährt, dass seine Kollegen augenblicklich vollauf mit der Registrierung anderer Missetäter beschäftigt sind, weshalb das verbeulte Dutzend hier zwischengelagert wird. Um noch früh genug in den weniger gemütlichen Aufenthaltsräumen ägyptischer Zuchthäuser Quartier zu beziehen. Oder die zweite, die wahrscheinlichere, Lösung: Die Raufbolde sollen während der Teepause Kontakt mit ihren Familienangehörigen aufnehmen (an der Theke steht ein Telefon) und sie bitten, das nötige Schmiergeld mitzubringen. Um die Angelegenheit außergerichtlich zu regeln.

Lucky guys. Kein Toter blieb nach ihrer Prügelei liegen, keiner hat einen anderen kaltgemacht. Das beruhigt. Denn eine Gasse weiter befinden sich die Todeskerker. Als ich an der hohen Mauer entlanggehe, treffe ich einen jungen Soldaten, der sich schreiend mit einem Gefangenen unterhält, der den Mund durch die Gitterstäbe seiner Zelle im dritten Stock presst.

- Kommst du morgen auch?
- Ja, natürlich. Brauchst du etwas?
- Nein. Ich bin müde. Ich habe Rückenschmerzen.

Wie erstaunlich. In fünf Tagen – so Ehab, der Soldat und Cousin – wird der 30-Jährige hinter dem Eisengitter hingerichtet. Wegen Raubmords. Der Tod wartet. Und sie reden über die banalsten Dinge des Lebens.

Jetzt muss wieder Leichtigkeit her. Ich will von einem Vorfall berichten, den ich nicht glauben würde, wäre ich nicht – nur Meter entfernt – Kronzeuge gewesen. Hinterher begriff ich, wie elegant man mit der Wirklichkeit umgehen kann. Unfassbar, wie verschieden Menschen sein können.

Tatort: Tahrir-Platz. Tatzeit: 9.03 Uhr, *Rushhour*. Täter: ein Verkehrspolizist, ein Busfahrer, das rasende Volk. Tat: Polizist regelt den Verkehr, der ihn wie Lavafluten umzingelt, und erkennt plötzlich in einem vorbeifahrenden Bus den Fahrer, einen Bekannten. Und hält ihn an. Und eine Sternstunde der Menschheit beginnt. Denn das prompt ausbrechende Chaos auf dem größten und hässlichsten Kreisverkehr Afrikas nehmen die zwei nicht wahr. Nur der wunderschöne Augenblick soll zählen. Am Steuer sitzt Ali, nennen wir ihn so, der nun das Seitenfenster nach links schiebt und seinem Buddy eine Zigarette anbietet. Und sie rauchen, plaudern, werden zehntausendmal gehasst, zehntausendmal angeschrien, zehntausendmal niedergehupt. Ach, wen kümmert's, wenn menschliche Wärme ausbricht, wenn Freunde einander begegnen?

Wie ich die beiden beneide. Mit einem solchen Lebensgefühl wird man geboren, das ist eine Gabe, eine von den Göttern verliehene Gnade. Wir drei, sie und ich, sind wohl die Einzigen, die inmitten des Kessels dieses geradezu metaphysische Weilchen genießen.

Die Situation passt wie inszeniert auf das, was folgt. Ich besuche die »Mogamma«, ein monströses Verwaltungsgebäude, das direkt neben dem Tahrir-Platz liegt. Eine pyramidale Betonwarze, persönlich von Stalin dem (damals) sozialistischen Land am Nil vermacht. In den vierzehn Stockwerken wird (bisweilen) über das Glück und (öfters) über das Unglück der knapp hundert Millionen Einwohner Ägyptens entschieden.

Das Machtzentrum, in dem rund 18 000 verbeamtete Mehlsäcke nichts, okay, fast nichts auslassen, um die täglich mehr als 50 000 (!) Antragsteller – für Ausweise, Führerscheine, Baugenehmigungen, Hochzeiten, Scheidungen, Todesfälle, Geburten und was immer dem Terror der Bürokratie ausgeliefert ist – an den Aberwitz des menschlichen Daseins zu erinnern.

Ich husche an Hunderten von (offenen) Büros vorbei und sehe Hunderte von Teeschlürfern oder schweren Brütern, jene Rasse pfiffiger Funktionäre, die eine Stellung trainiert haben, die konzentrierte Anwesenheit vortäuscht, doch profundes Dösen kaschiert. Zentner von Altpapier – darunter Gesuche aus dem letzten Jahrzehnt – stapeln sich auf ihren Schreibtischen, eine Art Schutzwall gegen die Zumutungen der Welt. Die Zentner und der Schlafplatz, so sagen die Opfer der bravourösen Ineffizienz, sind vererbbar. Aufsteiger werden hier nicht befördert, man bettet sie um.

Ich suche jemanden, der mir etwas über die Geschichte der Mogamma erzählen kann. Insidergeschichten, nicht die Allerweltsnachrichten, die im Netz kursieren. Das geht so: Einer notiert den Namen eines Wissenden, ein anderer weiß dessen Büronummer, ein Dritter informiert mich, dass der Mensch wahrscheinlich nicht anwesend ist, und ein Vierter meint hoffnungsvoll, ich solle es morgen wieder versuchen.

Ja, ich habe es versucht, aber der eine, der Abwesende, blieb fort. Jeden Tag.

Zurück ins alte Viertel. Ich muss mich erholen. Leblosigkeit macht tot. Ich komme am Khan-al-Khalil-Basar vorbei, dem größten Umschlagplatz für Klimbim, großzügig ausgebreitet für ausländische Kreditkartenbesitzer. Ich sehe einen Westler, der mehrere Gegenstände in die Hand nimmt und fragt: »How much?« How much diese Suppenschüssel? How much die beiden Dolche? How much das Teeservice? How much Ägypten? – Ach, Mister, du kannst das Land nicht kaufen, du kannst es nur erleben.

Ich finde das Hammam Margushi, ein türkisches Bad, leicht verfallen und hinterhofdunkel beleuchtet. Die große, viereckige Wanne ist älter als die fünf Greise, mit denen ich sie teile. Das warme, weiche Wasser. Sie kichern, als ich hineinsteige. Dann Stille, nur unser langsamer Atem und das sanfte Geräusch, wenn einer das Bassin verlässt. Um träge zu schlummern auf dem geheizten Steinboden. Insel der Seligen. Nichts ist weiter weg als die zehn Meter ferne Straße, nichts näher als der Zustand dämmriger Zufriedenheit.

Irgendwann kommt Sahal, der Hausmasseur. Der Wort hält und meinen Leib nicht wie einen Brotteig durchwalkt, nicht an meinen vier Gliedmaßen zerrt, als müsste er testen, wie lange sie am Torso befestigt bleiben. Behutsam besänftigt er den Körper, benutzt seine Hände als Sedativum, muss mich eine Stunde später aufwecken, um daran zu erinnern, dass alles Schöne ein Ende hat.

Ach, sagen die Hoffnungslosen, Kairo wird eines Tages platzen. Aber nein, es ist eine Ewigkeit zum Wachsen verurteilt. Versprochen, Kairo ist ein ruinöses, bettelarmes, ohrenmassakrierendes Ereignis, bloß, gemein, abweisend, rabiat verschlossen. Das alles und das Gegenteil ist es auch. Wer hier vorbeikommt, um an seine Wirklichkeiten heranzukommen, der sollte Muskeln mitbringen. Und Zähsein lernen. Er wird belohnt werden.

Wer träumen will, der steige am frühen Abend, wenn man einen Hund nicht mehr von einem Wolf unterscheiden kann, auf eines der Minarette der Al-Azhar-Moschee. Um von ganz oben nach unten zu schauen. Die Entfernung schluckt dann den bestialischen Lärm, die Dämmerung verheimlicht die Desaster, kein armer Schlucker taucht auf. Lichtlein glitzern. Das Flair einer Weltstadt weht in den Himmel.

Der Schluss soll Ahmed gehören, einem meiner Lieblingsmenschen vor Ort. Er ist ein Geschenk, ein Kuppler, ein Vernebler, hui, ein Entflammer von überirdischer Begabung. Gleich bei meinem ersten Nachtspaziergang lief er mir über den Weg. Von Anfang an lauschte ich ergriffen seinen Verheißungen auf Leila, die mokkafarbene Sünderin, die nur darauf wartete, mit mir zu sündigen.

Ahmed schwor alles, Frauen, Drogen, Boys, Deals, ich müsse nur meine Vorlieben aufzählen, und er werde handeln. Klar, ein paar Scheine meinerseits wären durchaus willkommen. *Upfront*, als Anzahlung. Sogar Künstler hätte er an der Hand, Musiker, Schriftsteller, »no problem«: Ich suche aus, und er hext das Gewünschte herbei.

Auf den Mann war Verlass. Nie sprach er die Wahrheit. Natürlich log er nicht. Was für ein hartes, so falsches Wort. Ahmed war nur ewig blitzblau von seinen Halluzinationen. Sie entführen ihn, er benutzt sie als Tarnkappe, um der knallharten Realität zu entkommen.

Hier das famoseste Beispiel, um den Zauber und die dunkle Rückseite Kairos zu bezeugen: Nachts ist Ahmed, der ehemalige Kaffeehauskellner und noch immer Kettenraucher, als »Businessman«, sprich Hausierer, unterwegs. Manchmal half ich aus.

An diesem Abend galt es, zwei 90 mal 130 Zentimeter große Gemälde und vier rot lackierte Blumenvasen auf dem Khan-el-Khalili-Basar abzuschlagen. Billigster Speicherplunder. Von wegen, Ahmed weiht mich ein. Bei den Ölschinken – »Schafsherde im Frühnebel« und »Jesus mit Magdalena« – handle es sich, jetzt wörtlich: »um Originalstücke aus dem späten 17. Jahrhundert, lange verschollen«. Dass die Vasen vor 200 Jahren in Paris – »Style Empire!« – hergestellt wurden, ich hätte es wissen müssen.

Wir verlassen seine Wohnung. Vor der Haustür beginnt das tatsächliche Leben: der unbewegliche Verkehr, die schmale, ausweglos verstopfte Straße, Esel, Minibusse, Taxis, Radler, Eisengittertransporteure, ein Schubkarrenschieber, ein Pferdegespann mit aufgeladenem Hausrat. Und keiner und nichts rührt sich. Doch einer bewegt sich, zwängt sich durch, »Schafsherde im Frühnebel« und »Jesus mit Magdalena« nach oben streckend.

Das ist Kairo, der Fluch. Und das ist Ahmed, der Allesversprecher – der mit den tausend Sehnsüchten im Kopf und der gemeinen Bronchitis in der Brust.

UNITED STATES NAVAL ACADEMY

Wo Amerikaner das Siegen lernen

Cindy Crawford, einst schön und berühmt, wurde einmal gefragt: »Was muss ein Topmodel beherrschen?« Und Cindy, überraschend hellsichtig: »Aufrecht am anderen Ende des Laufstegs ankommen.« Sogar ihre Plattfüße wurden in dem Interview erwähnt: »Ein Hindernis?« Und die Fachfrau: »No problem.« Auch damit kann man ganz nach oben klettern.

Gut, dass Cindy nie an eine Karriere in der Navy dachte. Sie wäre gescheitert. Wie Poom, der Glücklose. Seine Geschichte gibt zu denken: Am 23.11.1942 wird das britische Kriegsschiff SS Benlomond torpediert, der Chinese Poom Lim ist der einzige Überlebende. Auf einem kleinen Boot treibt er – Regenwasser trinkend und Fische fangend – über vier Monate im Pazifik. Bis ihn am 3. April 1943 ein Fischerboot sichtet.

Der Mann kam ins Buch der Rekorde, als einer, der am längsten auf dem Meer trieb. In die amerikanische Navy, für die er sich anschließend bewarb, kam er nicht. Wegen »flat feet«, wegen *Plattfüßen,* wurde er nach Hause geschickt.

Viele Jahre nach Pooms großer Einsamkeit beherbergt Annapolis, Hauptstadt von Maryland, noch immer die United States Naval Academy. Ich nähere mich dem »Gate One«, ein junger Kerl in Uniform steht mit geballten Fäusten daneben. Man ahnt die unterm Hemd lauernden Muskeln und fürchtet einen bellenden Roboter, der alles verweigert. Doch alles ganz anders, »Aye, aye, Sir«, sagt er lässig und winkt mich durch. Ich hätte es wissen müssen: Die Starken sind cool, nur die Schwachen stänkern.

Sekunden später muss ich wieder umdenken. War ich doch auf einen betonkalten Kasernenhof gefasst und lande zwischen

Linden, Pappeln und Kastanienbäumen. Bald werde ich erfahren, dass die meisten Gebäude hier unter Denkmalschutz stehen, und das Gras der knapp 140 Hektar zu den »zehn bestgepflegten Rasen des Landes« gehört.

Ich wandere an den Rändern der Anlage entlang, an drei Seiten von Wasser begrenzt. Acht Uhr morgens, schon jagen Jogger und Radfahrer über das Gelände, kaum ein Laut zu hören, nur das Keuchen ihrer Lungen. Was auffällt: Sie lächeln, wenn sich die Blicke kreuzen. »Excellence without arrogance«, *top sein, ohne zu protzen,* heißt das hiesige Motto.

Am 10. Oktober 1845 wurde hier die erste Naval School der amerikanischen Marine eröffnet. Ein lausiges Fort mit sieben erbärmlichen Baracken. Ein halbes Hundert Halbwüchsiger lebte in je einer der Bruchbuden, in die trüber Schnee fiel, der selten schmolz.

Das viele Wasser – der Severn River, der weiter südlich in den Atlantik floss – beruhigte die Verantwortlichen. Die Gefahr, dass die Jugendlichen – alle im »bullage«, im saftigen *Stieralter* – nachts nach Annapolis ausbrachen, um »booze and girls« zu konsumieren, um der Trunksucht und Unzucht zu verfallen, diese Gefahr schien gebannt. Fast. Abzuschaffen war sie nie, denn hinter der Ostseite trennen keine Fluten vom Laster, nur eine lange, hohe Ziegelmauer. Noch heute gehört »climbing over the wall« zu den (gemein bestraften) Lieblingssünden der inzwischen 4000 Kadetten.

Gespräch mit Lieutenant Randy J. Roberge, er ist mitverantwortlich für die gigantische Maschinerie der Zulassungsprozedur. Die Navy muss kämpfen: Der Verteidigungshaushalt wurde gekürzt, der so zuverlässige Todfeind – die innig verteufelte Sowjetunion – ist tot, und die Wall Street schleudert von einem Hoch ins nächste. Daraus folgt: Berufssoldat sein sichert Zukunft und Pension, doch eine schnelle Idee an der Börse überhäuft mit Glanz und Dollarkisten. Noch nie standen Zwölfjährige (!) – sie bekommen per Post die ersten Werbeschreiben der Navy – vor so vielen Möglichkeiten.

Dennoch, noch immer melden sich pro Jahr knapp 12 000.

Roberge sagt den einfachen Satz: »We don't want the weak«, *wir mögen keine Schwächlinge.* Deshalb hat man sich ein diabolisches Aufnahmesystem ausgedacht. Damit die Schwachen gleich zu Beginn auf der Strecke bleiben, hier die Vorbedingungen: nicht jünger als 17, nicht älter als 22, nicht verheiratet, nicht schwanger, nicht sorgepflichtig, nicht doof (»be bright«) und – aber ja – »of good moral character«.

Auf den guten Menschen gehen dann Papierlawinen nieder. So geheimnisvolle Fragen wie »Bist du lieber Leuchtturmwächter oder Oberkellner?« sollen das Unbewusste bloßlegen. Wer die 30 Seiten Indiskretion hinter sich hat, braucht die »Empfehlung« eines Senators oder Congressman seines Staats. Zuletzt wird ein medizinisches Zertifikat gefordert – und ein seltsam erheiternder Fitnesstest: Unter anderem besteht die Prüfungskommission auf einen »standing long jump«, *Weitsprung aus dem Stand,* wobei zur Überwindung der Schwerkraft, so steht's geschrieben, »mit den Armen gewedelt« werden darf.

Was sie bei den Aufnahmegesprächen finden wollen: »leadership potenzial«. Hier unterrichten sie keine tabakspuckenden Seemänner, die steilsten Masten hochzuflitzen, sondern »leaders«. Jene Rasse von Zeitgenossen, die möglicherweise weder akademisch, noch sportlich hervorstechen, aber über das strahlende Talent verfügen, andere zu motivieren, ihnen ihre Mutlosigkeiten auszureden und – ergreifendes Wort aus einem Soldatenmund – sie zu »enthusiasmieren«. Unwiderruflich wahr an diesem Ort der Erde: Wo ein Wille, da ein Held.

Schwer zu sagen, ob Roberge öfter »Herausforderung« oder »Motivation« sagt. Jemand in der Runde meint trocken: »We scorn the whimp«, *wir schmähen die Winsler.* Die Botschaft ist endgültig angekommen: kein Ort, nirgends, für Jämmerlinge.

Der Kandidat muss das Gefühl vermitteln, dass er ohne die Navy nicht weiterleben will. Die 1200, die 10 Prozent, die zuletzt akzeptiert werden, sollen sich amortisieren. Eine Viertelmillion Dollar kostet den amerikanischen Steuerzahler die vierjährige Schulung, pro Mann, pro Frau.

Ein Europäer kann nur mit offenem Mund über das Gelände

gehen. Weil die Dimensionen umwerfen: Über eine Tonne Briefe und Pakete überschwemmen täglich das hauseigene Postamt. Ein Blick auf die Geräte im Fitnesscenter lässt vermuten, dass hier Dinosaurier schwitzen. Sagen wir »Gewichte stemmen«, so reden sie hier von »powerlifting«. Ein Ausdruck, der auf geradezu erotische Weise den Zusammenhang zwischen Macht und physischer Präsenz herstellt.

Erschütternd der Besuch im »Hairdresser's Shop«, wo grinsende Friseure dutzendweise Männerköpfen die Haare runtermähen. Dass »excellency« einen Preis hat, verraten die Bänke vor der »Misery Hall«, der Krankenstation. Hier lungern auf Krücken die jungen Helden, die sich beim Sport übernommen haben.

All das hat Platz in der Bancroft Hall, einem fünfstöckigen, gut aussehenden Monster, das weltrekordverdächtig wohl gigantischste Wohnheim mit 1873 Zimmern, zehn Kilometer langen Gängen und einem augenblicklichen Marktwert von 1,2 Milliarden Dollar. Da hier künftige Seefahrer ausgebildet werden, heißen Stockwerke »Decks«, die Wände »Schotten« und die Betten »Kojen«. Als ich auf dem »top deck« die »Kajüte« eines Offiziers aufsuche, klopft der mich begleitende Kadett an die Tür und fragt todernst: »Request permission to come aboard«, *Bitte um Erlaubnis, an Bord zu kommen.* So komisch, so witzig sind sie hier.

Im Keller liegt die größte Offiziersmesse im Universum, die »King Hall«. Mit einer Kombüse von pyramidalen Dimensionen. Manager Mister Lahelle leuchtet wie jeder, der ununterbrochen mit Rekorden hantiert. Ohne Ausrufezeichen schafft er keinen Satz: »Dreimal pro Tag 4000 Mahlzeiten organisieren! Mit 200 Köchen 22 Stunden lang! Mit Öfen, die 320 Truthähne zur selben Zeit braten! Mit badewannenbreiten Bottichen zur Zubereitung von Nudeln!« Mit Mixern größer als die Männer daneben, um Donut-Teig herzustellen.

Ich bin eingeladen, sitze an einem der 372 (!) Tische. Wieder überrascht die schier weltfremde Höflichkeit, die sie füreinander aufwenden. Die oft verschollenen Wörter »please« und »thank you«, auf die sie nie verzichten, der elegante Tonfall, mit dem sie »would you please pass the salt« aussprechen.

Und noch etwas besticht. Gerade an diesem Tag, als ich bei Wendy's frühstückte und einmal mehr begreifen musste – beim Blick in die Runde, beim Blick durch die Fenster –, wie viele unaufhaltsam gemästete Menschen dieses Land bevölkern.

Bestechend, wie schlank sie hier auf dem Gelände sind, wie ansehnlich. Auch das hat Gründe. Alle sechs Monate müssen sie auf die Waage. Wer in den roten Bereich abrutscht, wird nachdrücklich abgemahnt.

Ich komme mit »midshipman« Kelly – auch die 16 Prozent Frauen sind hier »man« – ins Gespräch. Ja, Sexismus gebe es, hinter dem einen oder anderen Rücken hört sie bisweilen ein paar zotige Randbemerkungen wispern. Eine Minderheit muss sich noch an die Anwesenheit von Frauen – erst seit 1976 zugelassen – gewöhnen. Was Kelly kaltlässt. Denn die meisten Männer zeigen Respekt. Die Starke: »I'm in high spirits«, in zwei Jahren wird sie abschließen und kann dann entscheiden, ob sie ihre Laufbahn als »Fähnrich zur See« oder »Leutnant« bei den (berüchtigten) Marines fortsetzen will. Wobei sechzig Dienstmonate Pflicht sind. Wandert sie eher ab, hin zu den Profitorgien der Privatwirtschaft, heißt es, die in sie investierten Kosten an Uncle Sam zurückzuzahlen.

Aber Kelly, die hübsche Zwanzigjährige, will dienen, will abheben, will Pilot bei der Navy werden und mit jaulenden Vollgummireifen auf einem Flugzeugträger landen. Sie lacht, sagt: »It's almost sexy.«

Was auffällt: Generalstabsmäßig organisieren die Blutjungen ihr Leben. Die Karriere geht vor, mit Stoppuhr und rigorosem »time management« erledigen sie jeden nächsten Schritt. Kelly, umstandslos: »Sorry, für einen Boyfriend bin ich zu beschäftigt.« Sie erzählt vom »Club der zwei Prozent«, jenen zwei von hundert Paaren, deren Nähe die vier Jahre an der Akademie übersteht. Der Rest begräbt die längerfristigen Pläne, erledigt von einem Stundenplan, der um 6.30 Uhr mit todmüdem Aufwachen beginnt und achtzehn Stunden später mit noch todmüderem Einschlafen aufhört.

Postskriptum: PDA, »public display of affection«, das *öffent-*

liche Herzeigen von Gefühlen, ist verboten. Absolutes No-Go: »Sex on the premises!«

Das Wichtigste, was sie vor Ort begriffen habe? Kelly, weise: »Mit Frustrationen umgehen. Eben nicht straucheln und liegen bleiben, sondern straucheln und wieder aufstehen.« Der Weg der Begabten, so sagen sie hier, sei nicht mit Unbegabten gepflastert, sondern mit Begabten, denen irgendwann die Kraft ausging: »This place ist not for quitters!«, *dies ist kein Platz für Aufgeber.* Das ist ein kühler, klarer Satz.

Neben Kelly sitzt Ron, ein Jahr älter, eine Klasse weiter. Ein »Type A«: immer in Bewegung, arbeitsversessen, rastlos. Auch er möchte fliegen und bleiben. »Für alle Chancen, die ich bekommen habe, will ich etwas zurückgeben.« Ron erzählt von den »gold diggers«, jenen Scharen kontaktfreudiger College Girls, die jedes Wochenende über Annapolis hereinbrechen, um nach einem »gold ingot«, einem *Goldbarren* – das wäre ein Kadett – Ausschau zu halten. Denn ein Kerl in Uniform »looks crisp and dignified«, *knackig und gediegen.* Auch wenn er mit seinen weißen Schuhen daherkommt, so Spötter, wie Donald, der Eisverkäufer.

Ron sieht hin: Viele der Goldgräberinnen lassen sich blenden von der »grandeur«, von der Aussicht auf Reisen und den Tornadodonner militärischer Spektakel. Gerade Mädchen mit einer hartnäckigen Vorliebe für Männer in Hosen mit steiler Bügelfalte, hätten zu oft »Ein Offizier und Gentleman« gesehen, jenen Film, in dem der strahlende Ritter Richard Gere das bildhübsche Arbeitermädel Debra Winger auf Händen – genau so – ins Freie, ins Glück trägt.

Ron, unaufgeregt: Nach wenigen Jahren würden die Träumerinnen in die Wirklichkeit zurückkehren und feststellen, dass das Strahlende im Grau des Alltags verschwunden ist. Dass der Typ eben »a nice guy« ist, nicht so dramatisch anders sich aufführt als Johnny, der Schlosser, der sie schon immer heiraten wollte.

Statistisch erwiesen: Ehen gehen hier zügiger in die Brüche als in der übrigen Welt. Beide, Ron und Kelly, haben »leadership classes« hinter sich. Konkrete Fälle werden dort besprochen, ein wichtiges Thema: Wann bestrafen? Wie schmerzhaft? Wen? Wer als Untergebener – Beispiel: Zwei hauen sich alkoholblind auf die Nase – Einsicht demonstriert, kommt glimpflicher weg. Aber den folgenden Satz muss er aussprechen, hörbar und deutlich: »I deserve punishment.«

Mein Hinweis, dass sie sich letztlich ausbilden lassen, um zu töten, diese Provokation trifft sie nicht. Reinen Herzens sind Ron und Kelly davon überzeugt, nur die »bad guys« wegzublasen. Und sie glauben zu wissen, immer pünktlich darüber informiert zu werden, wer die Guten und wer die Bösen sind. Am amerikanischen Grundgesetz, weltweit recht zu haben, rühren sie hier nicht. Krieg ist beizeiten unabwendbar, denn der Teufel hört nicht auf, sich mit Amerika anzulegen.

Sinnigerweise beginnt der Drill mit einem »indoctrination program«. Hier lernen die frisch geschorenen »plebes« – die Kadetten im ersten Jahr, rechtloser als die Plebs im alten Rom – so explosive Sätze wie: »Duty is the moral obligation to place the accomplishment of assigned tasks before the needs, considerations, or advancement of any other ideal, organisation or individual.« Kurz und eingängig übersetzt: Kadavergehorsam wird gefordert.

Wobei das Eintrichtern letzter (militärischer) Wahrheiten nicht einer gewissen Ironie entbehrt. Während »plebe summer«, jenen ersten sechs Wochen, in denen die Teenager am gehörigsten geschliffen werden, kommt es in den Fluren der Bancroft Hall zu tumultartigen Szenen: Vorgesetzte und Untergebene – 1200 und nochmals 1200 – brüllen sich an. Die einen brüllen Fragen, und die anderen brüllen Antworten. Der höhere Sinn dieses »relentless stress testing«: Wer brüllen kann, kann auch anführen – und Nerven und Konzentration bewahren. Selbst wenn nebenan die Welt untergeht.

Knapp 200 werfen nach diesem ganz speziellen Sommer das Handtuch, erkennen, dass es noch andere Wege in ein Erwachsenenleben gibt als »going Navy« und – so reden die schwarzzüngigsten Lästerer – als »uptight asshole« zu enden.

Auch wahr: Irgendwann hört das perfide Schleifen auf, und

die Mühen der Ebenen beginnen: Ein randvoll akademisches Programm muss bewältigt werden, von *Aerospace Engineering* und *Ocean Engineering* über *Naval Architecture* und *Physics* bis hin – wie erfreulich – zu englischer Literatur und Geschichte.

Im späten Mai kommt die *Commissioning Week*, jene Woche, in der sie feiern, wieder ein Jahr überstanden zu haben: die »dark ages«, die *dunklen Zeiten* im dunklen Winter, das Gebrüll, das Strammstehen um sieben Uhr morgens, das barbarische Verlangen nach Schlaf, die so anhängliche Angst, es nicht zu schaffen. Und mit einem phänomenalen Gespür für Kitsch und die leichtsinnigen Seiten des Lebens schmücken sie die Akademie: Kutschen mit Gasleuchten fahren vor, der warme Geruch von Pferden süßt die Abendluft, zwölf Meter superlange Limousinen spielen Taxi, und in der Dahlgren Hall feiert Rons Jahrgang, die Drittklässler, den *Ring Dance:* Messerscharf gescheitelte Kadetten in Paradeuniform offerieren ihrer aktuellen Flamme einen Ring, den jedes Paar in ein Gefäß taucht, das mit den Wassern aus allen sieben Meeren gefüllt ist. Dazu – ausnahmsweise – ein öffentlicher Kuss. Und einen so wahren Satz, ich höre ihn den schmucken Jeff zur schmucken Linda sagen: »Life should have romance, mustn't it?«

Es kommt zu einer erstaunlichen Szene, erstaunlich, obwohl kaum sichtbar: Auf der Tanzfläche bewegen sich diese fehlerlos gewachsenen Frauen mit ihren Elfenbeinschultern, daneben die jungen Männer mit den so forschen Blicken. Und über die große Treppe schreiten bedächtig die Eltern – eine Generation älter als ihre Kinder. Und man sieht, hinter ihrem Stolz, die Melancholie, die leise Erkenntnis, dass der Überschwang und das Siegesgewisse der Jugend aus ihren Gesichtern verschwunden sind.

Ein paar Tage später ziehen die »kings of the world«, jene 802 Männer und 132 Frauen, die alle vier Jahre überstanden haben, ins Navy-Stadium, sehen hinauf zu den *Blue Angels,* die in »acrobatic maneuvers« über sie hinwegdonnern, lauschen abwesend den pathetischen Plattheiten eines Generals, der sie daran erinnert, dass sie »den Weg des Kriegers« eingeschlagen haben, bekommen jede und jeder das »Bachelor of Science«-Zeugnis ausgehändigt und werfen gemeinsam und blöd vor Freude ihre Hüte in den amerikablauen Himmel.

Nicht schlecht. Doch der eigentliche Höhepunkt – viel sinnlicher, viel ergreifender – fand schon Tage früher statt, kurz nach 15 Uhr.

Die Vorgeschichte: Am 12. September 1857 wurde Fregattenkapitän William Lewis Herndon klar, dass sein Schiff nicht mehr zu retten war, zu berserkerisch wütete der Sturm. So zog Herndon seine feinste Uniform an und ging unter. Nicht ohne rechtzeitig genau hundert Passagiere gerettet zu haben. Unvergessen, denn Herndon – so die Legende – starb mit dem feierlichsten Satz eines Marineoffiziers auf den Lippen: »Don't give up the ship.«

So steht seit über 150 Jahren ein Denkmal auf dem Gelände der Academy, das an ihn erinnert. Ein Obelisk, glatte 6,30 Meter hoch, imposant und zugleich Ort unsäglicher Mühsal: Die Plebejer, die Novizen, die jeder stauchen darf, sie feiern während der Comissioning Week die Erlösung von diesem zehnmonatigen Joch. Das hehre Ziel: die mit fingerdickem Schweinefett eingeschmierte Granitsäule zu besteigen, um von der Spitze das dämliche Plebe-Käppi zu holen und durch die fesche Schirmmütze des Fähnrichs zu ersetzen – das Symbol des ersten Triumphs.

Und so sei es: Die tausend zappeln und johlen vor der Bancroft Hall, heiß wie Raubtiere, nur mit Mühe von einem Trupp Marines in Schach gehalten. Um dann Schlag 14 Uhr, Frauen wie Männer, wie eine Büffelherde, pfeilgerade und unbändig über einen der zehn schönsten Rasen im Land Richtung Denkmal zu stieben.

Der Plan ist jedes Jahr derselbe: Die breitesten Schultern bilden die Plattform, auf sie klettern die Mittelgewichtler, nach ganz oben sollen die dünnen Langen. So die Theorie. Aber die Realität ist komplizierter, lustiger und voller Schadenfreude: Weil so manches der Prachtexemplare wieder herunterpurzelt und wie ein umgefallener Maikäfer im Gras landet.

Doch plötzlich ist er da, der Höhepunkt, völlig überraschend und von niemandem erwartet: Irgendwann ist einer der »plebes« nur noch eine halbe Elle von dem in Schweinesülze steckenden

Käppi entfernt – und da passiert es, alles in Sekunden: Einem der Mädchen verrutscht beim Hochklettern die Turnhose, und ein ausgesprochen anmutiger Hintern im knappen Slip kommt zum Vorschein. Alle sehen ihn, alle wiehern vor Lachen, alle Konzentration verfliegt, ja, die Pyramide bröckelt, bricht zusammen, und – ja was? – jener Kerl, dem Gipfel am nächsten, zieht im Fallen mit einer unfassbar eleganten Bewegung die kurze Hose zurück, zurück über den Po.

Der Augenblick ist von so überwältigender Grazie, dass ein ungläubiger, ja begeisterter Seufzer durch die Abertausend Zuschauer geht. Was für eine Geste, was für ein Takt, was für eine Geistesgegenwart.

Ein Offizier und Gentleman, hier haben wir ihn.

GEHEIMNISVOLLE WELT

BEYOGLU
Auf krummen Wegen durch Istanbul

DER TANZ ÜBER DAS FEUER
In Trance fallen und losrennen

DOMINICA
Winzige Insel und ein letzter Mensch, der die heimatliche Sprache spricht

PASHMINA
Auf der Suche nach den wertvollsten Ziegen – mitten im Himalaya

BEYOGLU

Auf krummen Wegen durch Istanbul

Herman Melville, Autor von *Moby Dick,* schrieb am Abend seiner Ankunft ins Tagebuch: »Nachts gingen wir nicht raus, wir fürchteten Banditen und Mörder. Selbst wenn einer das Haus verlassen wollte, er wüsste nicht wohin.« Der Eintrag stammt vom 12. Dezember 1856, notiert in einem lausigen Hotelzimmer, irgendwo in Beyoglu.

Eineinhalb Jahrhunderte später könnte ein Besucher notieren: »Dieser Stadtteil ist nichts für Stubenhocker!«

Klar, nicht alle Ganoven sind aus dem Viertel verschwunden. Wer nicht aufpasst, dem kommt einiges abhanden. So ist das mit Beyoglu, es zeigt jeden Tag seine Schätze und Sünden.

Einmal überquere ich eine Gasse, und die Straßenlampen gehen an. Kaum bin ich auf der anderen Seite, gehen die Laternen wieder aus. Anderswo spräche man vom puren Zufall. Hier nicht, hier beginnt der Orient. Beyoglu hat »romance«, lese ich irgendwo. Aber ja.

In derselben Nacht sehe ich zwei Polizisten vor einer Hausmauer stehen. Ein zischendes Geräusch erklärt den einfachen Sachverhalt. Wie harmlos. Auf die Gegend – kleiner als ein Quadratkilometer – gingen schon dramatischere Desaster nieder. Sie hat sie alle überstanden.

Alleinstehende Männer sind schutzlos, Alleinreisende schutzloser. Ich flaniere die Istiklal Caddesi entlang, *die Straße der Unabhängigkeit,* und ein wildfremder Türke spricht einen wildfremden Deutschen an: »Du verlangen türkische Frau? Ich haben viele.« Da ich nicht sofort bejahe, ahnend, dass der Wildfremde noch mehr in petto hat, kommt das nächste Angebot:

»Du verlangen türkische Mann? Ich haben auch.« Ich verlange Mahmouds Handynummer, verspreche, mich bald zu entscheiden.

Wie Leuchttürme stehen die Zutreiber im Gewühl. Zehn Meter später sichtet mich Horaz (!). Umgehend will er mich seinen »Nataschas« vorstellen. Früher, als die leichtfertigen Damen auf der Flucht vor den Bolschewiken hier anlandeten, hießen sie noch »Charaso«, abgeleitet vom russischen »choroso«: *schön*. Inzwischen kamen auch die nicht so Schönen nach Beyoglu. So heißen jetzt alle, die einen wie die anderen, Natascha.

Mahmoud und Horaz sollen genügen. Sie gehören zu den zwei Dutzend, die auf mich anlegten. Ihre Finten klangen eher harmlos. Nur beim Letzten, bei Mustapha, kam ich unter die Räder. Er war der Clevere von uns beiden.

Irgendwann werde ich begreifen, wie man reist. Nach Beyoglu jedenfalls in Gummischuhen. Wer die nicht aushält und fein besohlt auftreten will, soll wissen, was auf ihn zukommt: eine Meute Schuhputzer, ein Rudel armer Teufel, ach, jene aus Anatolien hierher verschlagenen Kurden, die eiskalt zu jeder Tageszeit dieselbe Geschichte erzählen: »Mister, bad day today, please shoeshine.«

Da sie meist die Wahrheit sagen, vereinbaren Rashid und ich einen Deal: Er bekommt das Monopol über meine Stiefel, und ich bekomme Ruhe vor den anderen. Denn der 19-Jährige hat Autorität und eine entscheidende Probe schon bestanden: Sechs seiner acht Geschwister sitzen noch immer im anatolischen Dorf. Rashid nicht, er kam immerhin bis zur Istiklal Caddesi. Nach 18 Stunden Busfahrt. Seitdem klappert er mit der Bürste gegen den Holzkasten, rastlos auf der Suche nach Kundschaft. Bisweilen denkt er an Esra, seine Schwester, sie als Einzige schaffte die ganze Flucht. Sie kam bis nach Deutschland.

Beyoglu ist ein hartes Pflaster, das auch. Wer hier abstürzt, der bleibt lange liegen.

Einmal schleiche ich hinter ihm her, will wissen, was er treibt, wenn er nicht klappert. Und Rashid kauft sich eine Brezel, schlägt ein paar Haken und setzt sich auf die oberste Stufe einer Steintreppe. Er sitzt wie einer, der oft hierherkommt.

Ich setze mich neben ihn. Und wir schauen auf ein Wunder, das bis zum Horizont reicht: Links leuchtet der Bosporus und rechts das Goldene Horn und in naher Ferne das Marmarameer. Zum Wunder wird es jedoch erst, weil Boote und Schiffe durchs Bild ziehen und das wundersame Gemälde immer aufs Neue arrangieren. Und der Himmel verstrahlt sein 16.47-Uhr-Blau: spätnachmittagswarm, endlos. Und die Schifflein tuten, und die Möwen schweben. Und das Herz von Rashid und mein Herz sind still und selig. »Schönheit wird die Welt retten«, der Satz stammt nicht von Rashid, Dostojewski hat ihn erfunden. Vielleicht nicht die Welt retten, aber uns beide und jeden, der hier vorbeikommt. Retten für ein Stündlein, das gewiss.

Beyoglu war anders, von Anfang an. Nachdem Sultan Mehmet, der rastlose Eroberer, Konstantinopel erbeutet hatte, bewies er souveräne Großmut. Die »Ungläubigen« durften hier in der Neustadt bleiben, in jenem Teil, den die Griechen schon vorher »Pera« – *gegenüber* – genannt hatten: gegenüber der alten Kaiserstadt, auf der nördlichen Seite des Goldenen Horns.

So blieben die Europäer. Im 19. Jahrhundert entstand die Grande Rue de Pera. Die Gegend roch nach Flair, nach Aufbruch, nach westlicher Dekadenz und politischer Intrige. Hier gab es Erfindungen, von denen das orientalische Konstantinopel – keine tausend Meter entfernt – noch lange nichts hören sollte: Spültoiletten, elektrischen Strom, Kanalisation. Und links und rechts der Hauptstraße protzten die Botschaften der Großmächte, die Kirchen und Bordelle, die glitzernden Geschäfte. Man sprach Französisch, Englisch und Griechisch. Nur ab und zu fiel ein türkisches Wort.

Nach der Gründung der Türkei kam alles anders. Die Gesandtschaften wurden zu Konsulaten degradiert (Ankara wurde Hauptstadt), die Fremden packten die Koffer, aus Konstantinopel wurde Istanbul, aus Pera wurde Beyoglu, aus der Grande Rue die Istiklal Caddesi und aus einem strahlenden Zentrum ein dunkles Nest.

Bis vor zehn, fünfzehn Jahren – niemand kennt den genauen Zeitpunkt – wieder etwas zu leuchten anfing. Neugierde und Weltwachheit kamen zurück.

Am nördlichen Ende der Istiklal liegt der Taksim Square mit dem Denkmal der Unabhängigkeit. Früher sah der Platz wie ein Geschenk Stalins aus, in Sibirien gegossen und hier als Betonplatte abgeworfen. Inzwischen gibt es Blumen und Brunnen und bunte Farben. Der Ort gilt als Symbol der modernen Türkei. Und moderne Türken haben hier den Bau einer Moschee verhindert. Dafür hängt in meinem Hotel ein Poster mit dem Hinweis auf einen Yogakurs: »to find grace«, *um Anmut zu finden*. Im Souvenir-Shop fällt das Buch mit dem vielversprechenden Titel »Sexual life in Ottoman times« auf. Es scheint am häufigsten befingert worden zu sein. Wie erfreulich, wenn Kulturen einander bereichern.

Das Bilderbuch könnte man in einem Café des nahen Parks studieren. Ohne dass jemand die Sitte alarmiert. Hier riecht es nach Weltstadt, die diskreten Schritte der Kellner auf dem Kiesweg, die halblauten Gespräche, die Strahlen der Herbstsonne auf dem offenen Haar der Frauen. Und Faruk und Ismail gibt es auch, das Duo, das mich zu einem Glas Tee einlädt und eine Runde Sauna vorschlägt. Ein Männer-Dreier am frühen Nachmittag, in Beyoglu soll keiner zu kurz kommen.

Mit der Straßenbahn ans südliche Ende der Hauptstraße. Die Fahrt dauert zehn Minuten, und zehn Minuten lang überkommt den Fahrgast die aberwitzige Vorstellung, dass Vernunft die Welt regiert: Autos verboten. Und Musik flutet aus den Läden, aber nicht wie explodierende Handgranaten, eher wie sanfte Meereswellen, mit Noten so blau wie das türkische Meer am Bosporus.

Im Süden von Beyoglu haben Abel und Adi ihr Quartier aufgeschlagen, auf dem Bürgersteig liegen ihre Uhren zum Verkauf aus. Abel schmuggelte sich als Businessman aus Lagos hierher. Adi rettete sich aus dem Kongo und landete vor Ort als blinder Passagier auf einem Bananendampfer. Was einzig zählt: Von ihrem Trottoir ist es nur noch ein Katzensprung nach Europa. Beide sind »illegal« und »geduldet«. Das heißt, ab und zu führen drei Polizisten sie hinter ein Hauseck und ziehen ihnen ein paar Scheine aus der Tasche. Damit das Dulden nicht aufhört.

Wundertätiges Beyoglu. Gegenüber dem Uhrenstand der zwei

Afrikaner gibt es eine öffentliche Klingel mit Sprechanlage, Text darunter: »Hier drücken und bestellen!« Und Minuten später taucht ein schwungvoller Dicker mit einem Tablett auf und serviert Tee.

Tee als Aphrodisiakum für scheue Zungen. Irgendwann erzählen Abel und Adi vom »Schlepper-Café«, in das sie mehrmals die Woche gehen. Um endlich einen ehrlichen Gangster zu finden, der sie tatsächlich in die EU verfrachtet. Und keinen wie »Zorro«, den Marokkaner, der sie und die anderen zwanzig Passagiere nachts in einem Bus ans östlichste Ende der Türkei karrte und mit dem Satz sitzen ließ: »Seid vorsichtig, hier befindet sich Deutschland.«

Beyoglu goes global. Das schmerzt manch einen, denn die Türken – so ein poetisch begabter Politiker – »wollen aus einem Stück Marmor bestehen«. Beyoglu wird das verhindern. Der Geruch der weiten Welt kehrt zurück, nicht brausend, doch leise und verführerisch. Überall Buchhandlungen, die zum Denken und Fühlen einladen. »Ich bin Wind, und du bist Feuer«, neben den Gedichten von Rumi, dem sinnlichsten aller muslimischen Poeten, findet man den neuesten Shere Hite, »Wie Frauen Frauen sehen«. Im Café Hayal Kalvesi singt der junge J-John Stings »Shape of My Heart«, und in der Garderobe des Nachtklubs Privé müssen Polizisten ihre Pistolenkugeln abgeben, erst dann dürfen sie sich die Trommelfelle ruinieren lassen. Ein paar Schritte daneben knien die Sinnsüchtigen nieder und flüstern zu Allah. Singen, tanzen, beten, jeder hat Zugang zu seinen Göttern, Beyoglu schlittert lässig Richtung Zukunft.

Der Stadtteil besitzt beides, auch den Teil, der noch in der Vergangenheit dämmert. Hinter dem Tarlabasi Boulevard reiten die Alten auf dem Esel aus Anatolien ein, trocknen ihre Ehefrauen die Maiskörner in den Gassen, hausen die Afrikaner versteckt in Löchern, sparen Transsexuelle auf die nächste Operation, verdienen die Teaboys immerhin drei Millionen Lira – zwei Euro – pro Tag, harren Pastor Duncker und sein evangelisches Kirchlein aus.

Der joviale Mensch nennt seine Umgebung die »Bronx«. So

redet nur einer, der nie dort war. Zudem erzählt er eine Geschichte, die seiner Behauptung gehörig widerspricht: Die Story vom Schlitzohr, das dem Pfarrer die Börse aus der Hintertasche fummelte, sich fluchtartig entfernte und in sicherer Entfernung stoppte, um das Diebesgut zu checken. Und das Portemonnaie schreiend Richtung Opfer schleuderte, ja wissen ließ, dass er auf die paar Kröten durchaus verzichten könne.

Am letzten Abend bin ich an der Reihe. Jetzt läuft mir Mustapha, der Clevere, über den Weg. Obwohl sofort alle Sirenen in meinem Kopf schrillen, falle ich auf ihn herein. Der Dicke benebelt, wie von Sinnen trotte ich hinter ihm her, mitten hinein ins Hisar. In einen dieser zahlreichen Daddy-Clubs, in die sie nachts frei laufende Männer treiben und zum Anblick eckig hopsender Damen verurteilen. Zum Preis von hundert Millionen. Minimum. Ich komme mit der Hälfte davon, weil ich im Schweinsgalopp an den Türstehern vorbei wieder ins Freie flüchte. Sie lassen mich laufen, 35 Euro von einem Dummen machen auch Freude.

Am nächsten Morgen belohnt mich Beyoglu dann doch wieder, ein letztes Mal: um neun Uhr in die Cicek-Passage mit dem blauen Dach abbiegen, durch die Sahne Sokak streunen, die Blumen, die Gewürze, das Aroma von warmem Brot riechen, die leisen Geräusche eines beginnenden Tags wahrnehmen, in einem »Berber Salonu« Platz nehmen und mich »einmal rasieren, bitte« sagen hören, den Duft von frischem Schaum einatmen, hinterher an Cafés entlanggehen, das Summen der Kaffeemaschinen mitbekommen, mich auf die schönste Terrasse setzen, einen Crème und zwei Croissants bestellen, Zeitung lesen, bald den Briefträger die Post unter die Türen schieben sehen und irgendwann von dem wunderlich unscheinbaren, eine Stunde andauernden Glück heimgesucht werden: Alles stimmt.

DER TANZ ÜBER DAS FEUER

In Trance fallen und losrennen

Sonntag, 20. Mai, ich bin in Hagia Eleni, einem griechischen Dorf, irgendwo in den Bergen von Mazedonien. Morgen wird hier, wie immer um diese Zeit, ein gutes Dutzend Frauen und Männer zusammenkommen – um über das Feuer zu laufen.

Siesta, überall die lautlose Mittagshitze. Ein paar streunende Hunde, ein paar Alte am Marktplatz. Sie schweigen.

Ich erkundige mich nach dem Haus von Jorgos Javasis, dem ehemaligen Chef der »Anastenarides«, der *Feuertänzer*.

Der 94-Jährige öffnet wortlos die Tür und weist auf einen Stuhl. Er setzt sich mir gegenüber und rührt sich nicht mehr. Wie eine Statue. Sein kleiner, kahler Schädel, die tief sitzenden Augen, die durch mich hindurchblicken. Ich frage, und er antwortet nicht. Nicht ein einziges Mal. So sitzen wir und hören die Stille. Eine seltsame Vertrautheit entsteht.

Irgendwann zeige ich auf meine Kamera, und er gewährt mit einer Handbewegung ein paar Fotos. Dann ziehe ich mich mit einer leichten Verbeugung zurück. Jorgos reagiert nicht. Später erfahre ich, dass der Alte in seiner jetzigen Verfassung nicht reden kann. Selbst wenn er wollte. Morgen ist der entscheidende Tag, und so versetzt er sich in eine Art Totenstarre, in der Sprache und Gedanken nicht vorkommen. Um den Zustand von Schmerzlosigkeit zu erlangen.

Der Feuerplatz liegt nah. Jetzt ist er noch ein aschgrauer Wiesenfleck, ringsum Zuschauerbänke und menschenleer. Daneben steht der »Konaki«, der schlichte *Versammlungsraum*. Acht mal fünf Meter, Holzboden, an den Längsseiten viele Stühle. Auf dem Tisch befinden sich Kerzen und Räucherstäbchen.

Um 18 Uhr kommen die ersten Anastenarides. Die nächsten 24 Stunden dienen einzig der Einstimmung auf das morgige Ereignis. Die Mehrheit bilden ältere Frauen mit starken, trotzigen Bauerngesichtern, barfuß, die Füße verhornt. Mit dem traditionell schwarzen Rock, dazu helle Bluse und Kopftuch. Zwei Mädchen fallen auf, vielleicht 18, modern gekleidet. Männer eindeutig in der Minderheit. Markante, braun gebrannte Köpfe, weißes Hemd, dunkler Anzug.

Alle plagen körperliche Schmerzen oder seelische Probleme. Oder Sorgen und Wünsche und Ängste. Alle sind überzeugt, dass der Gang durch das Feuer ihnen Linderung bringt, sie beschützt vor den Misserfolgen des Lebens.

Man spürt die Anspannung. Noch ist niemand sicher, ob er gerüstet sein wird, noch ist ungewiss, ob er den »Ruf des heiligen Konstantin« – ihm ist dieser 21. Mai geweiht – vernehmen, ob er ekstatisch genug sein wird, um die Herausforderung mit bloßen Füßen zu bestehen.

Worauf der Brauch zurückzuführen ist? Eine klare Antwort gibt es nicht. Eine der Legenden erzählt von einer Frau, die träumte, die Kirche ihres Dorfs stehe in Flammen. Sie wacht auf und sieht, dass ihr Traum, ihr Albtraum, Wirklichkeit wurde. Das Gotteshaus brennt tatsächlich. Schreiend weckt sie Familie und Nachbarn. Gemeinsam rennen sie ins Feuer, um das Wertvollste, die Ikonen von Helena und Konstantin, zu retten.

So versetzt der Glaube Berge und rettet vor gräulichen Verbrennungen. Glauben sie. Aus Dankbarkeit und zur Erinnerung wird der Feuertanz jedes Jahr wiederholt. Wobei die Ikonen der beiden Heiligen noch immer eine wichtige Rolle spielen. Sie geben Kraft, so sagen sie, verführen zur Ekstase und begleiten die Anastenarides bei ihrem Tanz über die glühende Kohle.

Das alles ist nicht neu. 3000 Jahre zurück, zu Zeiten von Dionysos, des Gottes der Hemmungslosigkeit und Sinnlichkeit, wurden orgiastisch-wüste Feste gefeiert. Die Hysterie und die Berührung des Feuers gehörten wie selbstverständlich dazu. Stattgefunden hat das alles in der Nähe des Aimos-Gebirges im heutigen Südbulgarien, keine 50 Kilometer von Hagia Eleni entfernt. Der Kult wurde entlang der Jahrhunderte lediglich entschärft. Rohes Fleisch essen und das Trinken von warmem Stierblut entfielen, statt Vereinigung mit Dionysos eben Symbiose mit dem römischen Kaiser Konstantin und seiner Mutter Helena.

Der Konaki füllt sich langsam mit Menschen. Darunter Leute aus dem Dorf, die nur eine Kerze spenden und dableiben, als Zuschauer.

Um 20 Uhr offizieller Beginn. Mit einem kleinen Weihrauchgefäß geht Tassos Reklos, der junge Arzt aus Saloniki und Nachfolger von Jorgos Javasis, durch den Raum. Alle wedeln sich den Rauch ins Gesicht und machen dreimal das Kreuzzeichen. Die Lyra setzt ein, dann die Trommel. Mit einem Knüppel schlägt der Musiker den Rhythmus. Ein harter, elementarer Sound. Bei einigen zeigen sich erste Anzeichen von Entrückung. Der Rest sitzt gespannt und lauscht, niemand tanzt.

Pause. Die Stimmung bleibt geladen. Flüstern, abwarten. Zwanzig Minuten später zweiter Durchgang. Sogleich stehen vier Frauen auf und tanzen. Kurz darauf bilden sie zwei Paare, legen sich gegenseitig ihre Hände auf die Schultern und drehen sich im Kreis. Sie machen Tempo, beschleunigen, Höchstgeschwindigkeit. Der Schweiß fliegt ihnen vom Gesicht. Dann ruhiger werden, dann voneinander lösen. Dann Schreie, einzelne Wortfetzen, immer aufs Neue: »Ochi! Ochi!« – *Nein! Nein!* Sie stampfen auf den Boden, suchen sich Raum, schlagen mit ihren Armen und Fäusten unkontrolliert um sich. Eine der vier Frauen, ausufernd dick und schonungslos hingegeben, verliert das Bewusstsein und schleudert Richtung Zuschauer. Und kracht mit dem Hintern auf einen der Stühle. Die Musik spielt weiter, muss weiterspielen. Die Emotion der Ekstase soll ausklingen, darf keineswegs jäh und ohne Anteilnahme von außen beendet werden. Das funktioniert. Die Frau, von ein paar Knöpfen befreit und versorgt mit zugefächelter Luft, wacht wohlbehalten wieder auf. Jetzt stoppt die Musik.

Die Laune hebt sich deutlich, Zutrauen stellt sich ein. Man redet miteinander, heiteres, unbeschwertes Geplauder.

Kurz nach neun Uhr Aufbruch zum Altguru. Kerzenlicht als

Straßenbeleuchtung. In der Mitte die beiden Musiker. Ihr Spiel lockt die Dorfbewohner vor die Türen.

Eine Außentreppe führt hinauf in den ersten Stock des Hauses. Dort liegt der frühere, nicht mehr benutzte Konaki. Die Wände voller religiöser Bilder, mittendrin und winzig sitzt Jorgos Javasis. Die stickige, heiße Luft, allen rinnt der Schweiß aus den Leibern. Der Alte verteilt an die Anastenarides kleine, bunte Tücher, anschließend übergibt er die schweren Ikonen mit den Abbildungen von Konstantin, Helena und dem Stier des Dionysos. Beim Abschied küssen einige die Hände des Greises. Wieder der Blick in seine abwesenden Augen.

Zurück zum Feuerplatz, zur schlichten Kapelle mit Taufbecken. Jeder gießt sich Weihwasser über die Finger, jemand wünscht mir »Eleugia kai agarn« – *Freiheit und Liebe.* Um mehr darf man nicht bitten.

Nochmals zwei Tanzrunden. Irgendwann erwischt es mich selbst. Ein scharfer, peitschender Trommelwirbel, der mitreißt. Zittern, Körperwellen, die verkrampften Arme. Ich spüre, dass mich etwas entzweit. Körper und Wille driften auseinander. Ich kann noch denken und denke, was für Widersprüche hier ablaufen: Ich bin nicht gläubig, glaube nicht an Heilige als Schutzpatrone. Dann kommt der bizarre Verdacht in mir auf, dass die beginnende Hypnose nur mein tiefes, verborgenes Verlangen ausdrückt, glauben zu wollen, glauben zu können. Um ebenfalls angenommen und akzeptiert zu werden, also fähig zu sein, Feuer und Flamme ohne Wunden und Schreie zu überstehen.

Dennoch, ich bleibe »draußen«, bleibe Zuschauer, rühre mich nicht von meiner Stelle. Noch ist der Verstand zu mächtig und die Ekstase zu gering. Und ich will getrieben sein, will mich nicht von meinem Hirn überreden lassen, will willenlos und besessen daran teilnehmen – oder nicht. Zudem ahne ich (und dieses Gefühl wird am nächsten Tag durch eine Aussage des Arztes bestätigt), dass ich als Tänzer nicht willkommen wäre. Ein Fremder würde in dem subtilen Gewebe aus Bekenntnis, Vertrautheit und gemeinsamer Geschichte nur stören.

Um Mitternacht nochmals im Kerzenlicht zu Jorgos. Die Ikonen müssen zurück. Wieder küssen wir seine fast einhundert Jahre alten Hände.

Unruhige Nacht. Ich schlafe unter der Veranda des Konaki, versuche zu schlafen, da noch beschäftigt mit dem vergangenen Tag. Ich rauche, das Geräusch schwerer Regentropfen, die auf das Blechdach knallen. Wie romantisch.

Der nächste Morgen beginnt ohne schonenden Übergang. Sofort Musik und Tanz. Ich sehe die hochnervösen Gesichter, auch sie haben wenig geschlafen.

Anschließend Aufbruch zu Jorgos, diesmal nur als Zwischenstation. Mit den Ikonen geht es weiter. Eine Anastenaride fällt in Trance auf die Straße. Ich helfe ihr hoch. Die Frau vibriert, wie elektrisch aufgeladen fühlt sich ihre rechte Hand an.

Der Bauernhof, bei dem wir das Opfertier abholen, liegt am Rande von Hagia Eleni. Der Arzt segnet den Ziegenbock, dann legt er ihm einen Strick und eine hellrote Rose um den Hals. Zurück zum Konaki. Ein junger Kerl gräbt neben der Taufkapelle ein knietiefes Loch. Mit einem heftigen Ruck wird das Tier zu Boden gerissen, der Mann mit dem Messer sticht blitzschnell zu, mitten in die Kehle. Blut spritzt, noch ein paar Todeszuckungen, das Ende. Die abgeschnittenen Bocksbeine und das Seil verschwinden in der Mulde.

Die Tierleiche wird aufgeblasen. Durch eine am Rest des linken Hinterfußes eingeführte Röhre pumpt der Metzger seinen Atem hinein. Der Ziegentorso bläht sich, wird aufgehängt, abgezogen, ausgenommen und zerlegt.

Um 12.15 Uhr die letzte Pause vor dem Abend. Aus der Küche neben dem Konaki kann man sich Brot, Schafskäse, Knoblauch und – zwanzig Minuten später – die gebratene Leber des geopferten Ziegenbocks holen.

Georgios, kein Anastenaride, aber Helfer und Organisator, nimmt mich mit. Wir sind mit dem Fahrrad unterwegs und verteilen an jede Familie im Ort kleine Plastiktüten mit ein paar Gramm Ziegenfleisch. Eine symbolische Geste.

Das Dorf brennt in der Sonne, Mittagsglut, Siesta. Georgios muss die meisten Einwohner aus ihren Häusern herausrufen.

Das geht eine Weile gut, bis eine Frau auf uns zustürzt und Georgios zornwütig anschreit. Nach jedem Satz spuckt sie auf ihn. Als eine Art Ausrufezeichen. Sie hat kein Fleisch bekommen. Georgios zeigt Haltung und lässt sich nicht provozieren. Er verweist auf den Adressenzettel, auf dem sie nicht steht. Ihr Geifer ist nicht zu beschwichtigen, wir ziehen uns zurück.

Ab 17 Uhr füllt sich der Raum im Konaki, randvoll mit 14 Anastenarides und über 50 Zuschauern. Der Beginn der Musik und der Anfang der Verzückung passieren jetzt gleichzeitig. Kaum dröhnt der Rhythmus der Trommel, schon zucken die Leiber durch die mühselig frei gehaltene Gasse.

Die Pausen werden immer kürzer. Drängende Appelle der Tänzer an die Musiker, rastlos weiterzuspielen. Die Mehrheit der Anastenarides ist nun unerreichbar auf dem Trip, schwebt mitten im Rausch und erlebt kein »fröhliches Erwachen« mehr. Dunkelrot verzerrte, schweißüberströmte Gesichter, die sich küssen, sich voreinander hinknien, sich erheben, sich trennen und die selig und allein gelassen ihre Ekstase durchleben.

Das wiederholt sich: dieses Verlangen nach gegenseitiger Berührung und inniger Solidarität. Diese Sehnsucht nach Zusammenhalt, um alle Angst, die ja noch da ist, zu verlieren. Und dann die radikale Kehrtwendung: Wunsch, bei sich selbst zu sein. Bedürfnis nach Einsamkeit. Momente extremer Ichbezogenheit, die weiß, dass niemand einen beim Weg über das Feuer begleiten wird. Diese beiden Pole der Selbstfindung als unabdingbare Voraussetzung. Das eine nicht gut, das andere nicht böse, sondern gleichberechtigt, ja lebensrettend notwendig, um in einen Zustand zu finden, der Haut und Knochen nicht in Brand steckt.

Eine Frau fährt mit ausgestreckten Händen auf ihre Umgebung los, stößt zur Seite, was ihr im Weg steht, brüllt: »Ochi! Ochi! Ochi!« Tassos, der Arzt, tritt ihr scharf entgegen. Er packt ihre Unterarme und sieht ihr starr in die Augen. Nach zwei weiteren Rückfällen hat sie die Attacke überstanden.

Der Konaki beginnt zu kochen. Nun schwitzen auch die Zuschauer. Die Polizei unternimmt den vergeblichen Versuch, einen Teil der Leute nach draußen zu schieben. Doch man leistet bockigen Widerstand, man will in diesem Hexenkessel dabei sein. Das kleine Stadion füllt sich, der Holzstoß in der Mitte wird angezündet.

Alle Anastenarides sind jetzt auf der Tanzfläche. Eine winzige Greisin, die wie Veronika mit dem Schweißtuch das Wasser von ihren Gesichtern trocknet, geht durch die Reihen. Ein jagender, gellender Rhythmus kommt aus dem Bauch der zwei Trommeln. Jeder und jede der Tänzer und Tänzerinnen hat sich nun ganz gefunden, die Bewegungen sind einzigartig, passen zu niemand anderem: Luftsprünge, im Kreis wirbeln, Fuß für Fuß tippeln, wie der Gekreuzigte durch den Raum ziehen, wütend und siegessicher aufstampfen, eine Ikone umarmen und küssen, das Feuer der Kerzen streicheln und glutheiße Kohlestückchen aus der Weihrauchschale nehmen, heiseres Bellen und grunzende Urlaute, flammende Blicke aus feuersüchtigen Gesichtern und zuckende, zitternde, bebende Menschenleiber, die keuchen und seufzen, zischen und stöhnen, sich aufgeben und wiederfinden.

Irgendwann gibt es kein Zurück mehr. Die Nacht ist da, und aus dem Holzhaufen ist ein glühender Teppich geworden. Über 2000 sind gekommen. Auf ein Zeichen des Arztes beginnt der Auszug aus dem Konaki. An der Spitze die drei Lyraspieler und die zwei Trommler, dahinter im Gänsemarsch die Anastenarides.

Sie drehen eine Runde um das vier mal vier Meter große Feuerquadrat. Die Musikkapelle – sie spielt nun ununterbrochen – nimmt in knapper Entfernung Aufstellung. Dann wirkt das Spektakel so simpel, so spielerisch: Die Tänzer gehen ins Feuer, einfach so, ohne Gehabe, dabei höchst konzentriert und fast geräuschlos mit kurzen, exakten Schritten. Ein paar hüpfen, als gäbe es noch einen Rest Unsicherheit über das Stattfinden des Wunders. Aber das legt sich, verschwindet, mit entrückten, furchtlosen Gesichtern tauchen sie ihre Füße in 800 Grad Celsius.

Premiere, und wie erstaunlich: Die Proben waren aufregender, mitreißender. Jetzt liefern sie ab, was sie zuvor unter wilden Geburtsschmerzen aus sich herauszerrten. In mir das sentimentale Gefühl, dass etwas Ergreifendes abrupt zu Ende ging. Ich sehe zu und bin nicht mehr ergriffen. Vielleicht liegt es an der Atmosphäre, den hellgrellen Scheinwerfern und den vielen schnatternden Zuschauern. Möglicherweise lag die Faszination in der Intimität, der Intensität des Konaki, in der phänomenalen Ausstrahlung der Beteiligten.

Nicht alle trauen sich ins Feuer. Manche nehmen Jahr für Jahr an den Vorbereitungen teil. Und vernehmen zuletzt doch nicht den »Ruf«, der diese absolute Sicherheit verleiht – um unbeschadet davonzukommen.

Nach einer halben Stunde ist die Vorstellung vorbei, die Kohlen sind ausgeglüht. Noch einmal gehen sie im Kreis, dann zurück in den Versammlungsraum.

Hitzige, erschöpfte, ja weiche Gesichter. Sie lachen, freuen sich, sind frei vom Druck der letzten Tage. Sie umarmen einander, sind wie Kinder, wie Schauspieler, die einen stürmischen Erfolg hinter sich haben. Jetzt das endgültige, fröhliche Erwachen aus dem Stand der Besessenheit, der hoch konzentrierten Bewusstseinstrübung.

Der Lärm, die Unruhe der 2000 hat sich verzogen. Zum Abschluss wird ein Abendmahl serviert. Das festliche Wort passt. Wir sitzen am Boden, die Lyra spielt, Tassos segnet mit dem Weihrauchgefäß die auf weißem Tischtuch ausgebreiteten Speisen. Brot wird geschnitten und verteilt, dann Reis und als Hauptgericht die Innereien (!) und das Fleisch des Ziegenbocks. Und die Ouzoflasche geht von einem zum andern. Zuletzt kommt eine Frau mit Wasser und Handtuch. Zeit zum Händewaschen.

Um Mitternacht nochmals zu Jorgos, Heimtransport der Ikonen, letzte Küsse auf seine Hände. Warmer Abschied von allen.

Den nächsten Tag verbringe ich am Strand von Agia Trias, nahe Thessaloniki. Tagträumen, lesen, im Meer baden. Ich bin einen Augenblick nachlässig und trete barfuß in den knallheißen Sand. Während mich ein stechender Schmerz durchzuckt, erfahre ich gleichzeitig einen Moment wundersamer Bescheidenheit. Gestern noch der klammheimliche Gedanke, dass der Tanz über das Feuer so außergewöhnlich nun doch nicht sei. Und jetzt dieses jämmerliche Gefühl, wenn harmlose 75 Grad meine Fußsohlen berühren. Ich gedenke in Ehrfurcht der Anastenarides.

DOMINICA

Winzige Insel und ein letzter Mensch, der die heimatliche Sprache spricht

Die Grillen zirpen, und der Sichelmond scheint. Elf Frauen und zehn Männer sitzen in Skits Hütte und beten. Skit hat einen kleinen Laden, er verkauft Lebensmittel, Rum und Zigaretten. Vor einer Woche starb seine Mutter. Heute ist die achte Totenwache. »Holy Mary, mother of god, pray for us sinners, now and at the hour of our death.« Ernst und leise leiern sie in die Nacht. Zwei Karbidlampen brennen. Eine Nachbarin weint, sie flüstert: »Softly and tenderly, Jesus is calling for you.«

Trauern macht durstig. In der Pause bringt jemand Schnaps und Kaffee. Kurz vor Mitternacht gehen sie auseinander. Morgen werden sie noch einmal kommen, wieder weinen und trinken.

Früher war das Leben der Kariben stolz. Vor tausend Jahren verließen sie ihre Heimat entlang des Orinokoflusses im heutigen Venezuela und überquerten in schnellen Kanus ein Meer, das später nach ihnen benannt wurde – »The Caribbean Sea«. Und eroberten die »Kleinen Antillen«, die (östliche) Karibik. Sie waren furchtlos und kriegslustig. Sie überrannten ihre Vorgänger, die schüchternen Arawaks, fraßen die Männer und konfiszierten die Frauen.

Was immer davon wahr ist oder üble Nachrede, bis heute liegen wenig Beweise vor. Sie selbst nannten sich »Kalinago«. Christoph Kolumbus, der erste Weiße, der sich in ihre Gegend verirrte, verpasste ihnen den Namen »Kariben«, die Urform unseres Worts »Kannibale«. Nachweise für diese ungeheuerliche Behauptung besaß er nicht, er »habe aber Gerüchte gehört«.

Gesichert ist, dass die nacheinander eintreffenden Europäer – Spanier, Franzosen und Engländer – keinen einzigen der Inselbewohner verzehrten. Das hätte den anstehenden Völkermord nur verzögert. Sie mordeten – mit eingeschleppten Krankheiten und Zwangsarbeit, den Rest fingen sie für den Sklavenhandel ein. Mühseliger jedoch als geplant, denn die Kariben leisteten zähen, ja blutigsten Widerstand.

Bis zum Ende des 18. Jahrhunderts, dann war der Übermacht der fremden Flinten nicht mehr beizukommen. Auch nicht mit vergifteten Pfeilen. Sie flohen auf eine winzige, unter einem Regenwald versteckte Insel: Dominica. Vergeblich. Nun überfiel sie der Geifer der Missionare. Sie resignierten und wurden katholisch. Ihr Stolz und ihre Kraft verdämmerten. Wie dramatisch sie abstiegen, zeigt ein Brief, den sie 1893 an das British Colonial Office schrieben: »We humble beg of your kindness to accept our petition of your poor people (…) to implore the mercy of our Beloved Mother and Queen Victoria, for her poor and unfortunate children. (…) it is not savages but poverty. We humble kneel down in your feet to beg of your assistance.«

Das Weltreich überredete sich, Jahre später, zu einem Almosen und spendierte den Kariben 3700 Morgen Land, 15 Quadratkilometer »Indian Reserve«, im Nordosten der Insel. Für die letzten »reinrassigen« Überlebenden dieses Volks.

Ein langes Jahrhundert danach hat sich so viel nicht geändert. Die Nachrichten klingen düster. Die Zeiten des Ruhms sind tatsächlich vorbei.

Ein paar Schritte neben dem Schild »You are entering the Carib Territory« treffe ich Lewis Dupigny. Er steht zwischen den Stelzen, auf denen seine Hütte ruht. Mit der Machete teilt er einen Haufen Kokosnüsse, legt die Hälften über eine Glut zum Trocknen: Er stellt Kopra her, Kokosnussöl. Bedächtig, jeder Handgriff sitzt seit Generationen. Seine bronzefarbige Haut, die hohen Backenknochen, die schmalen Augen, das glatte Haar, faszinierend ist die Ähnlichkeit mit seinen Vorfahren vom südamerikanischen Kontinent.

Der 69-Jährige hat zwölf Kinder und ist vielleicht der einsamste Mensch der Welt. Ein Mann unter Denkmalschutz. Als Alleineigentümer der karibischen Sprache kann er sie mit niemandem teilen. Alle 3000 Kariben – genauere Zahlen gibt es nicht – reden Englisch und ein lustiges Französisch: Patois. (Die Insel »gehörte« auch einmal Frankreich.) Und einen spanischen Satz kennen sie ebenfalls: »Mal encaminado a Santo Domingo«, *versehentlich nach Santo Domingo befördert.* Als gestempelte Nachricht steht er auf vielen Briefen, die – endlos verspätet – endlich hier eintreffen: unzählige Beweisstücke für die weltweite Ignoranz, die ihr buntes, hübsches Dominica mit der Dominikanischen Republik verwechselt. Das nervt sie, das schon.

Dupigny dient als Symbol. Stirbt er, verschwindet die wichtigste, die letzte Identität seines Volks, die Sprache. Er erzählt von den vergeblichen Versuchen, sein Wissen an die Jungen weiterzugeben. Kein Interesse, zu anstrengend. Und die Alten sind tot oder vergaßen sie, erinnern sich nur noch bruchstückhaft. Aber er liebt diese Sprache, hält sie mit Selbstgesprächen am Leben, zieht die Kopie eines 300 Jahre alten Wörterbuchs heraus, schreibt »Iniboüinalicou« auf einen Zettel, lächelt verschmitzt, sagt: »Ein Wort für deine Freundin, es bedeutet ›Sweetheart‹.«

Ihr »territory« – »Reserve« klingt ihnen zu kolonialistisch – sieht gut aus. Eine asphaltierte Straße, genau sieben Kilometer lang, windet sich von Norden nach Süden durch ihre sieben Dörfer. Links geht es hinunter zum Atlantischen Ozean, rechts hinauf in den Bananenwald. Ganz oben, morgens im ersten Zwielicht, bekommt man einen fulminanten Ausblick auf die niedliche Welt der Kariben geschenkt: die Hügel, die unter wucherndem Grün versteckten Holzhäuser, das stille Meer, das sanfte Geräusch schmaler Flüsse.

Friedlicher Alltag. Männer mit geschulterter Machete auf dem Weg zu ihrer Arbeit. Andere sitzen in verbeulten »Rum Shops« und spielen Domino. Mit ein, zwei Promille im Blut. Auf einem schiefen Grasstück treten zwei jugendliche Kricketmannschaften gegeneinander an. Mädchen knien neben den Bächen und seifen die mitgebrachte Wäsche ein. Der Fischmann hupt, verkauft von der Ladefläche des Pick-ups den frischen Fang. Burton und sein

Sohn bauen ein Kanu. Skit öffnet seinen Laden, hängt ein paar Souvenirartikel vor die Haustür und wartet auf Kundschaft.

Hinter den Hügeln leben die anderen Dominicaner, die große Mehrheit. Durchaus seltsam: Die Kariben, die früheren Herren dieses Erdteils, sind heute die armen Teufel. Zweitklassig in einem Staat, der jetzt von Schwarzen regiert wird, die einst als Sklaven hierher verfrachtet wurden. Kein Hass herrscht zwischen den beiden Gruppen, aber ein intensives Desinteresse. Als ich in Roseau, der Hauptstadt, Regierungsstellen kontaktiere, um Antworten zum Zusammenleben der verschiedenen Ethnien zu bekommen, höre ich mehrmals am andern Ende des Telefons den flüchtigen Satz: »Sorry, dafür bin ich nicht zuständig.«

Die Kariben kommen nicht vom Fleck. Viele haben keinen Strom, schon längst sollte eine Kanalisation installiert werden. Das Geld kommt nicht. »Just words came«, kommentiert Dupigny. Er vermutet einen unterschwelligen Rassismus vonseiten der Geldgeber. Dass die Insel eine Bananenrepublik ist und grundsätzlich nur bescheidenste Mittel zur Verfügung hat, wollen sie hier nicht gelten lassen. Dass die Kariben die ersten Opfer dieser Armut sind, das ist gleichfalls jeden Tag wahr.

Die Mehrheit auf den 750 Quadratkilometern hat fließendes Wasser, sie nicht. Noch immer balancieren die Frauen ihre Plastikkübel auf dem Kopf. Eine Handvoll öffentlicher Wasserhähne existiert, mehr nicht.

»Chief« der Kariben ist Irvince Auguiste. Stämmig, knapp über dreißig, die Haare streng zu einem Zopf zusammengebunden. Diesen Sommer – wie alle fünf Jahre – finden Wahlen statt. Wir gehen zum Carib Council Office. Eine graue Betonhütte, neben dem Eingang steht: »500 years of Columbus' lie! Yet we survive!« Das hat Humor. Kolumbus hat die Insel an einem Sonntag (deshalb der lateinische Name »Dominica«) »entdeckt«, und im Gegensatz zu Millionen anderer überlebten die hiesigen Bewohner die Entdeckung. Da der Italiener nie das Territorium betrat.

Irvince will zum dritten Mal antreten. Ich bin grausam und frage ihn nach seinen Erfolgen. »Not so many«, gesteht er. Er weiß um die allwaltende Lethargie, bestätigt die unguten Reibereien untereinander, ihre halblauten Diskussionen darüber, wer von ihnen nun ein »pure« ist, ein reinrassiger Karibe, und wer nicht: all jene nicht, die einen schwarzen Elternteil haben.

Es scheint keine Gesellschaft auf Erden zu geben, und wäre sie noch so geschunden, die nicht Zeitgenossen fände, auf die sie herabschauen kann.

Ein Fortschritt ist auch – der Boss sagt den Satz seelenruhig –, »dass jetzt ein Telefon in meinem Büro steht«. Der junge Chef reist viel, hat immerhin erreicht, dass der Rest der Welt von der kümmerlichen Existenz der Kariben Notiz nimmt, dass publik wird, dass irgendwo in einem fernen Meer ein Völkchen zu vergehen droht. Zuerst dezimiert von europäischer Mordlust und christlichem Missionierungswahn, dann abgeschoben auf ein Reservat mit den Ausmaßen einer größeren Hühnerfarm.

Die Geschichte hat die Kariben nicht verwöhnt. Sie sind scheu geworden, sie misstrauen. Die Anfrage einer amerikanischen Universität, bei 250 von ihnen Blutproben, Haare und Gewebeteile zu entnehmen, »um besser die genetische Vielfalt der Völker zu verstehen«, wurde abgewiesen. Zu tief sitzt die Angst, wieder geprellt und missbraucht zu werden.

Und sie prellen sich selbst. In Salybia, dem »Hauptdorf«, liegt eine der beiden Schulen. Alle zehn Volksschulklassen befinden sich in einem (!) Raum, nur getrennt durch Paravents. Ein rasanter Lärmpegel begleitet die Schulstunden. Am andern Ende der Wiese verrottet die dazugehörige Latrine. Kein Transportsystem zwischen Wohnung und Unterricht. Zu-spät-Kommen gilt als Regel. Zu-früh-Abspringen ebenfalls. Eine Mehrheit kann auch nach dem Abgang nur mühsam lesen und schreiben. Dass hinterher keine Arbeit auf sie wartet, eher überflüssig, es zu erwähnen. In diesem Jahrzehnt haben nur zwanzig Schüler den Sprung in die »secondary school« geschafft. Einer pro Jahr besteht die Aufnahmeprüfung für die Universität.

Was fehlt, grausam fehlt, ist der Druck der Eltern. Wer nicht mag, bleibt zu Hause hocken. Niemand, der die Achtjährigen auf die Schulbank zurückjagt. Man gewinnt den Eindruck, dass sie im Wert einer umfassenden Ausbildung wenig Nutzen sehen.

Keine Unruhe plagt sie. Da der Boden allen gehört, bliebe als Ausweg für ihre analphabetischen Kinder ja noch immer – wie stets zuvor – Bananenstauden pflücken und Kokosnüsse spalten. Sowie Bastkörbe flechten und Kanus zimmern. So reden sie sich davon.

Auf dem Gelände steht auch ein »Health Care Center«; zwei schäbige Räume, ohne Waschbecken. Die beiden Krankenschwestern Sylvie und Sabrina berichten von Gastritis, Würmern und Tuberkulose, die vordringlich anstehen. Zeichen fehlender Hygiene. Familienplanung? Von wegen. Deshalb schaffen die Kariben eine beinahe weltmeisterliche Geburtenrate von vier pro Frau. *Babies having babies.* Ja, schon Dreizehnjährige müssen von der Schule, dickbäuchig, schwanger.

Alle vierzehn Tage schaut hier ein Doktor vorbei. Für drei, vier Stunden. Ein Schild hängt gerade aus, Hinweis, dass am kommenden Samstag der Zahnarzt anwesend sein wird – in einem Ort außerhalb ihres Gebiets. Man solle »frühzeitig da sein, denn nur zwanzig Patienten werden behandelt«.

Die Insignien ihrer Niederlagen kann keiner übersehen. Nicht vieles ist erfolgloser als der Misserfolg. Seit Langem gibt es nichts zu feiern. Sie überleben. Das ist ein bitteres Wort für ein Volk, das einmal so souverän auftrat, so freiheitsliebend. Und sie wehren sich nicht, nicht mehr. Selbst das Verschwinden ihrer eigenen Sprache dulden sie. Auf fatale Weise scheinen sie einverstanden. Sie haben das Siegen verlernt. Besonders nachts, wenn sie blau sind und ihre Toten betrauern.

PASHMINA

Auf der Suche nach den wertvollsten Ziegen – mitten im Himalaya

Geheimnisse sind teuer. Nicht vieles hat einen höheren Preis als eine rigoros geheim gehaltene Information. Und hilft kein Sack voller Scheine, dann muss die Liebe antreten. Damit ein Mensch verrät, was nie verraten werden sollte. Wie seinerzeit das Geheimnis der Seide, dessen Preisgabe mit dem Tode bedroht war. Die Chinesen wussten es, und die Europäer wollten es wissen. Und so versteckte eines Nachts eine chinesische Prinzessin in ihren Haaren die Eier einer Seidenraupe und brachte sie dem Mann, den sie liebte. Und so kamen die Eier und das Geheimnis zu uns.

Nicht weit von der Seidenstraße entfernt gab es tausend Jahre später wieder etwas, das verheimlicht werden musste. Und dessen Enthüllung wieder nichts weniger als den abgeschlagenen Kopf kostete. Ging es einst um das Wunder federleichter Schmetterlinge, so galt es diesmal, eine schwergewichtige Geiß zu verstecken, die »capra hircus«, die *Pashmina-Ziege.* Die gedieh (und gedeiht) auf dem tibetischen Hochland, und ihr Fell verspricht einen Schal, der den Herstellern des eleganten Accessoires Karawanen voller Goldkisten sicherte. Und sichert. Schauplatz des Rätsels und der Todesstrafe: die westlichen Ausläufer des Himalaja.

Die Gier nach Schönheit hört nicht auf: Europäische Modeschöpfer haben nun den formidablen Stoff entdeckt. Nichts scheint augenblicklich den Hals einer Europäerin grandioser zu wärmen als der neben eisigen Gipfeln gewachsene Flaum einer gut aussehenden Ziege.

Überraschenderweise geht die Geheimnistuerei – noch zu Beginn des dritten Jahrtausends – weiter. Kein Reporter muss heute um seinen Kopf fürchten. Doch so manches Interview wird mittendrin abgebrochen, Türen bleiben plötzlich zu, redselige Zeitgenossen reden kein Wort mehr. Nie Ausdruck einer Unfreundlichkeit. Nein, alle Beteiligten spielen ein Spiel: Die Menschheit soll begreifen, dass es sich bei der Herstellung von Pashmina um einen geradezu mythischen Vorgang handelt. Noch immer. So bleibt die Ware teuer und rar.

Flug von New Delhi nach Leh, Hauptstadt Ladakhs und uraltes Zentrum des Pashmina-Handels. Diese Region – ungefähr 60 000 Quadratkilometer groß und von wilden Siebentausendern umzingelt – bildet den östlichen Teil von Indiens Bundesstaat Jammu und Kaschmir. Gäbe es Götter, so haben sie hier mit Hammer und Amboss die Welt erschaffen. Als die Boeing 727 zur Landung auf der 3500 Meter hoch gelegenen Piste aufsetzt, liegt die Tiefenschärfe bei zweimal unendlich. Die Luft ist blaukalt, und in meinem Hotel friert das Leitungswasser, kein Ofen heizt das Zimmer. Was Wunder, dass in dieser Gegend wohlgefütterte Ziegen zu Hause sind.

Leh ist romantisch und auf souveräne Weise verranzt. Die Alten drehen noch die buddhistischen Gebetsmühlen, Scharen von Hunden streifen von einem Sonnenfleck zum anderen, Kühe schlendern nonchalant durch den Bazar, und an mindestens fünf Ecken leuchtet der Hinweis: »German Bakery«. Deutscher Pumpernickel genießt hier Weltruf.

Die Kamele sind verschwunden, jetzt stinken die Diesellaster, rußschwarz ziehen sie ihre Spur über ein Dutzend asphaltierter Straßen. Am Dorfrand sehe ich Bauer Gyelong – auf einem Holzpflug balancierend – seine zwei Ochsen anfeuern. Er peitscht nicht, er singt: »Nehmt es leicht, leicht wird es gehen.«

Mitten im Markt steht das »Pashmina Shawl Emporium« von Mister Gulam Rasool. Die Verkaufsfläche beträgt knapp sechs Quadratmeter, aber das Lieblingswort für einen indischen Laden ist das Wort »Emporium«. Nicht anders in Leh.

Gulam ist ein Schlitzohr, er weiß, wo es im Pashmina-Business langgeht. »Who knows bloody Ladakh?«, fragt er. Weil ich wissen wollte, warum er seine Pashmina-Schals unter der Bezeichnung »Kaschmir« verkauft: Da der Rest der Welt eben keine Ahnung habe von der Wunderziege, aber grundsätzlich die pralle Börse leert, wenn das Wort »Kaschmir« fällt. Dennoch, die Ignoranz lasse in letzter Zeit nach, immer mehr Kunden wüssten nun zwischen einer »stinknormalen Wolle« und dem famosen Flausch aus dem Himalaja zu unterscheiden.

Kleine Erdkunde: Chang-Tang, die Hochebene Tibets, umfasst beinahe eine Million Quadratkilometer. Ein schmaler Streifen dieser kolossal unwirtlichen Landschaft liegt in Ladakh, also in Indien. Dort – in einem Klima barbarischer Kälte und Einsamkeit – überleben gut, ja bestens, die sogenannten Pashmina-Ziegen. Behütet und gehegt von den Chang-pa, einem Nomadenvolk, das seine kostbaren Herden in grausig frostigen Höhen von Weide zu Weide treibt.

In den Monaten Juni und Juli schicken Gulam Rasool und alle anderen, die als Händler mit dem exquisiten Gut wirtschaften, ihre »Fänger« los. Denn während dieser Jahreszeit wird den Tieren der Pelz geschoren. Und die Fänger besuchen die Chang-pa, rangeln um die wenigen paar Hundert Kilo, einigen sich endlich auf einen seltsamen Handel: Die Chang-pa bekommen dürftige 750 Rupien (etwa 16 Euro) pro 1000 Gramm. Und sind die Scheine umgehend los. Weil die Großhändler säckeweise nützliche Utensilien und nutzlosen Klimbim mitgebracht haben: um den Chang-pa ihr Geld – nach dem gemeinsamen Genuss einiger Kanister Bier – wieder abzuknöpfen.

Sobald Gulam Rasool das von Tierblut und Strauchzweigen verschmutzte Rohmaterial gehört, fährt er in ein Nachbardorf, um dort »seine« Großmütter zu treffen. Und die älteren Damen – auch sie sparsamst entlohnt – machen sich mit der Geduld von Omis daran, das Fell zu reinigen. Um es anschließend, nun mit der Beharrlichkeit von Heiligen, Haar für Haar nach Feinheit und Farbe – grau, weiß, braun und schwarz – neu zu ordnen. Dann »karden« (Fachausdruck für auskämmen, glätten), dann – schließlich – spinnen. Alles per Hand und alles mit Gerätschaften, die irgendwann kurz nach dem Ende des Mittelalters erfunden wurden.

Jetzt – als Kilo Faden – kostet das Pashmina bereits das Doppelte. Nun wird die Ware nach Westen geschafft, ins Kaschmir-Tal, dorthin, wo die Weltmeister der Webkunst sitzen. Und die zaubern, weben und sticken eben jene Schals, jene immer einen Meter breiten und zwei Meter langen Schultertücher, die augenblicklich die Regale von Gulam Rasool füllen.

Wer scharf auf die Nase des Ladenbesitzers blickt, wird erkennen, dass sie aus purem Gold ist. Denn bei Gulam, dem Abgefeimten, wird gedrängelt. Die hiesige Mittelklasse plus die Handvoll Reichen von Leh kommen bei ihm vorbei. Meistens geht die Frau voraus, und der Mann – leicht gebeugt vom vielen Cash, das er schleppen muss – trottet hinterher.

Der englische Dichter John Keats notierte einmal: »A thing of beauty is a joy forever«, *etwas Schönes bedeutet ewige Freude.* Vielleicht wissen sie hier nichts von englischen Romantikern, aber die Intelligenz jener Tagebuchnotiz haben sie längst verinnerlicht. Apartes Bild, wenn eine gepflegte Frauenhand auf geradezu sinnliche Weise über die von Gulam Rasool ausgelegten Pashmina-Schals streicht. Nachdem Gulam, der Verführer, zuerst ein Produkt aus banaler Wolle – »fühlt sich doch wie Schmirgelpapier an?« – vorlegte und gleich anschließend ein samtweiches, luftleichtes Meisterstück reichte, das bei jeder Berührung der Haut und den Sinnen schmeichelt.

Missis Sud – wie so viele andere Kundinnen ist sie die Frau eines hier stationierten Offiziers – greift zu. Zum besten Stück im Laden, einem von aberwitzig feinen Stickereien verzierten Schal. Arbeitszeit: drei Jahre. Preis – exorbitant und doch ein Nichts angesichts der tausendtägigen Mühsal: 35 000 Rupien (750 Euro).

Und die Lady hat Stil, schachert nicht, erklärt dem verblüfften Fremden die unumstößlichen Spielregeln: »Eine Frau aus einer hohen Kaste muss mindestens 15 Pashmina-Schals besitzen. Denn wie ich heute die Erbstücke meiner Urgroßmütter trage, so werden meine Urenkelinnen meine Schals tragen. Ein Glanzstück hält über 150 Jahre.«

Klar, Gulam Rasool hat nicht eine einzige Adresse seiner Weberinnen preisgegeben. (Wir fanden sie trotzdem.) Bis zuletzt schien der Emporium-Inhaber an der Identität von Übersetzer Kailash und mir als Reporter zu zweifeln, vermutete wohl zwei heimliche Konkurrenten, die sein Wissen und seine Verbindungen aushorchen wollten.

Suche nach den Chang-pa, den Hütern des Pashmina. Die halten sich tatsächlich fern, wandern über die Hänge des Himalaja, verstecken sich hinter klirrenden Temperaturen. Mit einem Jeep, Daunenschlafsäcken und Kerosinkocher machen wir uns auf den Weg, verlassen die Hauptstadt Richtung Süden, Richtung Chang-Tang.

Fahrt über ein spektakuläres Land, entlang des türkisblauen Indus, vorüber an schwankenden Fußgänger-Hängebrücken, die in Dörfer hinter den sieben Bergen führen, vorbei an buddhistischen Klöstern mit wuchtigen Gebetsmauern, und eine kurze Rast einlegen beim Om Hotel, das sich als wackelige Teestube erweist. Und dann für Stunden an Felswänden vorbeijagen, an deren unterem Ende – mitten auf der Straße – mülltonnendicke Brocken liegen. Wie beruhigend, dass der Abschnitt ordnungsgemäß als »steinschlaggefährdet« ausgeschildert ist.

Der letzte Teil der Suche führt über Geröllhalden, offiziell mit »ungepflastert« auf der Landkarte vermerkt. Das Atemberaubende legt zu, das Maßlose. Irgendwann tauchen die bulligen Yaks auf, und irgendwann kommen die schönsten Vierbeiner der Welt ins Bild: wilde Pferde.

Am späten Nachmittag erreichen wir ein Lager der Chang-pa: zwölf Zelte, lose verstreut, ganz nah dem Tso Moriri, einem (gerade) grün strahlenden Salzsee. Windige Kälte empfängt uns, ein giftiger Hund reißt an der Kette, doch alle anderen Tiere und Menschen zeigen nicht die Spur von Argwohn. Wir fragen zwei Mädchen, und sie lächeln mit ihren roten Backen und weisen den Weg zum »Goba«, dem *Chef.* Und Tsering, der 62-jährige Boss, eilt uns in seiner an sechs Stellen zerrissenen Jacke entgegen, sagt wie selbstverständlich »kommt rein« und zieht den Türlappen hinter uns zu.

Drinnen liegt der Hausrat der Familie, rund um die Feuerstelle. Vier mal vier Meter misst die Behausung, und alles in Reichweite: das Brennmaterial, die getrockneten Yakfladen, die drei Stapel Decken, die rußigen Töpfe, ein Bild des Dalai Lama, ein schlafendes Baby, die Solar-Lampe, ein toter Ziegenkopf, Thermosflaschen, ein Haufen zotteliger Mäntel und zwölf Dosen mit Zucker, Salz und Gerste. Ehefrau Pema – ein Zahn gehört ihr noch – bereitet den Buttertee und walkt nebenbei einen mit Milch gefüllten Ziegenhautbeutel, Käseproduktion auf 4500 Metern Höhe.

Tsering ist ein tibetischer Chong-pa. Er erzählt, wie sich die Chinesen 1959 sein Land unter den Nagel rissen, Frauen zur Abtreibung zwangen, in sein Dorf kamen und ihn aufforderten, sich von seiner Kultur loszusagen. Er floh nach Indien, wurde Soldat und – nach elf Jahren – wieder Hirte. Er sagt den klaren Satz: »Ich ertrage kein anderes Leben.«

So hat er nichts, kein Haus, kein fließendes Wasser, keinen Strom und keine Aussicht auf einen Tag ohne Arbeit. Und er hat so vieles, sieben Kinder, vier Pferde, fünfzig Schafe, zwei Yaks, 150 Pashmina-Ziegen, den Himalaja und – so poetisch drückt er es aus – »ein freies Gefühl«.

Tsering, der Buddhist, redet ohne Wehleidigkeit. Wäre er reich, würde er ein Fahrzeug kaufen. Dann wäre er in sechs Stunden und nicht in sechs Tagen in Leh. Aber mehr als einen flüchtigen Nebengedanken lang träumt er nicht. Zu fordernd ist die Wirklichkeit, schon sucht er nach neuen Wiesen. Bald werden sie hier einpacken und weiterziehen, zur nächsten Weide. Alle drei, vier Wochen müssen sie weg. Im Winter, wenn viel Schnee fällt und kein Gras mehr zu finden ist, werfen indische Armeehubschrauber Lebensmittel und Futter ab. Doch das passiert eher selten, sie selbst sorgen, so gut sie können, für Notfälle vor.

Ich erwähne die fantastischen Erlöse, die in europäischen Großstädten mit dem Handel von Pashmina gemacht werden. Aber Tsering geht nicht darauf ein, das Wort »Gewinn« kommt nicht vor in seinem Kopf, die Profite der Profiteure interessieren ihn nicht. Er nickt abwesend.

Um 17 Uhr wird es dunkel, wir verlassen das Zelt. Der Wind faucht noch gemeiner, die Tiere kommen zurück, die begleitenden Hunde scheuchen sie vorwärts. Jede Familie besitzt ein kreisrundes Gatter, provisorisch konstruiert aus lose aufgeschichteten Steinen. Und die Pashmina-Ziegen sehen tatsächlich edel aus, wie zu groß geratene Angorakatzen mit Hörnern, üppig eingepackt in wertvollste Watte. Kleider machen Leute, Felle machen Geißen, aber ja.

Tserings Gatter wird brechend voll, die plötzliche Wärme verführt die Böcke zur Nächstenliebe. Die Hirten zeigen grinsend auf die rammelnden Paare, jetzt grinsen alle. Wie überall auf der Welt sind Männer in derlei Augenblicken kindisch und bester Stimmung.

Wir schlagen unser Zelt auf und kochen Wasser für unsere Maggisuppen. Hinterher ist es sieben Uhr abends und stille Nacht im Lager. Das Mineralwasser ist gefroren, und das Thermometer zeigt minus 17 Grad. Kailash wickelt sich ein und darf tot sein. Ich nicht. Europäer geißelt in solchen Höhen die dünne Luft. Der Kopf braust, als wäre jemand unter meiner Schädeldecke eingezogen und übte Elfmeterschießen: Peng! Peng! Peng! Ich greife zu Diamox, um die Symptome zu lindern. Eher vergeblich.

Keine zwanzig Schritte von unserem Zelt entfernt sitzt der junge Sonam, er hält heute Wache. Gegen die streunenden Wölfe. Ich bin grausam und wecke Kailash. Wir nehmen die Schlafsäcke und setzen uns neben den einsamen Wächter. Der Polarstern und der Halbmond leuchten, vor dem nun silberschwarz glitzernden See huschen die Schemen der Hunde vorüber. Nicht viele arme Schlucker leben in einer Gegend, die auf so surreale Weise schön ist.

Als mein Blick auf Sonams speckiges Yakleder fällt, das seine Schultern wärmt, erzähle ich ihm vom Pariser Modehaus Yves Saint Laurent, wo sie einen Pashmina-Mantel für saubere 80 000 Euro geschneidert haben. Keine Reaktion. Bis ich ausrechne, wie viele Millionen Rupien das wären: immerhin knappe zwei. Jetzt muss Sonam laut, wunderbar laut, lachen.

SAGENHAFTE WELT

BIBLIOTHECA ALEXANDRINA
Ein Leuchtturm im Meer namenloser Ignoranz

CHICAGO BLUES
Nie ist traurig sein schöner als beim Hören von Blues

QUEENS PARK RANGERS
Ein Fußballclub in London – A strange club

BIBLIOTHECA ALEXANDRINA

Ein Leuchtturm im Meer namenloser Ignoranz

Was haben Ptolemaios I. und Tim Berners-Lee gemeinsam? Der eine war Grieche, Staatsmann und Erbauer einer sagenumwobenen Bibliothek, der andere Amerikaner, Bürger und Erfinder des World Wide Web. Doch *eine* Sehnsucht verband sie beide: der vermessene Traum, alles Wissen an einem Ort zusammenzutragen. Einmal nicht Gold und Edelstein raffen, sondern die Schätze, die sich der menschliche Geist ausgedacht hat. Ob das Internet jemals dort ankommt? Abwarten. Bei Ptolemaios steht fest, dass er gescheitert ist. Aber auf grandiose Weise.

Der 23. April 2002 wird ein Freudentag. Am *International Book Day* eröffnet Regierungschef Hosni Mubarak in der ägyptischen Hafenstadt die *Bibliotheca Alexandrina.* Freude, weil die investierten 230 Millionen Dollar von Zivilcourage und Weisheit zeugen. Nicht noch ein schimmernder Pharaonenbunker für sein Präsidenten-Ego sollte es diesmal sein, nicht schon wieder eine platinkuppelgepflasterte Moschee, auch kein 100 000-Mann-Stadion fürs Volk zum Brüllen. Nein, dafür eine Stätte, wo sie um Stille betteln werden, wenn jemand zu laut flüstert.

Bereits ein flüchtiger Blick auf die Bücherregale beruhigt: Hier stehen genug Ideen herum, um – beängstigend für die Machthaber in dieser Weltgegend – ewige Wahrheiten zu zersetzen. Und die Leser den Hunger nach demokratischen Spielregeln spüren zu lassen.

Keine Bibliothek auf keinem Erdteil und zu keinem Zeitpunkt hat so viele Spekulationen und Träume provoziert wie jene, die Ptolemaios I. vor 2325 Jahren in Alexandria erbauen ließ. Nicht lange zuvor war die Stadt von Alexander dem Großen gegründet worden. Ptolemaios und seine Nachfolger waren büchernärrisch und wurden – wie logisch – rabiate Bücherdiebe. Die schönsten Legenden zirkulieren: Wann immer ein Schiff anlandete, wurde es von Spezialeinheiten durchsucht. Jedes Buch, sprich jede Schriftrolle, wurde konfisziert und kopiert. Hatte der Eigentümer Glück, erhielt er die Kopie, nicht das Original, zurück. An alle damals bekannten Länder sandte man Boten mit Bettelbriefen, mit der dringlichen Bitte, etwaiges Wissen in Buchstabenform herauszurücken. Aus Indien trafen buddhistische Schriften ein, aus Persien Dokumente über den Religionsstifter Zarathustra. Man überredete die Stadtväter von Athen, die Manuskripte der drei berühmtesten Dramatiker – Aischylos, Sophokles und Euripides – zu schicken. Mit dem Versprechen, sie abzuschreiben und zurückzusenden. Die Athener waren naiv genug und verschifften sie nach Alexandria. Eine Menge Geld bekamen sie, gewiss, doch die Handschriften nie wieder.

Kriminelle Energie kann zu erstaunlichen Wohltaten führen. Alexandria begann zu gedeihen, entwickelte sich zu einem geistigen Zentrum. Hätte es das Wort schon gegeben, wäre Thinktank das trefflichste gewesen. Wie sinnig: Am anderen Ende des Hafens – nur ein paar Hundert Meter von der Bibliothek entfernt – entstand der *Leuchtturm von Pharos,* 400 Fuß hoch und nach Fertigstellung eines der *Sieben Weltwunder.* Seine Flamme, sein Licht lockten beide an, Schiffe und Denker.

Wissenschaftler, Philosophen und Dichter zogen in die Stadt. Euklid erfand hier die Geometrie, Eratosthenes errechnete den Umfang der Erde, Aristarchus wusste – eine Ewigkeit vor Kopernikus –, dass wir uns um die Sonne drehen, Kallimachos schrieb seine Hymnen, die noch die Liebesgedichte von Ovid und Catull beeinflussen sollten. Alexandria wurde Weltstadt.

300 Jahre lang hielt sie durch, dann verwüstete ein Feuer die Bibliothek, den Traum. Historiker sind vorsichtig beim Benennen des Schuldigen. Vieles lässt vermuten, dass der römische Kriegstreiber Julius Caesar dafür verantwortlich war. Er taugt als die politisch verträglichste Antwort. Einst galten böse Christen als Brandstifter, später böse Muslime.

Mit einem bösen »Heiden« können alle leben.

Zwei Jahrtausende nach der Katastrophe ist Alexandria zum 6-Millionen-Einwohner-Schrecken verkommen. Opfer haltloser Landflucht und namenloser Gleichgültigkeit. Heimat für Männer, von denen ein gutes Drittel nicht lesen und schreiben kann, Heimat von Frauen, von denen mehr als 60 Prozent nie eine Schule besuchten. Moloch, wo Eselskarren zwischen modernen Stinkschwaden Kartoffeln und Gurken transportieren. Kulturferne Öde, in der die Arbeitslosen tagsüber am Straßenrand lungern und gegen Entgelt ihr Handy verleihen. Und abends in den Cafés hocken, Domino spielen und auf Catch-as-catch-can-Shows glotzen.

Da mitten hinein einen Hightech-Musentempel mit Zugang zu brisanten Einsichten – via Bücher, via Internet – zu stellen, einen ganz und gar irdischen Tempel, der mindestens so viel kostet wie 1000 Lastwagen voller Gebetsteppiche, das ist mutig. Ich treffe den heiter strahlenden Lotfy Dowidar, Ex-Chirurg und Ex-Rektor der hiesigen Universität: »Wir haben es geschafft«, sagt er. Mehr als 30 Jahre lang war er rastloser Antreiber, drängten er und Freunde auf die Bibliothek. Mit zwei Hintergedanken im Kopf: die Stadt wieder an die vergangene Glorie heranzuführen und – am dringlichsten – der Jugend einen Weg ins Freie zu bieten. Damit der Stumpfsinn der Ignoranz aufhört und Ägypten endlich mitentscheiden kann beim Entstehen der Zukunft.

Ende der Achtzigerjahre ließen die Machthaber mit sich reden, die UNESCO schaltete sich ein, ein Architektenwettbewerb wurde ausgeschrieben, über 1400 Bewerber nahmen teil, und »Snohetta« (norwegisch für *Schneehut*) – ein Büro aus Oslo mit fünf schlaksigen Typen – bekam den Zuschlag. Februar 1990 fand die »Assuan Konferenz« statt, Mubarak hielt den Klingelbeutel auf, und die Saudis und Arabischen Emirate spendierten je 20, die Iraker 21 Millionen Dollar. Westliche Regierungen versprachen Sachleistungen und Know-how. Am 15. Mai 1995 begannen die Bauarbeiten.

Saint-Exupéry, der Verfasser des *Kleinen Prinzen,* schrieb einmal: »Wenn du ein Schiff bauen willst, so trommle nicht die

Menschen zusammen, um Holz zu beschaffen, Aufgaben zu vergeben und die Arbeit einzuteilen, sondern lehre sie die Sehnsucht nach dem weiten, endlosen Meer.« Dieser Satz könnte hier in der Eingangshalle stehen. Sollte dieser Bau sich je rechtfertigen, dann muss er dieses Verlangen, diese Lust auf Wissen, auf Denken und Entdecken, auf Lernen und Begreifen beharrlich befeuern. Muss als souveränes Serum dienen gegen die Marktschreier göttlicher Gewissheiten. Muss mithelfen, ja drängen, dass in Ägypten irgendwann weniger staatlicher Hochmut und religiöser Bimbam umgehen.

Das Gebäude sieht gut aus, verdammt gut. Nicht jeder der 300 Autofahrer, die pro Minute auf der achtspurigen Corniche an der Bibliothek vorbeirauschen, wird auf das Bremspedal drücken, um für eine Stunde Lektüre abzubiegen. Aber er wird staunen: Eine gewaltige Scheibe, wie eine aus der Tiefe hochsteigende Sonne, erhebt sich aus dem Mittelmeer. Der aluminiumglitzernde Diskus – 160 Meter Durchmesser – hat zwei Funktionen: einmal an den Gott Ra, den Sonnengott, den Schöpfergott des uralten Ägyptens zu erinnern, einmal an einen Mikrochip, Symbol einer hochmodernen Gegenwart. Und noch ein dritter Sinn: Die »Sonne« blickt Richtung Europa, Richtung Aufklärung und Menschenrechte. Unübersehbarer Aufruf zum Dialog, zum gegenseitigen Respekt, zur verbindlichen Bereitschaft, voneinander zu lernen.

Die Scheibe ist nicht vollständig, ein großes Stück fehlt. Was für eine kluge Metapher für Bescheidenheit: dass Wissen nie aufhört, dass es immer Neues zu entdecken gibt, ja dass nie einer recht hat, der glaubt, angekommen zu sein.

Getragen wird der 33 Meter hohe Geniestreich von 4200 Granitblöcken, jeder zwischen 800 und 1000 Kilo schwer, Hitze absorbierend und ewigkeitstauglich wie Pyramiden. Auf die Kuben haben Steinmetze Hunderte von Buchstaben, Schriftzeichen, Lettern, Initialen, Hieroglyphen, Noten, Höhlengraffiti, ja die geheimnisvollen Markierungen der Brailleschrift gemeißelt. Deutschland hat das scharfe S beigesteuert, kein anderes Alphabet besitzt diese Ausnahme. Ein künstlicher Pool umgibt die

Sonne, mittendrin sprießen ein paar Papyrusstauden: einst ägyptisches Staatsmonopol, um die Menschheit mit dem ersten »Beschreibstoff« zu versorgen. »Pflanze des Glücks«, nannten die Alten das Schilfrohr. Sie wussten, wovon sie redeten.

Jeder Schritt entlang dieser Glanzleistung bedrängt den Besucher mit der unwiderruflichen Tatsache: Inniger und aufregender ist das Leben für jene, die lesen und schreiben können. Und lesen und schreiben wollen.

Wie resolut sie sind: Einmal sitzen Fotograf Oliver Mark und ich auf der kniehohen Mauerkante, die das Wasserbecken umgibt. Ein eigens dafür aufgestellter Ordnungshüter klärt uns darüber auf, dass das Berühren der Mauer verboten und sich auf sie setzen streng verboten sei. Die Sorge kann man nur positiv interpretieren: Wie pfleglich sie mit all dem umgehen, was dieses Haus und seine Bücher behütet.

Unter dem Sonnendach liegt der Lesesaal. Wer ihn betritt, will in keinem anderen Jahrhundert als dem 21. leben. Mildes Licht fällt durch die 56 Augenschlitze der Mikrochips, die im riesigen Dach eingelassen sind und raffiniert die Glutstrahlen des Sommers brechen. Fällt auf knapp 38 000 Quadratmeter Gedanken, verteilt auf zehn Etagen, offen, durchgehend miteinander verbunden, in Sekunden erreichbar. Nur getrennt mittels feuerresistenter – versteckt in die Decke montierter – Vorhänge. Um eine etwaige Feuersbrunst einzudämmen. 2500 Studienplätze gibt es, 300 mit Computer und Internetzugang, umgeben von Werken der Philosophie, Geschichte, Religion, Literatur, Kunst und der Wissenschaften.

Irgendwann sollen es acht Millionen Bücher sein, zu Beginn werden etwa 250 000 in den Regalen stehen. Zyniker haben bisher immer nur das *Guinness Buch der Rekorde* und eine Biografie über Lady Di entdeckt. Wer eine Viertelstunde mehr Zeit hat, der wird – bisweilen in den drei offiziellen Sprachen Arabisch, Englisch und Französisch – die Gesamtausgaben von Cicero und Seneca finden, die frivolen Epigramme von Martial, den gesamten Nietzsche, Kafka, Goethe, Kant, *Ein Zimmer für sich allein* von Virginia Woolf, die *Minima Moralia* von Adorno, Simone de

Beauvoirs Kampfschriften zur Befreiung der Frau, Camus' Tagebucheintragungen zur Gottlosigkeit des Universums, Noam Chomskys Brandreden, Oscar Wildes ätzende Aphorismen, die homoerotischen Poeme von Konstantin Kavafis, die Einweisungen des Dalai Lama ins irdische Glück, die Sonette Shakespeares, meterweise Freud, C. G. Jung und Michel Foucault, noch ein paar Meter über Judaistik, das Christentum, den Buddhismus, den Islam. Ein ganzes Stockwerk besetzt die »New Technology«.

Die Blinden ziehen in die »Library for the Blind« und die Video-Freaks in die Kabinen der Multimedia-Abteilung. Einige Türen weiter werden die Musikfreunde Platz nehmen und je nach Laune den neuen Stockhausen oder die Schmachtarien von Giuseppe Verdi hören. Wer es unbedingt erfahren will, kann im »Who is who in Hollywood« nachschlagen oder eine Monografie über Rainer Werner Fassbinder oder Jodie Foster zur Lektüre bestellen. Für Wissenschaftler und Autoren wurden insgesamt 248 »Einzelzimmer« bereitgestellt. Nichts soll stören beim Denken, beim Nachdenken, beim Aufschreiben des Gedachten.

Zeitgenossen, die sogar den Trend zum Zweitbuch versäumt haben, fragen lautstark: »Was soll eine Bibliothek im Zeitalter des Internets?« Heillose Ignoranten, denn viele der weltweit verfügbaren Bücher und Fachzeitschriften werden wohl nie digital zur Verfügung stehen. Zudem: Wer je in einem Lesesaal gearbeitet hat, wird wissen, wie die arbeitsintensive Nähe anderer die eigene Konzentration stimuliert. Drittens, gerade in einem Land, das aufholen muss, fehlen den meisten die finanziellen Mittel für bedrucktes Papier, für Hardware und Telefonkosten. Zuletzt: Wir sind schon einsam genug, wie beruhigend, dass noch ein (intelligenter) Vorwand existiert, um uns zu treffen.

Einmal sehe ich eine Gruppe Männer beim Rundgang. Das eine Dutzend besteht aus Priestern der koptischen Minderheit, das andere aus Imamen, Vorstehern verschiedener Moscheen. Sie reden miteinander, berühren sich vertraulich an den Schultern, diskutieren über das Gesehene. Vor dem Eingang, auf dem Platz der Kulturen, wurden zwölf Olivenbäume gepflanzt, ein Aufruf zum Frieden.

Christen und Muslime, die einander zuhören und nicht abschlachten. Was für ein Bild! So wäre da noch ein Sinn für dieses Haus: unangestrengt zur Toleranz anspornen.

Erstaunlich die Frauen, die hier arbeiten. Als Guides, als Übersetzerinnen, als Dolmetscherinnen, als Assistentinnen, als Pressesprecherinnen, als technische Mitarbeiterinnen. Ihre Begeisterung für die Bibliothek beflügelt sie gegenseitig. Sie wissen, dass Kenntnis und Aufklärung ihrem Kampf um Unabhängigkeit und Gleichstellung zugutekommen. Erfreulich hier, dass die Tee-Boys, die Liftknöpfe-Drücker, die Bürotüren-Öffner reine Männerjobs sind. Erhellend auch Szenen, in denen ich mit einem Boss spreche und dem Boss jedes dritte englische Wort fehlt und seine Sekretärin ihm stets mit der richtigen Vokabel aushelfen muss. Manche von ihnen beherrschen die so fordernde Fremdsprache Deutsch. Bisweilen wird mir diskret signalisiert, dass ein paar der Chefs vom aktuellen Tempo überfordert sind und eher aus Versehen hierher umgebettet wurden.

Doch die Trödler gelten als Ausnahme, grundsätzlich schuften die 500 hier beschäftigten Frauen und Männer gemeinsam und effizient auf den Eröffnungstag hin. Hinter den zehn Etagen Büchern liegen die elf Etagen Büros, Werkstätten und Labors.

Jedem, der beim Anblick von Papier Feuer fängt, wird am wärmsten in der Nähe von Nagib und ihren vier Mitarbeitern. Die fünf zaubern im »Restoration Lab«, retten mit orientalischer Geduld schwerst verletzte Folianten, restaurieren sie, verschaffen ihnen ein zweites Leben. Eine Woche bis zu zwei Monate kann so ein Wiederbelebungsversuch dauern. Man fühlt die Freude, wenn sie das Endprodukt auswickeln und herzeigen. Nagib, wie nebenbei und in feinstem Französisch: »L'amour pour le travail, c'est du bonheur«, *Liebe zur Arbeit, das ist Glück.*

Wer abends am Meer entlangschlendert und aus hundert Metern Entfernung zurückblickt, bekommt ein anderes Glück geschenkt: die hellgelben Augen der Mikrochips, daneben das blau beleuchtete, ebenfalls nagelneue Planetarium, dazwischen die weiß strahlende Verbindungsbrücke zur Universität.

Ein »hothouse of knowledge«, so ein Verantwortlicher, soll die

Bibliothek werden. Muskulöse Worte. Ob sie der (ganzen) Wirklichkeit standhalten, man darf zweifeln: In den Computern des Lesesaals ist ein Modul installiert, um bestimmte Internetseiten zu blockieren.

Das Land wird sich entscheiden müssen: für ein »Treibhaus des Wissens«, in dem Erkenntnisse blühen. Oder – »im Bedarfsfall« – abzuschalten und zu verdunkeln. Und weiter zu schmoren im Obskurantismus der Vergangenheit. Die Welt blickt auf Ägypten. Mit Wohlwollen und Skepsis.

CHICAGO BLUES

Nie ist traurig sein schöner als beim Hören von Blues

»Der Blues soll sterben? Das geht nicht.« Bluesman Tré schüttelt den Kopf. An der Ewigkeit des Blues lässt er keinen Zweifel. Ach, die Sehnsucht nach Leben, ach, die Sehnsucht nach Frauen: Sie wird nie vergehen. So wenig wie die Sehnsucht, davon zu singen. Wie von der verfluchten Vergangenheit: »Wie vom Schmerz, wie vom Hass, wie von der Erinnerung an das Dasein einer Niggersau.«

Manchmal spuckt Tré, der schwarze Musiker, das Wort »Nigger« aus. Halb belustigt, halb zornig.

Erfunden hat den Ausdruck »blues« der amerikanische Schriftsteller Washington Irving. »Blue« war bis dahin nur eine Farbe. Doch irgendwann galt sie auch als die Farbe des Teufels, des Unglücks, des Unheils. 1807 schrieb Irving: »I was in a fit of the blues«, *es ging mir hundsgemein schlecht.* Und plötzlich sagte jemand: »I've got the blues«, *ich bin traurig.*

Die Schwarzen, die sich heute »Afro-Americans« nennen, besaßen ein paar Gründe für ihre Trauer: Seit Ende des 16. Jahrhunderts waren sie – eingenietet in Kisten mit Luftlöchern – von Afrika zu den britischen Kolonien Nordamerikas verschifft worden. Als Eigentum des weißen Mannes. Um 1860 betrug ihr Anteil an der Gesamtbevölkerung ein volles Drittel, über vier Millionen.

Alles hatten die »masters« ihnen gestohlen, die Heimat, die Freiheit, auch die Freiheit zu sprechen. Also sangen die »Leibeigenen«. Und zur Welt kam der Blues: »When you're down and out and hurt (...) all the loneliness I'll try to soothe, I play the blues for you.« Das klang schön. Und Schönheit heilt. Bis zum nächsten Schmerz, bis zum nächsten Song.

Wundersame Extreme. Während ihrer *Voodoo Lounge Tour* durch die Staaten standen auf der Gehaltsliste der Rolling Stones knapp 250 Roadies. Hilfsarbeiter, die vor jedem Auftritt 56 Lastwagenladungen Requisiten auf das Podium hievten. Welche Mühsal, bevor ein erster Ton zu hören war.

Anders in der Redfish Bar in Chicago. Als ich am späten Nachmittag zur Happy Hour hereinkomme, hocken ein paar Figuren herum, plaudern, stehen irgendwann auf und stöpseln ihre Gitarren ein. Und die vier legen los, und L. V. Banks, der 64-jährige Bandleader, singt von seiner Flamme, die er momentan anbetet: »Let me be your teddy bear …«

Kein »hanky-panky«, keine Go-go-Girls, keine Lichtorgel, nicht einmal eine Bühne gibt es. Nur ein Eck mit fünf Steckdosen. Und alles glitzert: die 22 Ringe an den Musikerfingern, die glitzerpolierten Stiefel und das Lied eines Mannes, der eine Frau bittet, ihr Teddybär sein zu dürfen. Und keiner der Anwesenden in der Bar musste sich vorher auf dem Schwarzmarkt um ein Ticket prügeln. Er muss nur da sein und zuhören, genauer, still sein und zuhören. Dem Gedröhn der Stones entkommt niemand. Den Blues jedoch versäumt jeder – Tré half mir vor Tagen mit dem Satz aus –, »who didn't learn to feel«, *der nicht gelernt hat zu fühlen*.

Auf der Flucht von den Philippinen, so heißt es, habe Imelda Marcos nur die Hälfte ihrer Schuhe mitnehmen können. Sie traf folglich mit lediglich 2500 Paar in New York ein. Als im Frühjahr 1917 der »Great Northern Drive« losging, der erste Schwung ehemaliger Sklaven in Chicago ankam, waren einige unter ihnen barfuß unterwegs.

Die USA hatten gerade dem deutschen Kaiserreich den Krieg erklärt, und Chicago begann das zu werden, was Carl Sandburg in seinen berühmten *Chicago Poems* geschrieben hatte: »stormy, husky, brawling«, *hitzig, stämmig, rauflustig*.

Chicago blühte: Al Capones Leichen, die Stahlwerke und Schlachthöfe erlangten Weltruhm. Die Schwarzen kamen, weil Arbeitskräfte fehlten. Und weil hier der Rassismus weniger laut zu hören war als im Süden. Manche von den Barfüßigen betraten die Stadt mit nicht viel mehr als ihrer Gitarre auf dem Rücken, den Blues in den Fingerspitzen – und der Erinnerung an 200 Jahre Erniedrigung auf den Baumwollfeldern: nicht als Mensch, doch als Untermensch, nicht als Haustier, doch als Arbeitstier.

So kam der Blues nach Chicago.

»Es war unglaublich. Du gingst von einer Tür raus und zur nächsten rein, und sogleich hattest du einen neuen Job.« Der Satz kommt aus Jesse Fortunes leer geräumter Mundhöhle, seit Urzeiten nur noch bestückt mit einem letzten Schneidezahn. Jesse empfängt mich am Montag. Wie für fast alle Friseure der Welt ist das sein freier Tag. Der 67-Jährige verirrte sich als Knirps in die Gegend, in der er heute noch arbeitet, im Südwesten der Stadt. Dorthin, wo vor Tagen der zuständige Polizeichef mit den Anwohnern ein »öffentliches Straßengebet« inszenierte, um »die Kinder vor Drogen, Gangs und Gewalt zu retten«.

Ich musste mich am Telefon genau beschreiben, andernfalls würde er seinen »Style Barber Shop« nicht öffnen. Schon einmal kamen zwei Ganoven mit Kanonen vorbei und plünderten seine Hosentaschen. Sobald er hinter mir abgesperrt hat, entspannen sich Jesses Züge. Er gehört zu den besten und erfolglosesten Blues-Künstlern Chicagos.

Seine Geschichte ähnelt so vielen Geschichten: Mehr als 5000 Musiker und ein knappes Tausend Sänger soll es hier geben. Und ein paar Dutzend können davon leben. Der Rest, die meisten anderen, sind Friseure, Briefträger oder Taxifahrer. Oder ärmste Schlucker.

Wir reden keine drei Minuten, und Jesse muss singen: den ersten Blues, den er als Sechsjähriger vernommen hat, tief und leidenschaftlich aus einem Grammofon rauschend: »I got a coal black mare/Baby, how that horse can run/Well, she wins every race/I can't see how it's done.«

Warum hat gerade dieser Song ihn so mitgenommen? Und Jesse antwortet, was wohl jeder Bluesman antworten würde: »Weil ich ihn fühlte.« Sing kein Lied, das du nicht fühlst, »aber Vorsicht, der Blues ist Gift, einmal infiziert, und du trägst es ein Leben lang mit dir herum.« Das Gift hat ihn gerettet.

Fünf Dollar kassiert er für das Augenbrauen-Rasieren der Damen. Zehn Dollar für den »Afro Style Cut« bei den Herren. Das macht pro Arbeitstag etwa fünfzig Dollar. So bleibt nicht viel zur Verschönerung des Ladens.

Tristes Ambiente, die Bude hat keinen halben Quadratmeter »style«: ein Waschbecken mit Rissen, der verbeulte Ofen, die laut klappernde Klimaanlage, zwei müde Topfpflanzen. Und ein vergilbter Gesellenbrief von General Motors hängt an der Wand, Hinweis auf Jesses Vergangenheit als Mechaniker.

Hinter der großen Scheibe liegt die kaputte West Side. Jede Tür und jedes Fenster auf der gegenüberliegenden Seite ist vernagelt, bisweilen nur mit Zeitungen zugestopft. Ein böser Wind wirbelt leere Bierdosen über die Straße, ein paar Männer stehen an den Ecken, ihre mutlosen Gesichter.

»Hier«, sagt Jesse, »fallen mir meine Songs ein.« Hier sitzt er, wartet auf Kundschaft, sieht durch das dreckige Glas auf die dreckige Welt, spürt die Einsamkeit und greift – zum Gift. Vor Kurzem sah er ein Flugzeug am Himmel kreuzen und erinnerte sich an eine Frau, die ihn verlassen hatte. Um das auszuhalten, fing er – mutterseelenallein auf dem einzigen noch tauglichen Sessel – zu komponieren an. Und zu singen: »My Baby's gone/left me for another man/left no note, no message, no nothing/Tell me Baby why, tell me why«, drei Strophen lang singt er von der einen, die davonflog. Ruhe kommt über ihn, Gelassenheit. Das Gift setzt ein.

Keine Musikrichtung des 20. Jahrhunderts blieb vom Blues unberührt. Am heftigsten erwischte es den Rock 'n' Roll. Trotz flächendeckender Ignoranz ist eine solche Behauptung nichts als die Wahrheit. Als die Beatles hierherkamen und Paul McCartney den Wunsch äußerte, Muddy Waters – einen der drei Blues-Götter – zu sehen, fragte ihn ein Reporter: »Was, trübe Wasser?«

Von den zwei Millionen Teenagern, die knapp vor Mick Jaggers Zehenspitzen in Ohnmacht fielen, wussten vielleicht zwei – als er »I just want to make love to you« sang –, dass Muddy Waters schon lange zuvor diesen Song berühmt gemacht hatte. Und dass die Stones ihren Namen aus einem der Lieder des grandiosesten aller grandiosen Bluesmen Chicagos klauten, auch das wird für immer wahr sein.

Doch die »British Invasion«, die Eroberung des amerikanischen Markts durch englische Rockmusiker und ihr schier heiliger Respekt vor den (schwarzen) Vätern des Blues machten die übrige Welt erst wach und empfänglich für das, was frühere Generationen als »Negermusik« abgetan hatten: Willie Dixon, John Lee Hooker, Howlin' Wolf, B. B. King, Jimmy Reed und ein halbes Hundert anderer landeten jetzt in den Charts. Ganz oben. Das brachte den Ruhm, die Geldhaufen und – den Fluch.

Im tiefen Süden Chicagos, da, wo jeder Taxifahrer den Fahrgast fragt, ob er tatsächlich hier aussteigen will, bin ich mit Johnny Laws verabredet. Unser Treffpunkt – Lee's Unleaded Blues – könnte in Hitchcocks »Psycho« passen. Einen Steinwurf gegenüber rostet ein Autofriedhof. Auf der Straße schimmern kalte Regenpfützen im Abendlicht. Ein Güterzug donnert vorbei.

»It's scary«, sagt Johnny, the bluesman, klein, sanft, die Spitzen der Hemdkragen mit Eisen beschlagen. Er hat Angst: vor dem schönen, sauberen Norden der Stadt, dem Ort der Reichen. Denn seit ein paar Jahren emigriert der Blues zum zweiten Mal. Waren es zuerst die tausend Kilometer bis zur South Chicago Avenue, so sind es jetzt die letzten zehn Meilen.

Der 54-jährige Sänger, Gitarrist und Kellner lässt es raus: »Der Weiße will uns den Blues stehlen, ja ihn einmachen zum Hula-Hoop, zum Mainstream Pop. Aber das wird nicht funktionieren. Er kann ihn uns nicht wegnehmen, er sitzt in unseren Herzen.«

Die Flucht hat Gründe. Die jungen Schwarzen wollen nichts mehr wissen von den Demütigungen ihrer Großväter. Blues nervt sie, denn Blues versöhnt, greift nicht an. Heute hören sie Rap. Rap ist hip, Rap haut Wunden, Rap klingt wie eine Kriegserklärung an eine Welt, in die sie geboren wurden.

Doch es gibt noch einen weiteren Antrieb für den Umzug. Wer einmal mit der Hochbahn in den Süden, den gigantischen Stadtteil der Schwarzen, gefahren ist, vorbei an viereckigen Ruinen mit maroden Feuerleitern, der wird sie sehen, ja riechen: die Armut.

»The young blacks don't come to us«, mault Johnny. Weil ihnen das Geld fehlt, um Eintritt zu zahlen. Und die Weißen kommen nicht, weil sie Angst um ihr Hab und Gut haben. So, wovon soll der Clubbesitzer die Musiker bezahlen? Geht einer um drei Uhr morgens mit achtzig Dollar nach Hause, dann trat er im Norden auf. »We have to go where the money is«, seufzt Johnny. Und Johnny braucht viel money. Denn er hat viele Kinder. »Nine, maybe more«, raunt er.

Inzwischen sitzt er mit seiner Gitarre auf einem Barhocker und spielt mir den Blues seines Lebens: »My last two dollars/I'm not going to lose. One is for the bus fare/the other one for the jukebox.« Zwischen den einzelnen Zeilen wirft er mir die Namen seiner Kinder zu, ich schreibe mit. Er möchte endlich genau wissen, wie viele es sind. An diesem Tag sind es zehn. Er lacht und dichtet beschwingt. »I've got ten kids and I've got the blues.« Und von keinem will er sich trennen.

Irgendwann nach 22 Uhr – heute ist Samstag, Ausnahmetag – ist Lees Bluesjoint voll. Nur Schwarze, nur erwachsene Frauen und Männer, fast alle über dreißig. Johnny, der kinderreiche Vater, muss nun Bierkisten schleppen. *The Starliters* spielen, ihr Gig beginnt, aus dem puffdämmrigen Laden wird ein Ort der Andacht, und der Boss der Band singt das Lied vom »Tiger In Your Tank«. Wer bis drei zählen kann, ahnt, welcher Tiger gemeint ist. Und welcher Tank. Die Strophen reden von den verschiedensten Bestandteilen eines Autos – Zündkerzen, Getriebe, Stoßdämpfer, Schmieröl – und meinen nichts anderes als zwei Körper, die sich feurig umarmen.

Der Blues hat sich entwickelt. Er ist – im erfreulichen Sinn des Worts – modern geworden. Er berichtet jetzt weniger oft vom Elend der Vergangenheit oder von den Niederlagen der Liebe. Er wird cooler, ironischer, leichter. Sogar glücklich sein ist erlaubt. Was nie anders sein darf: Jeder muss eine Geschichte erzählen, muss irgendetwas von sich preisgeben, irgendetwas, das Freude oder Drangsal oder Sehnsucht hervorruft.

Augenblicklich, wie an allen Wochenenden, zählt Lees Schuppen zu den sichersten Orten im amerikanischen Osten. Bluesmusiker und Bluesliebhaber gehören zu der friedlicheren Rasse von Fans. Viele »sharp dressers« kamen, im Zweireiher mit dem sorgfältig gefalteten Schwitztuch in der Brusttasche und einem Dobbs oder Stetson auf dem Kopf. An ihrer Seite Frauen, von denen gewiss einige von den Göttern eigenhändig geschmiedet wurden.

Als Star des Abends tritt Pat Scott auf, mit wildem Haar über den runden Schultern und einem todsündenverdächtigen Dekolleté. Und einer Stimme, die ganz offensichtlich auf die Welt kam, um zu begeistern. An den Toilettentüren hängen die vergilbten Pappschilder »Ladies« und »Men«, die billigen Stühle ächzen, ein müder Gasofen brummt, *and a woman sings the blues:* »I'm looking for a man …«

Schönheit zieht ein in die Hütte. Musik als Aphrodisiakum für die Lebensgeister. Jedes Lied eine Umarmung, die sanft erledigt. »Schau«, flüstert Johnny Laws, »wie stumm sie dasitzen und nichts anderes mehr können, als zuzuhören.«

Ich gehe in den Norden. Hier ist es brav und scheußlich. Im Legends, dem »most famous bluesclub in town«, schlägt eine Gruppe namens Buzz zu. Vier Weißlinge dreschen auf ihre Geräte ein. Man will den Jüngelchen eine warme Decke überwerfen, um sie vor einer Kunst zu retten, in die sie so verschwitzt und talentlos verliebt sind.

Ach, wie endlos weit weg klingt das von den Urschreien des Mississippideltas. Weiße Bluesmusikanten – Presley und Cocker bilden die Ausnahmen – wirken so bizarr wie Schauspieler, die sich schwarz anstreichen und anschließend als »Neger« auftreten. Weil ihnen alles fehlt, die Vergangenheit, die Hautfarbe, die Stimme. »You got it or you ain't«, meinte Pat Scott, *du hast es oder du hast es nicht.* Den Blues imitieren, das geht nicht, das geht daneben.

Ein paar Blöcke weiter befindet sich das House of Blues. Isaac Tigrett, der Besitzer – schon stehen in anderen Städten seine Blueshäuser – ist »on a mission from God« unterwegs. Die sieht so aus: Wer den videoüberwachten Eingang hinter sich hat, kann links abbiegen zur »Take It Easy Baby«-Boutique mit dem einschlägigen Plunder, von T-Shirts bis Kochbüchern (»Cookin' up the Blues«). Aus allen Winkeln leuchtet Tigretts Logo: ein flammendes Herz, in dessen Mitte eine Rose glüht, von einem Stacheldraht umzäunt. Und überall flimmernde TV-Bildschirme, überall Geldautomaten, überall Sicherheitspersonal, überall diese gnadenlose Begabung für Geschmacklosigkeit: blaue Tischdecken und hellgrelle Klappstühle, eine *longbar*, eingerahmt von Plüsch, und über den Schnapsflaschen Martin Luther Kings weltberühmter Satz: »I have a dream …«

Sieht so sein Traum aus?

Alles fehlerlos inszeniert. Es riecht nach politischer Korrektheit (»ever help, never hurt«), getoppt von einem läppisch-anmaßenden Sendungsbewusstsein. Tigrett hat sich Sagenhaftes vorgenommen: Einmal will er die Menschheit erleuchten und nebenbei – dafür ließ er die Riesenbunker hochziehen – will er »die Öffentlichkeit über Wurzeln und Vorzüglichkeit des Blues aufklären«.

Damit die 800 (!) Zuschauer an diesem Abend etwas vom Geheimnis des Blues verstehen, wurden ein paar magersüchtige Barbaren eingeladen, die auf der Hauptbühne zwei Stunden lang ihr Heavy-Metal-Gedröhn in die Lautsprecher rammen.

Ob den Hillbillys hier klar ist, dass Mister Tigretts Unternehmungen so wenig mit Blues zu tun haben wie Mutter Teresa mit der Missionarsstellung?

Fairerweise muss erwähnt werden, dass auf der zweiten Bühne, der kleineren, die ganz echte, lokalberühmte Bluessängerin Big Time Sarah mit ihren Leuten auftritt. Aber sie produziert genau das, was so viele in den anderen Clubs im Norden auch produzieren, produzieren müssen: Spaß. Singen reicht nicht, Miss Sarah muss schwer voluminöse Hausfrauen hinauf zu sich bitten, mit ihnen um die Wette hopsen und dabei bevorzugt den Hintern dem Publikum entgegenstrecken. Damit das Volk (3 Schwarze, 73 Weiße) mit grölendem Enthusiasmus – Bierflaschen und Popcornkübel schwenkend – das stets wiederkehrende Wort »fever« mitbrüllen kann.

Das ist es wohl, was Johnny Laws meinte, als er sagte: »It's scary.« Weil er Angst hat, dass ein debiles »entertainment business« mit seiner Musik, mit seinem Blues Schindluder treibt.

Ach, das Schlimmste ist nie sicher: Am letzten Abend treffe ich Eddie. Und solange Typen wie er diese Stadt bevölkern, wird der Blues ewig und immer sein. Eddie ist zufällig mein Taxifahrer, als ich spätabends zurück in mein Hotel will. Der wendige Dicke ist leutselig und erzählt, dass er eifrig spart, da er »minister« werden wolle, Pfarrer einer koptischen Gemeinde. Früher war er Bluessänger, doch jetzt darf er nicht mehr. Nie wieder. Denn diese Musik – so reden seine künftigen Vorgesetzten ihm zu – sei Sünde, ja Frevel.

Jesse Fortune fällt mir ein und sein Hinweis auf das »Gift«, dem sich niemand, der einmal davon gekostet hat, entziehen kann. Also dränge ich. Bis Eddie sündenschwach wird, den Wagen in einem dunklen Eck parkt, im Kofferraum die sündenfest verschnürte Gitarre auspackt und – ein Musiker wird. Ja, ein anderer Mensch.

Ich reiße mich zusammen, ich schwör's, nicht schwächeln will ich, nur genießen. Bis Eddie *Saint James Infirmary* zu singen beginnt, das wunderlich poetische Lied eines todtraurigen Manns, der sich auf den Weg in ein Krankenhaus macht, um seine todgeweihte Freundin zu sehen: »I went down to Saint James Infirmary/that's where I heard my Baby moan/I felt so brokenhearted, cause she was my very own ...« Was für ein Augenblick. Zwei wildfremde Männer sitzen in einem gelben Cab, direkt neben einer flackernden Straßenlampe. Und der eine singt, und der andere schließt selig die Augen. Irgendwo in Chicago, irgendwann um Mitternacht.

QUEENS PARK RANGERS

Ein Fußballclub in London – A strange club

Der Köter beißt in den (Gummi-)Kopf des Premierministers. Der Wind fegt, auf einem Fensterbrett sitzen zwei Katzen. Der dunkle Aprilhimmel wird schwarz. Vier Uhr nachmittags ist es, und schon brennen die trüb gelben Straßenlampen. Die hellvioletten Kirschblüten - ein Lichtblick. An den Geländern der Treppenhäuser klebt der Taubenschiss, manchmal zieht der strenge Geruch von Urin vorbei. Neben einer Abfalltonne liegt die goldfarbene Wochenendbeilage der Sunday Times. Hier liest kaum jemand diese Zeitung, das hier ist die Ausnahme. Das Magazin berichtet diesmal von den 200 reichsten Menschen Englands.

Faszinierende Lektüre. Queen Elizabeth führt noch immer. Mehr als 6700 Millionen Pfund gehören ihr. Eine halbe Milliarde reicher als letztes Jahr. Solche Nachrichten passen hierher, nach White City. Armer Leute Gegend im Westen Londons. Sozialwohnungen in schmutzigen Backsteinbunkern. Vernagelte Fenster, um Hausbesetzer zu vertreiben. Viele verlassene Mütter, viele arbeitslose Väter. Kapitalverbrechen gibt es keine, doch man klaut, bricht ein, raubt aus. Ein paar Pusher treiben sich herum, ein paar Kids inhalieren Pot oder Crack.

Schwarze und Weiße halten sich aus. Keine wilde Liebe, eher so etwas wie Gleichgültigkeit und Gewöhnung. Früher war das ein »dumping ground«, ein Abladeplatz für Obdachlose. Heute ist manches besser. Kein Katastrophenort mehr. Abgerissen gewiss, auch armselig. Aber nicht herzzerreißend. Bestickte Servietten schonen die Rückenlehnen der Wohnzimmersessel, auf dem Fernseher stehen Glaspferdchen, und über den Betten liegen die Funken sprühenden Acryldecken.

Von der Straße hört man das Klingeln des Eismanns. Die Leute sind freundlich. Die meisten wählen Labour und nennen den Regierungschef ein »jackass«, einen *Esel,* einen *Trottel.* In der Pause dribbeln die Kinder auf dem asphaltierten Schulhof. Eine dünne Chinesin bewacht das Tor, eine Dicke spielt Vorstopper, drei kleine Schwarze stürmen. Hundert Meter weiter steht das Stadion der Queens Park Rangers. Die Nähe trügt. White City und die Fußballer sind Meilen, ja Klassen voneinander entfernt.

Urzeiten zurück hat alles angefangen. Da war London noch Urwald, doch Chinas damalige Hauptstadt Hsienyang blühte bereits. Und der Kaiser ließ aufspielen: »Tsu chu«, wörtlich, *den Ball kicken.* So hieß der seltsame Anblick von zwei Männern, die auf ein Loch zielten, das sich in der Mitte eines kostbaren Seidennetzes befand. Wer traf, erhielt Lob und Ehr. Wer nicht traf, kassierte Schmach und Prügel. Das erheiterte den Herrscher, und das Volk lachte dankbar. Ein Fußball-Spiel war geboren, von dem Peter Handke Äonen später einmal behaupten sollte, »es hat Seele«.

Klar, die Seelenwanderung war voll bizarrer, schmerzhafter Sackgassen und Irrwege. Handspiel war plötzlich erlaubt, ebenso K.-o.-Boxen und Knochenbrechen (!), Gurgelquetschen (!) und Niedertrampeln (!). Was als Spiel anfing, endete nachmittags in einer Massenkeilerei.

Das gefiel auch den Briten. Bis Edward II. »Fußball und ähnlich närrische Spiele« Mitte des 14. Jahrhunderts verbot. Ein Witz. Denn die Idee hörte nicht auf zu blühen. Jetzt eben heimlich und gegen den Willen staatlicher Autorität.

Am 26. Oktober 1863 ist alles gut, die arme gehetzte Seele hat Ruh, Nirwana fängt an: In einem Wirtshaus in London City sitzen ein paar Herren und gründen die »Football Association«: Regeln werden niedergeschrieben, das Catch-as-catch-can muss aufhören, Dauer und Maße sollen feststehen. So wird ein Phänomen geboren, das wie kein anderes die Menschheit berühren, ihr Herz schinden und beschwingen, Tränenströme losbrechen und zu den kindischsten Veitstänzen verführen wird. Liebe und Hingabe, Bitternis und Mordlust, sie gehören zusammen. Aber ja: »Fußball hat Seele!« *Period!*

Nun sind seit jenem Oktobertag weit über hundert Jahre vergangen. Und irgendetwas ging schief. Englands Fußballer spielen im Keller, was viel weniger anlockt. Europameisterschaft, Weltmeisterschaft: Eine Generation lang sind sie, wenn überhaupt, nur als Statisten vorhanden.

Ein Desaster jagt das andere: Im Mai 1985 verglühen bei einem Stadionfeuer in Bradford 51 Frauen und Männer. Ein Monat darauf wird aus dem Heysel-Stadion in Brüssel ein Schlachthof, 39 Tote, 450 Verletzte. Mitschuldig und verurteilt: 24 englische »Schlachtenbummler« – treffliches Wort. England ist draußen. Bis auf Weiteres dürfen Klubs nicht mehr an europäischen Cupwettbewerben teilnehmen.

Sommer 88. Europameisterschaft in Deutschland. Die Polizei verhaftet 800 Randalierer, fast die Hälfte davon Briten. Im April 1989 sind noch einmal die Liverpool-Fans an der Reihe: 95 Leichen im Hillsborough-Stadion in Sheffield. Totgepresst, totgerannt vom zügellosen und blaugesoffenen Mob. »Shame«, titeln die Zeitungen, und die Welt spricht wieder von der »English disease«, als deren Urheber die Hooligans gelten, die Nachfahren der Hooleys, jener irischen Familie aus dem East End des vorletzten Jahrhunderts, die nur Sprit und Randale im Kopf hatte und damit unsterblich wurde.

Das Land stand unter Schock, in Liverpool richteten sie ein »Hillsborough Centre« ein. Gruppentherapie soll Albträume heilen. Dort treffe ich A. Er war damals dabei, hörte Brustkörbe knacken, hat überlebt. »Heute bin ich ein anderer Mensch«, sagt er. Das klingt nicht gut. Nachts heult er, Depressionen halten ihn wach. Er kann sich nicht mehr konzentrieren, nicht mehr arbeiten.

Der Ruf der Londoner Vereine ist nicht besser. Millwall-Fans zertrümmern und hinterlassen ordentlich gedruckte Visitenkarten mit feinem englischen Understatement: »Congratulations, you have just met the Bushwhackers!« Chelsea hat seine »Headhunters«, auch sie mit einem Gespür für das Lakonische: »You have been nominated and dealt with by the Chelsea Headhunters.« Den Tottenham Hotspurs folgen ihre – antisemitischen – »Yiddos«. Rabiate Arsenal-Anhänger nennen sich schlicht »Gooners«, *Schläger.* Öffentlich urinieren, Hakenkreuz-Armbänder tragen, »Sieg Heil!« schreien und gleichzeitig den Gegner »behandeln«: mit Brechstangen, mit Macheten, Ziegelsteinen, Rasierklingen, Schleudern, Skalpellen, Ketten, Dartpfeilen und nagelgespickten Keulen.

Momentan herrscht gespannte Ruhe. (Okay, wenn man Prügeleien ohne Schwerverletzte einmal nicht mitrechnet.) Hillsborough hat auch die Rabiatesten ernüchtert. Der Bürger schreit auf und verlangt drakonische Strafen. Die Regierung legt neue Gesetzesentwürfe vor. Eine Untersuchungskommission – Taylor Report – fordert radikale bauliche Änderungen. Die Presse schürt, überzieht die tobende Meute – gewiss die Minderheit – mit den unfeineren Wörtern der englischen Sprache: »scum«, *Abschaum,* »loser«, *Versager,* »brutes«, *Vieh,* etc. Immerhin besitzt die Polizei jetzt den inoffiziellen Weltmeistertitel in »crowd control«. Aus ganz Europa kommen Polizeivertreter, um Erfahrungen bei ihren jahrzehntelang verbeulten Kollegen zu sammeln.

Bei den Queens Park Rangers ist vieles anders. 1886 entstanden sie aus den Christ Church Rangers, einem Kirchenverein. Bereits um die Jahrhundertwende wurden sie Profis. Sie gelten als »the wanderers«. Weil sie oft pleite waren und die Miete für ein Stadion nicht zahlen konnten. Also wanderten sie von Platz zu Platz. Eine Saison lang ziehen sie sich um im Hinterzimmer einer Gaststätte, sie laufen, sie radeln zum Match. Ab 1912 kicken sie, mit Unterbrechungen, im riesigen White City Stadium. Damals ist die *Weiße Stadt* noch weiß und »magnificent«. Eine Märchenstadt, aus dem Boden gestampft für das spektakuläre 1908, ein Jahr, in dem hier eine Weltausstellung und die Olympischen Spiele stattfanden. Ab Mitte der 30er-Jahre haben sie endlich eine feste Adresse: *South Africa Road, White City.*

Ein braver Klub. Keine Frühbegabten, keine Wunderknaben, keine »*heartstopper*«. Dafür ordentlich und fleißig. Sie steigen auf, sie steigen ab, holen – vor langer Zeit – den Liga Cup, gehören seit Herbst 83 endgültig (?) zur ersten Division. Jetzt krebsen sie im Mittelfeld, gewinnen einmal, verlieren zweimal, schinden ein Unentschieden. Doch der Verein ist wohlangesehen, sogar die Polizei mag ihn. Die Stadionanlage gilt als vorbildlich. Knapp 24 000 – im Schnitt kommen 14 000 – haben Platz. Kein Korruptionsskandal erschüttert das Management, nirgends ein versteckter Drogenhandel, bis heute keine frivole Sexaffäre. Selbst die Toiletten befinden sich in einem akzeptablen Zustand: der überschwemmungsfreie trockene Boden, die leeren Wände, keine gekritzelten Telefonnummern mit dem Hinweis auf kostenlose Blowjobs, kein einziges erregtes oder geöffnetes Geschlechtsteil.

Ein Familienbetrieb, sagen sie, überschaubar, »with a friendly atmosphere«. Eine rasende, keulenschwingende Fangang haben sie auch nicht. Vielleicht ist der Klub dafür zu klein, zu namenlos, sind Geschichte und Gegenwart nicht aufregend genug, um auszurasten vor Glück oder Verzweiflung.

Das ist das Erschütternde am Braven: Es glitzert nichts, kein Star blendet, kein George Best – Fußballer des Jahres, Alkoholiker und Frauenheld – dribbelt Jahrhunderttore und gibt Interviews, die in der Weltpresse landen. QPR-Spieler sind anders, eher der Stolz der Mütter. Ihre in einschlägigen Illustrierten gedruckten Verlautbarungen lesen sich so beschwerlich und geistlos wie eine Sonntagspredigt, Gespräche mit ihnen klingen so austauschbar und harmlos wie das Neujahrsgeplapper eines Politikers.

Samstag, die Queens Park Rangers treten in Liverpool gegen den Everton F. C. an. An der Sperre zu dem vom Klub reservierten Zug steht die Polizei. Gesichtskontrolle, manchmal auch Bodycheck. Suche nach Bierdosen und Waffen. 7.50 Uhr setzen wir uns in Bewegung, um 7.52 Uhr hören wir die erste Durchsage: »This is a dry train«, die Bar bleibt geschlossen. Die Fans murren und fügen sich, sie kennen die Spielregeln. Man liest Fußballzeitungen, spielt Karten, einer verkauft Wetten für das heutige »Grand National«, das höchstdotierte Pferdehindernisrennen im Land.

Ich mache zwei erstaunliche Erfahrungen: dass Fußball ohne Umwege verbindet. Und dass sie viel Zeit haben für einen Wildfremden, der so ahnungslos ist wie ich. Ja, dass da eine tatsächliche Liebe zu einem Verein besteht, der sie nicht überhäuft mit Erfolgserlebnissen. Wie mühelos doch, einen Sieger zu verehren. Wie viel mehr Liebeskraft braucht es, um einem treu zu bleiben, der so bieder und durchschnittlich ist wie dieser »soccer club«?

Da laufen tausend (unsichtbare) Dinge, die so schwer zu sagen sind: das Verlangen, irgendwo hinzuzugehören – und wäre es zu elf Männern, die ein ganzes Leben lang nie mit einem reden. Plus die unverzichtbare Gewohnheit, sich jede Woche einmal in der Gegenwart anderer zu befinden, die alle nur ein Ziel haben. Und zuletzt: die sinnliche Lust des Zuschauers auf das Spiel, das Männlichkeit und Eleganz verspricht, ja Hingabe, Rasanz und Leidenschaft.

Nun, das Liebesverhältnis bekommt Risse. Jene elf Männer, die nie mit einem reden, ihre kalte Arroganz dem eigenen Publikum gegenüber: Sie sind wohl der Grund, warum Fans und Verein auseinanderdriften. Der Geiz des Klubs ist berüchtigt. Betty Clarkson, Sprecherin der »White City Residents Association« bittet um Freikarten für eine Tombola und erhält drei Tickets, ihr Kommentar: »shabby«, *schäbig.* Manny Ahdan, Verantwortlicher des »Fatima-Jugendzentrums«, erwirkt ein paar mehr, Zitat: »unbelievable«. In der Loftus Road – dort liegt der Seiteneingang zum Stadion – lebt Virginia Ironside, Gründerin der »Residents Amenities Protection Associaton«. Hört sie von Fußball, sieht ihre »Schutz-Vereinigung« rot: Fünf Jahre Kampf liegen hinter ihr. Während dieser Zeit hat QPR den »wiedergeborenen« Wanderprediger Luis Palau eingeladen, der frenetisch und wochenlang von Hölle und Verdammnis brüllte. Bis Mitternacht, bei voller Mikrofonlautstärke und vollem Flutlicht. Dazwischen gab es Popkonzerte, Kinderpartys und »Celebrity Matches«: nächtliche Fußballspiele mit rundlichen Herren aus Londons High Society. Nie kam ein Wort der Entschuldigung, nicht für den Dreck, nicht für den Krach, nicht einmal für die vollgepissten Milchflaschen vor der Haustür.

Am heftigsten aber leidet Trevor Kingham. Weil er am heftigsten träumt. Er gründete 1987 die »Loyal Supporters Association«, um gegen die zwangsweise Zusammenlegung von QPR mit einem anderen Klub zu protestieren. Mit seinen Freunden besetzte er vor Spielbeginn das Feld, verhandelte mit Baulöwen, schrieb Artikel, wollte mitreden beim Schicksal seines Vereins. Mit mäßigem Erfolg. »Meine Beziehung zu den Rangers«, schimpft er, »ist wie eine Liebe ohne Sex. Nie darf ich anfassen, nie mitreden und nah sein.«

Trevors Idee von einem »Social Club«, einem Aufenthaltsraum mit Theke im Stadion, wo Spieler und Fans sich zum Gespräch treffen, versiegte bald. Nicht einmal am »Open Day« zu Saisonbeginn, sagt er, erschien die komplette Mannschaft. Vielleicht ein Drittel, der Rest der Halbgötter blieb zu Hause. »Die Jungs bei QPR haben den famosen Satz von Bill Shankly immer noch nicht verstanden«, meint Trevor bitter, »dass nämlich Fußball keine Angelegenheit auf Leben und Tod ist, sondern viel, viel wichtiger.«

Um halb elf sind wir in Liverpool. Unser Bus steht neben dem Bahnsteig. Die Polizei empfängt uns, wir werden umgeladen. Der Doppeldecker füllt sich. Dreißig Minuten lang warten wir eingepfercht auf die Abfahrt. Ein energischer Turnhallengeruch entwickelt sich, man verflucht die anwesenden Polizisten (»fucking bastards«), verlangt eine Erklärung, die nicht kommt. Irgendwann geht es los, ein vergitterter Polizeiwagen fährt voraus.

Blick auf das deprimierende Liverpool. Laut einer EU-Studie ist es »die verkommenste Großstadt Europas«. Ganze Häuserzeilen mit zertrümmerten Dächern. Der Abfall hinter den Gartenzäunen. Die müden Hochhäuser, die sie hier »piggeries«, *Schweineställe,* nennen. Für Augenblicke ist es still im Bus, und einer sagt den richtigen Satz: »Just a rich area, isn't it?«, Gelächter, die Depression ist vorbei, alle denken wieder ans Spiel.

Wir kommen zum Goodison Stadion. (Der FC Liverpool spielt auf einem anderen, seinem eigenen Platz. Dass sich zwei Klubs derselben Stadt eine gemeinsame Wiese teilen, ist in England nicht auszudenken. Derlei Gefahr drohte einst den Queens

Park Rangers. Die Fans jaulten auf, bis davon nie mehr die Rede war.) Wir steigen aus, jetzt eskortiert uns berittene Polizei zu dem nur QPR-Anhängern reservierten Eingang. Ein Mann ruft zur Umkehr zu Gott auf. Er könnte keinen ungünstigeren Moment gewählt haben, denn die kommende Versuchung ist überirdisch: 22 Männer und eine Lederkugel. Wir quetschen uns durch die engen Drehkreuze – und rennen. Um 11.30 Uhr ist K. O., Kick-off, *Anpfiff.*

In dem Film »Ein Fisch namens Wanda« sagt John Cleese (Engländer) zu Jamie Lee Curtis (Amerikanerin) Augenblicke, bevor sie zum ersten Mal miteinander ins Bett gehen: »Ach, du weißt ja nicht, was es heißt, englisch zu sein.« Den Satz habe ich auf drei verschiedenen Kontinenten gehört, und garantiert hat das Publikum vor Lachen gewiehert. Denn wir verstanden das Gleiche: dass englisch sein ziemlich anstrengend sein muss – immer Haltung, immer Contenance zeigen, immer Gefühle züchtigen.

Heute, an diesem Samstagvormittag zwischen 11.30 und 13.15 Uhr – in einem Fußballstadion in Liverpool –, ist alles anders: Jetzt darf die Sau raus. Jetzt sind sie am Leben. Jetzt fiebern sie.

Anstoß, und sie singen: »We love you, Rangers, we love you, Rangers.« Der erste Pass in den Strafraum, und schon springen sie auf: »Go on, Rangers, go on, Rangers, go on, Rangers.« Die sofort erhitzten Körper. Der Ball landet im Aus, und der Linienrichter zeigt – natürlich – in die falsche Richtung: »You bloody baldie«, *du dämlicher Glatzkopf,* bekommt er dafür. Minuten später passiert das Gleiche an unserer linken Seitenlinie. Nun ist der arme Teufel »a braindamaged motherfucker«. Das Spiel läuft gut, die Spieler aus der Hauptstadt sind die sieben Plätze tiefer – laut Tabelle – nicht schlechter als Everton. Torchancen ergeben sich, tolle Paraden. Das viele Geld – 10 Euro für den billigsten Platz plus 30 Euro Bahnfahrt – reut keinen. Der Wind pfeift, Wolken ziehen, es wird kalt. Auf der Haupttribüne befinden sich die »Executive Boxes«. Das ist jetzt Mode in England, QPR hat es auch: dunkel verglaste, beheizte Luxuskabinen für acht Personen im Polstersessel – plus Kaffeemaschine, Fernseher, Kühlschrank und dreigängigem Menü.

Inzwischen wurde die Arbeit des Schiedsrichters mehrmals und lauthals von der Tribüne aus kommentiert. Englisch ist eine der reichsten Sprachen der Welt, und so ist der gute Mann neben allem anderen – viele Tiernamen kommen vor – auf jeden Fall derjenige, »who hasn't got a fucking clue«, *der nun überhaupt keine Ahnung hat.* Dieser Wortschatz – in britischen Zeitungen steht dann immer »f---«, und bei BBC funkt ein Piepston dazwischen – ist offiziell verboten. Das kümmert niemanden, auch nicht die Polizei. Sie wäre überfordert. Zudem kommt sie selbst in die Schusslinie: »Is your stick your penis substitute?«, brüllt einer hinunter, und ein paar Hundert kugeln sich vor Freude. Das gehört dazu: sich ungestraft leer schreien, einmal die Tag für Tag gemaßregelten Gedanken erlösen dürfen.

Die 90 Minuten dauern nicht lang. Und hinterher ist alles wie gehabt: Die Rangers haben verloren. Lautsprecher bellen die Nachricht, dass wir, die auswärtigen Fans, nicht eher losdürfen, bis die gesamte Everton-Gefolgschaft das Stadion verlassen hat. Eine Vorsichtsmaßnahme. Dann, wie gewohnt, unter berittener Polizeiüberwachung zum Bus. Weiter zum Bahnhof. Hier drängt man uns hinter eine eiserne Metallbarriere, dicht gedrängt warten wir in der Kälte. Die Polizei bleibt.

Nun beginnt wieder der Alltag, die Demütigungen, die lauernde Versuchung, ein Hooligan zu werden und alles zu Brei zu schlagen. Die englische Presse hat recht, Stichwort wilde Tiere. Genauso behandelt man sie. Vierundvierzig Minuten stehen sie – weggesperrt. Sie sind der Zoo: Vorbeieilende Passagiere werfen einen mitleidigen oder hämischen Blick herüber. Man weiß Bescheid, der Fußballfreund als hirnloser, gewaltlüsterner Rowdy. Endlich dürfen wir einsteigen, Anfahrt und sogleich die Stimme des Zugführers: »This is a dry train, the bar is closed.«

Die Rückfahrt verläuft ruhig. Nach dem Schlusspfiff haben sie ausdauernd ihrem eigenen Team, den Verlierern, Beifall geklatscht. Und gesungen. Und versprochen, nie, nie aufzugeben.

Der Tag war gut, trotz alledem. Trotz Polizei, trotz Niederlage. Ihre entspannten, jetzt friedlich erledigten Körper.

Als wir ankommen, ist es längst dunkel. Herzlicher Abschied. Auf dem Weg zur Underground komme ich nochmals an der Stadionkasse vorbei. Noch immer offen. Ich sehe Mike in seinem Rollstuhl sitzen. Ich kenne ihn, ein junger Kerl mit einem trockenen Witz. »It's just love«, grinst er. So, als hätte er meinen fragenden Blick verstanden. Nacht ist es, kalt ist es, und seine Mannschaft hat verloren. Und Mike kauft wieder ein Ticket. Erklär mir, Liebe.

UNGLAUBLICHE WELT

DER GRÖSSTE BAHNHOF DER WELT

Jeden Tag der helle (indische) Wahnsinn

Das Aufregendste, was mir je auf einem deutschen Bahnhof passierte: ein Flitzer. Ein rundlicher Herr, der von dem heiteren Wahn ergriffen war, splitternackt an uns vorbeisprinten zu müssen. Aber ja, wir lachten. In einem Land, in dem alle brav und gehorsam sind, ist ein lustiger Dicker ein Lichtblick. Einer, immerhin, vergnügt sich. Zudem war der Nackedei behände. Noch bevor die Ordnungskräfte einschreiten konnten, um wieder Ordnung im Staate herzustellen, war er weg. Spurlos.

6700 Kilometer weiter östlich traf ich in ähnlicher Umgebung einen zweiten Helden. Garantiert heldischer. Denn er riskierte keine Anzeige wegen öffentlichen Ärgernisses, sondern wagte alles: sein einziges Leben.

Der Arbeitsplatz von Mohammed Tauriq, dem Tapferen, befand sich direkt neben dem *Victoria Terminus,* dem emsigsten Bahnhof auf dem Globus. Mitten in Mumbai (früher Bombay), dem 20-Millionen-Moloch an der Westküste des Landes. Bevor ich den Heldengesang auf ihn anstimme, zunächst ein paar Daten und Geschichten zu einem Gebäude, das die UNESCO zur »World Heritage Site« erklärt hat. Weil es so fulminant dasteht, so einmalig, so unverschämt größenwahnsinnig.

Die Engländer, die Kolonialherren und damalige Besitzer Indiens, eröffneten den Bahnhof 1887: um das fünfzigste Regierungsjahr ihrer Königin Victoria – nebenberuflich »Empress of India« – zu feiern. Ach, Madam Victoria. Sie hatte zuvor schon, so kolportieren böse Zungen, indische Fakire nach London beordert. Auf dass sie ihr Leibesübungen beibrachten, um den verdächtig leblosen Unterleib zu beflügeln. »Close your eyes and think of England« war ihr Aufruf ans (weibliche) Volk, wenn es darum ging, den Geschlechtsverkehr über sich ergehen zu lassen. Ja, sie hat es sogar geschafft, den einst so erotisch verspielten Hinduismus mit ihrem Viktorianismus zu verpesten. Noch heute liegt ihr Erbe wie ein eherner Keuschheitsgürtel auf dem Land.

Bin ich vom Thema abgekommen? Mitnichten.

Natürlich, bei der großen Eröffnungsfeier fiel kein Wort über Witwe Victorias still darbendes Sexualleben. Als der erste Zug ankam, waren die »Eingeborenen« überwältigt. Da weder Pferde noch Ochsen die vierzehn Wagons zogen, vermuteten sie, dass »the wonderful white man« schon wieder gezaubert hätte. Und brachten »besänftigende Opfergaben«, um den überirdischen »ag-gadi,« *den Feuerwagen*, zu begütigen.

Der »Hauptbahnhof« präsentiert sich als kleines Weltwunder, die Symbiose von britischer Neogotik und indischer Handwerkskunst ist es wohl wert, ihn bis ans Weltenende zu behalten. Mit seiner himmelhohen Kuppel, achteckig und begehbar, seinen mit Skulpturen und Reliefs verzierten Säulengängen, seinen bis zu 700 Meter langen Bahnsteigen.

Aber nein, das Wunder wird vorher verschwinden. Denn der Subkontinent explodiert jeden Tag: Er produziert im 24-Stunden-Takt 20 000 neue Inder, sprich, die Millionen Frauen und Männer, die morgens hier hereinschwappen und abends zurückfluten, werden täglich mehr, unheimlich mehr. Zudem defäkieren mindestens 10 000 Tauben – auch geburtenstark – nach Herzenslust auf alle verfügbaren Dächer und Gesimse. Monsun und Smog helfen ebenfalls mit beim Untergehen. Bisweilen schafft es sogar ein heiliges Rindvieh an den Sicherheitschecks vorbei: um einen Haufen zu hinterlassen. Und Bettlerhorden lauern in Habtachtstellung, umzingeln wie eine Armee den Komplex. Denn Heerscharen von Pendlern versprechen Beute für die Habenichtse und »pickpockets«. Gewiss, die hiesigen Langfinger gelten als gerissen.

Gegen Taschendiebe bin ich als leidgeprüfter Reisender gewappnet. Alles Edle – Pass, Scheine, Tickets – berührt meine

Haut. Sorgsam eingenäht, für jeden unsichtbar. Was jedoch die armen Schlucker nicht kümmern soll. Wie an jenem herrlichen Dienstagmorgen, als ich schwungvoll die gigantische Haupthalle betrete und den einen, den ewigen Schlachtruf hinter mir höre: »Baba, Baba, please, money, please!«

Und das Duell beginnt: Der Bargeldlose stimmt seine Elendsjeremiade an, und ich beschleunige. Und er beschleunigt. Und wimmert laut, dann lauter. Jeder seiner Töne soll mich an mein steinernes Herz erinnern, das augenblicklich nicht vom Elend der Welt belästigt werden will. Aber der Abgerissene ist der Stärkere, wie so oft: Er schrillt noch energischer. Als ahnte er den Schwächling in mir, der irgendwann nicht mehr ertragen kann, dass er ein Schweinehund ist. Und einknickt und die Rupien herausrückt.

Bald legt der Nächste auf mich an, mich, den Stinkreichen. Ein kleiner Junge reicht einen Zettel, auf dem vom Vater berichtet wird, der von einem Lastwagen zermalmt wurde, und vom Onkel, der unter einen Mähdrescher geriet, und von der Schwester, die spurlos nach China verschwand.

Ach, ein paar Tage hier herumstreichen und niemandem aus dem Weg gehen und jede Zumutung aushalten – das ist ein unbezahlbarer Einführungskurs fürs Eisenbahnfahren in Indien: wie einen Vorortzug entern und erfahren, wie viele Menschen auf einem einzigen Quadratmeter Platz haben. Oder beim Verlassen des Wagons erkennen, dass die Logik, zuerst Leute aussteigen zu lassen, damit andere einsteigen können, in diesem Land nicht zählt.

Und dem Eisenbahnminister zuschauen, wie er mit Pressetross hier anrückt, um den besorgten Staatsbeamten vorzuführen: Toiletten inspizieren, dem »station master« eine Moralpredigt halten, den Leutseligen spielen und mit einem Straßenjungen plaudern, schwere Ketten – zur Gepäcksicherung – anpreisen, einen Zeitungskiosk betreten und die Schubladen nach diskret verkauften Schweinigeleien durchwühlen, drei Arbeitern zusehen, wie sie mit Riesenschläuchen auf die Gleise spritzen, um Schotter und Bohlen von vielen, vielen indischen Häuflein zu säubern, sich zuletzt vor ein Mikrofon stellen und dem Volk von der glorreichen Zukunft der Indian Railways schwadronieren.

Ich entdecke vier Polizisten im Gewühl, die einen Mann in Handschellen und mit einem Strick um den Hals (!) zu einem Zug bringen. Um ihn in ein Gefängnis zu verlegen. Ich darf mit dem Gefangenen ein paar Worte wechseln, und der Gefesselte bestätigt tatsächlich, ja, er sei ein Mörder, ein Eifersuchtsmörder. Ohne Drama in der Stimme. Er sagt es wie »Ich bin ein Ladendieb«. Und lächelt nachlässig, als ich ihm zwei Zigarillos in die Hemdtasche stecke. Mehr Nähe geht nicht, schon zerren sie ihn weiter.

Seit über 25 Jahren heißt der Bahnhof *Chhatrapati Shivaji Terminus*. Die Erinnerung an Victoria und ihr Kolonialreich sollte mit der Umbenennung abgeschafft werden. Warum einer pompösen »Kaiserin« gedenken, die so lange am Plündern des Landes beteiligt gewesen war? So widmete man das Bauwerk einem hinduistischen Anführer aus dem 17. Jahrhundert, einer Legende im Kampf um nationale Unabhängigkeit.

Von einem Berufsstand wäre noch zu berichten, den es nur hier und nirgends sonst auf dem Planeten gibt: die »Dabbawalla«, die *Blechdosen-Männer*. Sie sind, mit wenigen Ausnahmen, allesamt Analphabeten, bekamen jedoch von dem amerikanischen Wirtschaftsmagazin *Forbes* ein »6-Sigma-Prädikat« verliehen, das eine »99,999 999-prozentige« Zuverlässigkeit bescheinigt. Soll heißen: Bei sechs Millionen Erledigungen begehen sie nur *einen* Fehler.

Was tun die Kleinen? Sie schwirren vormittags durch die Hochhäuser der Vorstädte, klopfen an und bekommen vier miteinander verbundene Schalen, warm und voll – unter anderem – mit Reis, Linsen, Chapati, Soße und Salat: das Mittagessen, gekocht von Ehefrauen für ihre in der Großstadt arbeitenden Gatten. Oder von lieben Müttern für ihre Söhne. Mit dem Fahrrad düsen die Dabbawalla anschließend zum nächsten Bahnhof und laden ein. Am Zielort Mumbai übernehmen die Kollegen die Bleche, hieven sie via Lattenroste auf ihre Köpfe, balancieren damit ins Freie und verteilen die Dosen – jede hat einen farbigen Code auf dem Deckel – wieder auf Fahrräder. Bis zu vierzig Lieferungen. Pro Mann. Dann lostreten und ab ins Business-Viertel. Der Code – den können sie lesen – zeigt an, was in welchen Wolkenkratzer, in welchen Stock, vor welche Tür soll.

Warum die Angestellten nicht in der Kantine essen? Weil Hunderttausende die uralte Angst jagt, die Mahlzeit könnte – nicht auszudenken! – »unrein« zubereitet sein. Von einem »Unberührbaren«. So leben 5000 drahtige Inder seit zwei Generationen von dieser Phobie. So erfolgreich, dass sie bereits von verschiedenen Unternehmen eingeladen werden, über ihr System zu sprechen, ja zu erklären, wie sie mit einfachsten Mitteln eine solche »performance rate« schaffen.

Klar: Die Ehemänner hätten durchaus die Möglichkeit, morgens ihre Verpflegung selbst mitzubringen. Aber das gilt als unschick. Zudem hat kein zusätzliches Reiskorn mehr Platz in den vollgestopften Wagons. Ein Super-GAU würde losbrechen, sollte das Campinggeschirr sich versehentlich öffnen, und die Speisen an den strengen Bügelfalten der Herren herablaufen.

An einem Vormittag bin ich der 5001. Dabbawalla. Dasgupta nimmt mich mit, ich darf neben seinem Fahrrad herlaufen und nach einer Viertelstunde vor den Büros der Air India in die Knie gehen. Eine halbe Minute Atem holen, dann die ersten Ladungen auf unsere vier Arme verteilen und vor bestimmten Eingängen auf verschiedenen Stockwerken abstellen. Bis hinauf in das elfte! Ohne den Lift zu benutzen. (Der Alte traut den Aufzügen nicht.) Dann weiter zur Citibank und zum Indian Express, der Tageszeitung. Dasgupta denkt nie nach, er weiß längst alle Türen auswendig.

Als wir fertig sind, gibt es eine lustige Überraschung: Mein Interimsboss will ein Bakschisch. Ich dachte gerade umgekehrt, er werde mir auf die Schulter klopfen und dreimal »thank you« sagen. Ein Pförtner kommt hinzu und erklärt Dasguptas cleveren Gedankengang: Er habe mir die Gelegenheit verschafft, eine neue Erfahrung zu machen. Wäre das nicht eine Belohnung wert? Wie listig. Ich gebe mich sofort geschlagen. Noch hat mich jeder Inder besiegt.

Apropos schuften und schwitzen. In der »Welt beinahe größtem Bahnhof« – nur in Tokios *Shinjuku Station* werden Menschenleiber noch rabiater gequetscht – gibt es »running rooms«. Das ist feinstes *Indian English* und meint nicht etwa »rennende Zimmer«, sondern Räume, in denen sich die Kontrolleure vom vielen Durch-die-Züge Rennen erholen. Logisch, oder? Wundersam geheimnisvolles Indien.

Das Schlusswort gehört meinem Helden an diesem Ort, Mohammed Tauriq. Er passt in unsere modernen, eher anstrengenden Zeiten. Um die Fallhöhe deutlich zu machen, sei ein schnelles Vorwort erlaubt: Im Frühjahr 2008 wurden im *Chhatrapati Shivaji Terminus* die Tanzszenen zu *Slumdog Millionaire* gedreht. Der Streifen erzählt die rührende Saga des blutjungen, elend armen Jamal, der bei einem Fernsehquiz den Jackpot abräumt.

Am 12. November desselben Jahres hat der Film Premiere. Und wird ein Welterfolg. Das Märchen vom Glück klingt so tröstlich.

Exakt vierzehn Tage später kommt das Unglück über diesen Bahnhof. Gegen 21.30 Uhr. Nicht tanzend, nicht lachend, nicht freudesprühend. Sondern in Form von zwei 25-jährigen Fanatikern, die ihre mitgebrachten Kalaschnikows entladen und anschließend aus ihren Rucksäcken volle Patronenmagazine holen. Und sie aufstecken und wieder feuern. Bis, nach siebzig langen Minuten, 58 Leichen und 104 Verletzte liegen bleiben.

Die beiden Massenmörder gehören einer elfköpfigen (muslimischen) Terrorgruppe an, die im Schutze der Dunkelheit per Boot aus Pakistan angelandet war, insgesamt 174 Frauen und Männer in Mumbai tötete und zuletzt selbst getötet wurde. Nein, einer der »station killers« blieb übrig: Mohammed Ajmal Amir Kasab. Der Ex-Kleinganove und spätere Dschihadist überlebte. Um nach vier Jahren, fast auf den Tag genau, gehängt zu werden. »Durchs Töten«, so bekannte er in einem der Verhöre, »wirst du bedeutend, außerdem macht es Gott stolz.«

Jetzt, endlich, rückt »mein« Mohammed ins Rampenlicht, der sich in dieser Nacht ebenfalls auf dem Schlachtfeld befand. Doch er – auch jung, auch Muslim, auch ein Mohammed, auch aus ärmlichen Verhältnissen wie der Rasende – wird kein Leben auslöschen, sondern Leben retten: Nachdem auf ihn geschossen (und er nicht getroffen) wurde, fängt er zu schreien und zu gestikulieren an, zeigt den wild irrenden Ortsfremden, wo sie sich verstecken und durch welchen Ausgang sie fliehen können. Und hilft – stets in höchster Gefahr – der Polizei, Schwerverletzte ins nahe gelegene St. George's Hospital zu transportieren. Da sind Chaos und Blutlachen und hysterisches Schluchzen und das Brüllen der Verwundeten, aber Mohammed behält die Nerven und lässt sich allein vom Tiefsten im Herzen eines Menschen leiten: vom Mitgefühl.

Irgendwann – ich war zu jener Zeit in Indien, aber weit weg von Mumbai – habe ich ihn besucht. Den »pavement hero«, den *Bürgersteig-Helden*, der schon längst wieder Tee in seiner Bude verkaufte, direkt neben dem weltberühmten, so grandiosen Chhatrapati Shivaji Terminus. Er lächelte scheu, und es dauerte, bis er anfing, leise von damals zu erzählen.

FRITZ PAWELZIK

Der deutsche Häuptling in Ghana

Fritz strahlt. Der Airbus schwebt über Accra, der Hauptstadt von Ghana. In wenigen Minuten wird der Ex-Kumpel landen und als »Nana«, als *Häuptling,* empfangen werden. Siegessicher hat Fritz während des Flugs vom Enthusiasmus seiner Untertanen geschwärmt. Viele werden am Ausgang des Flughafens drängeln und mit Freudenschreien und zügelloser Begeisterung seine Ankunft bejubeln.

Fritz kommt an, und keiner jubelt, keiner wirbelt, keiner lärmt. Nicht ein Funken Aufregung. Taxifahrer bieten ihre Dienste an, Familien warten auf ihre Angehörigen, der Mond scheint nachlässig. Fritz vergeht das Strahlen, der 76-Jährige ist augenblicklich ein trauriger Häuptling. Kleinlaut fahren wir zum Hotel.

Wunderliches Afrika. Fritz glaubt hartnäckig an ein Missverständnis. Und so ist es. Wir kommen an und erfahren, dass sich der Bus des »Empfangskomitees« verirrt hat. Doch jetzt ist er eingetroffen, direkt auf dem Hotelparkplatz. Als Pawelzik erscheint, bricht jener Geräuschpegel aus, von dem er die letzte Nacht träumte: Mit einem Höllenlärm heißen sie den Chef willkommen.

Vor zwölf Jahren wurde Fritz gekidnappt. Von einem halben Hundert Ashanti, dem größten Stamm in Ghana. Eingefangen und mit Ruß und Blut beschmiert. Und nach Stunden zum »chief« gekürt, zum Nana Kofu Marfu II. Fritz hatte sich in dem Land einen so ausgezeichneten Ruf erworben, dass die Kidnapper es für eine clevere Idee hielten, den Rentner für sich zu requirieren. Als Vaterfigur, als Friedensrichter, als Beschaffer von Entwicklungsgeldern.

Auf ins nahe YMCA-Gebäude, jener Christliche Verein Junger Männer, für den Fritz ein Leben lang gearbeitet hat. Sieben Jahre davon in Ghana. Am Eingang steht das Leitmotiv des weltweiten Verbands: »Mitgefühl – Versöhnlichkeit – Großzügigkeit – Güte«. Vergessen wurde das Wort »Freude«, denn die leitet sie auch. Ein paar Stühle werden aufgestellt, Fritz kommt in die Mitte, ein Transparent mit einem Willkommensgruß wird ausgerollt, und die Africa World Dance Assembly legt los. Ein Dutzend Tänzerinnen und Tänzer, die nun wie Presslufthämmer loszappeln, so rasend, so erotisch kreiseln ihre Quecksilber-Leiber über den Boden.

Häuptling Fritz aus Düsseldorf leuchtet. Im Flugzeug erwähnte er mehrmals die Schönheit der Afrikanerinnen. Noch heute genieße er sie, und sei es nur, um sie »anzugucken«. Fritz guckt, lächelt weise, nach vierzig Minuten stehen alle still, Schweiß dampft, und Fritz hält eine kleine Rede. Die Rede eines Glücklichen, der von seiner Dankbarkeit spricht und der Sehnsucht nach diesem Land. Zuletzt beten alle, für alle Menschen, für jeden. Unter frenetischem Triumphgeheul wird Fritz ins Hotel begleitet. Er darf ins Bett.

Ein Mann geht schlafen, den andere nur beneiden können. Um den Reichtum eines außergewöhnlichen Lebens. Trotz makabrer Abstürze und Verirrungen: Pimpf Fritz betet Adolf Hitler an und meldet sich 1943 als 15-Jähriger freiwillig. Nach 150 Tagen Crashkurs fliegt er seine erste Messerschmitt 109 und jagt am Himmel die Feinde Deutschlands. Als das Benzin ausgeht, zieht er an die Ostfront und kämpft am Ende in den Trümmern von Berlin. Bis ihm ein Russe zuruft: »Hitler kaputt!« Fritz weint, sein Gott ist tot. Nach 18 Monaten Gefangenschaft kehrt er in die ruinierte Heimat zurück, nach Herne. Er begreift den Irrsinn und entscheidet sich für eine menschenfreundlichere Zukunft. Eine mit Wärme, mit Geduld und Nachsicht.

Über Umwege landet er 1959, am Weihnachtsabend, als »brüderlicher Sekretär« an der Küste von Ghana. Kamen Generationen Weißer vor ihm, um nach Gold und Sklaven Ausschau zu halten, so kommt der 32-Jährige, um das seit Kurzem unabhängige Land mit aufzubauen. Mit Worten, mit Ideen, mit Schweiß. Karin, seine finnische Frau, ist auch dabei. Sie ist Zahnärztin und wird afrikanische Zähne reparieren.

Am nächsten Morgen geht es zur ersten Großtat von Fritz, dem Sitz des nationalen YMCA. Vor knapp vierzig Jahren wurde der Komplex fertiggestellt. Initiiert von Bruder Fritz, der sogar den damaligen Bundespräsidenten Lübke zu einer Spende aus Staatsmitteln überredete. Die Anlage dient als Berufsschule, um mittellose Jugendliche zum Maurer oder Schreiner auszubilden. Die Jungen mauern und schreinern, die Lehrer greifen ein. Mit innigen Umarmungen wird der Deutsche begrüßt. »Mein wichtigstes Kapital sind meine Freunde«, sagt er. Man glaubt jedes Wort, Fritz scheint begabt für Freundschaften. So selbstverständlich bricht ein Gefühl von Leichtigkeit in seiner Nähe aus.

In einem der Büros wird noch immer eine »Triumph Matura« benutzt, Fritzens erste Schreibmaschine, Baujahr 1961. Nebenbei war der Schalke-Fan auch als Schriftsteller tätig, über 25 Bücher sind es bis heute geworden. Voller Geschichten aus Afrika. Mit Auflagen bis zu 80 000 (!) Stück und Übersetzungen in 18 Sprachen. Der Mann schreibt, wie er redet: umstandslos, zügig, uneitel.

Kommt der Deutsche nach Ghana, dann hagelt es Einladungen. Den Abend verbringen wir in der »Valley of Grace«-Kirche, ein paar Kilometer außerhalb von Accra. Fritz im Glück, denn seit Jahren plagt ihn eine milde Schwerhörigkeit. Wer kein Glück hat, auf den gehen jetzt Dezibelblitze nieder, die ahnen lassen, was sein Häuptlingsleben früher alles aushalten musste. Eine Fünf-Mann-Band tobt, und eine mit Tamburinen bewaffnete Hundertschaft schleudert ihre Freude über den fernen Besuch in den rosafarbenen Seidenhimmel. Das Wort »Grace« passt – sich so hingeben können ist eine Gnade.

Heute ist Mittwoch, heute gibt es den »miracle service«, und Fritz ist das Wunder. Für Sekunden bricht eine wundersame Ruhe aus, Musik und Tamburine stehen still, dann jagen zwei Prediger – einer auf Englisch, einer auf Ga – Hymnen auf »Mister Pawelzik« durch die Mikrofone. Bis sie den Höhepunkt erreichen und den Ex-Hitlerjungen zum »Father of Church« ernennen, ja, der sitzende Fritz auf die Knie muss, ein buntes weites Hemd übergestreift bekommt, und Fritz' kahler Schädel von der »Prophetin« Ivy gesalbt wird. Wieder ein Anlass, um die Verstärker aufzudrehen und das Lob Gottes – in Zungen redend oder als Breakdancer – loszuwerden. Irgendwann spricht der frisch Gesalbte selbst, er macht es wie alle guten Redner, er hält sich kurz und zitiert Lukas, der den Herrn zitiert: »Ich habe das Tor geöffnet, und keiner kann es je wieder schließen.« Gewiss das Himmelstor, alle wissen Bescheid. Ivy drückt Fritz an ihren alles verstehenden Mutterbusen. Ein lauter Tag geht zu Ende, wir sind reif für das Hotel.

Ein Häuptling muss schuften, jeden Morgen muss Fritz antreten. Er soll anspornen, soll Mut machen. In ein paar Monaten wird er 77, hat gerade eine Meniskusoperation überstanden, er humpelt noch, dreimal täglich muss er sein Blut checken und bei Bedarf Insulin spritzen, ein afrikanischer Durchfall jagt ihn seit dem gestrigen Abendessen. Doch Fritz tritt an.

Die John Daly School wartet. Auch hier hat Fritz Spuren hinterlassen, hat mitgeholfen, die nötigen Gelder zu organisieren. »We want to see Pawelzik, we have to see him now«, schreien die 350 Schüler. Fritz schüttelt Hände, die Kinder spielen Theater, singen, sagen Gedichte auf, tanzen den letzten Schrei in Ghana, tanzen einbeinig und fassen mit einer Hand nach dem anderen, dem nach oben gestreckten Bein. Das schafft der Alte nicht, aber er hüpft mit. Fritz sagt, dass er noch etwas in Afrika gelernt habe: im Augenblick zu leben.

Der Häuptling hat in Ghana einiges erledigt. Ein zweites Ausbildungscenter steht in Takoradi, 230 Kilometer westlich der Hauptstadt. Mehr als 15 Kindergärten sponsert der YMCA, und in vielen Schulen gibt es »YMCA-School-Clubs«. Und die »Hi-Ys«. Das sind Vereine, die an gleich drei Stellen eingreifen sollen, an »Geist, Leib und Seele«. Das wäre, zum Beispiel: die Mädchen und Jungen an die Welt heranführen, Demokratie üben, sie zum Denken verleiten. Und zur sozialen Verantwortung für sich. Und andere. Und als Drittes: die »cultural displays«

fördern, den Stolz über die eigenen Traditionen hochhalten, tanzen, singen, sich sinnlich ausdrücken lernen.

Wir fahren nach Bawaleshie. Das große Dorf Rechtenbach in Unterfranken ist die Partnerstadt. Fritz brachte die beiden zusammen. Wir sitzen im schlichten Clubheim, noch unfertig, die Gelder aus dem reichen Land fließen zäh. Die Sonne glüht, Fliegen zielen auf die Gesichter, und Gladys, die Leiterin des Erste-Hilfe-Postens und Kindergartens, erzählt die Geschichte vom tödlichen Verkehrsunfall ihres Sohns. Zuerst war Gladys böse auf den Herrn Jesus Christus, weil er das Kind hatte sterben lassen. Aber später erfuhr sie von den behandelnden Ärzten, dass Geotet – hätte er gerettet werden können – geistig behindert geblieben wäre. Nach dieser Nachricht versöhnte sich Gladys wieder mit »the Lord«. Ihr kluger Ältester als Schwachkopf, diese Vorstellung schien ihr unerträglich. Der Tod rettete ihn folglich vor einem grausamen Leben.

Der liebe Gott hat es gut in Afrika, hier darf er sich alles erlauben. Was immer passiert, zuletzt steht er als Wohltäter da. So ein sturer Glauben an das Gute, das geheimnisvoll allem zugrunde liegt, scheint eine der Kraftquellen, die auch Fritz antreiben.

Am Ende jedes Besuchs greift der Ex-Fußballtrainer (das war er ebenfalls) nach einem Briefumschlag mit Geld. Zusammengebettelt in Deutschland. Fritz hat geschworen, keinen seiner Freunde im Stich zu lassen. Nicht, solange er lebt. Und Freundin Gladys kann ein paar Euro gebrauchen. Wir kommen an ihrer Krippe vorbei, kinderreich, aber ja. Die meisten kennen ihre Eltern, andere nicht – man fand sie im nahen Gebüsch. Gladys sorgt für alle.

Fritz ist selbst in seiner deutschen Heimat als Häuptling unterwegs. Schuldirektoren laden ihn ein, um den Halbwüchsigen von den Untaten Hitlers und seiner Helfershelfer zu erzählen und der Möglichkeit, ein neues, ein freundlicheres Leben zu beginnen. Wie sein Tun in Afrika. Vor den 14-Jährigen zieht Fritz dann seine beiden Häuptlingsschwerter hervor, die nicht Macht signalisieren, nur Verpflichtung: zur gegenseitigen Achtung, zum zivilen Kompromiss, zur Redlichkeit.

Aufbruch nach Konongo, 300 Kilometer nordwestlich von Accra. Dort wurde Fritz 1992 entführt und zum Häuptling ausgerufen. Hatte er damals ein paar Todesängste geschwitzt, so kann er heute darüber lachen. Die Aussicht auf 37 Häuptlingsfrauen – nicht als Gespielinnen, nur immer als treu sorgende Wesen – beschleunigte seine Zustimmung. Erst hinterher begriff der pensionierte Missionar, dass drei Dutzend Frauen viele Dutzend Sorgen bedeuten. Er muss sie alle anhören und lösen helfen.

Auf der langen Fahrt funktionieren die Bremsen plötzlich nicht mehr. Ohne jede Aufregung informiert uns Fahrer James über den Tatbestand. Wir haben Glück, denn die Gegend ist gerade flach. Natürlich wird nicht gehalten, der Mann gibt eher Gas, und nach fünf Minuten kommen wir an einem dicken Baum vorbei, daneben bietet ein »Service for Mercedes and Toyota« unter freiem Himmel seine Dienste an. Wunderbares Afrika. Oft taugen die Bremsen nicht, und oft ragt hinter dem nächsten Brunnen ein Schild aus dem Boden: Hier entlang zum Pannendienst!

Fritz entkam nicht der leiseste Fluch von wegen Schaden und Zeitverlust. Längst ist er Afrikaner geworden, nimmt die (unveränderbaren) Dinge hin, wie sie sind.

Als wir in Konongo ankommen, erhält Fritz eine drei Wochen alte Zeitung. Das Lokalblatt berichtet, dass Mister Pawelzik vor Kurzem Spendengelder in Höhe von 5000 Euro an das hiesige Krankenhaus überwiesen hat. So oft hat Fritz die Hände im Spiel.

Tags darauf fahren wir zum »Palace«, einem kümmerlichen Geviert mit einer zweistöckigen Bruchbude, dem *Palast*. Hier regiert Häuptling Nana Batafo Akyeampong Nti II. Fritz ist heute der Ehrengast und wird in die »Schatzkammer« gebeten, in der immer ein Koffer mit seinen Häuptlingsrequisiten steht. Nti II. hilft Marfu II. in die Toga. Als Halsschmuck dient eine goldfarben überpinselte Holzkette, und auf dem Kopf sitzt bald ein dunkles Veloursband, die Krone: mit aufgeklebten Sternchen und vorwitzig wegstehenden Zacken. Jedem Ahnungslosen, der hier vorbeikommt, käme nichts anderes in den Sinn, als dass sich in der dämmrigen Kammer zwei ältere Herren für einen Faschingsball kostümieren. *Too funny.*

Geduldig und ernst ist Fritz bei der Sache. Kein Zweifel plagt ihn. Der Anblick des Alten hat etwas Rührendes. Natürlich kennt der Mann seine Feinde: die Zyniker, die ihn für einen lächerlichen Toren halten, der als guter Onkel von Afrika auftritt. Um sein Ego zu füttern, und dabei übersieht, so schrieb einer, »dass die Schwarzen ihn abzocken«. Fritz kümmert das wenig. Heute wird er in einer Kirche über Mitmenschlichkeit reden, hinterher die Kindergärten inspizieren, das Hospital besuchen und abends als Ehrengast an einem Fest teilnehmen. Wo alle tanzen, die Siebenjährigen und die Siebzigjährigen. Zuletzt wird der Greis todmüde ins Bett fallen. Morgen warten neue Anstrengungen.

Fritz braucht die Afrikaner. Um seine Schuldgefühle abzuarbeiten. Wie die Ghanaer ihn brauchen. Um nicht jeden Anschluss zu verpassen. Der Häuptling aus Deutschland hat ihnen Treue versprochen. Und darüber wird nicht verhandelt. Sie bleibt.

OLD TUCSON

Wildwest in Arizona

Chaplin schrieb an Jean Cocteau, den französischen Schriftsteller: »Wie viele Fußtritte habe ich gebraucht, bis ich das sagte, was ich sagen wollte.« Mit Robin ist das anders. Er hat längst zehnmal mehr Fußtritte als Charlot erhalten und darf noch immer nicht sagen, was er will.

Robin ist Chef der Stuntmen-Truppe in Old Tucson, der Wildweststadt im Süden Arizonas. Fünfmal am Tag tritt er hinaus in die gleißende Sonne und spielt den edlen Marshal, acht Minuten lang. Seine sechs Leute liefern die Stichworte als Pferdediebe, Revolverhelden, Bankräuber oder wahre Freunde. Über Lautsprecher – die Schauspieler reden kein einziges Wort, bewegen nur stumm die Lippen – kommt der fertige Text: knapp, männlich, endgültig.

Da das Böse nicht ablassen wird vom Bösen, soll das Faustrecht herrschen. Zweihundert Sekunden lang werden gekonnt Haken, Geraden und Schwinger ausgeteilt. Schließlich überkommt die sieben die hellsichtige Erkenntnis, dass man so nicht weiterkommt, also wird ab sofort geschossen, und die weißen Blitze der Platzpatronen jagen über die Front Street. Ein Mann fliegt vom Dach, der Rest versinkt im Sand, roter Sirup fließt aus den Mündern, der Marshal überlebt alle. Aufstehen, verbeugen, Applaus.

Die glücklichen Gesichter der Zuschauer. Keiner muss umdenken, das Böse ist böse, das Gute ist gut, und der Beste obsiegt. Die Hausfrauen stürmen los, um die feschen Jungs zu umringen. Jede will mit jedem aufs Foto, Telefonnummern verschwinden in Hosentaschen, ich sehe Robins strahlendes Grinsen, sicher träumt er jetzt wieder von Hollywood, von Geldtonnen und der ersten eigenen Textzeile.

Die Holzbuden der »cowboy town« stehen mitten in der Sonora-Wüste, einer Landschaft als Weltwunder: 40 Grad staubtrockene Septemberhitze, die spindellangen Saguaro-Kakteen, das Klappern der Klapperschlangen, die traurigen Kojoten, das hundertmal andere Licht am Tag, die Nächte voll glitzernder Sterne. Mehr kann man von einem Wunder nicht verlangen.

Hier, ein paar Meilen außerhalb von Tucson – einst ein von Eusebio Kino (sic!) gegründeter Missionsposten – errichtete Columbia Pictures das windschiefe »Old Tucson«. Den ersten Western, *Arizona,* drehten sie hier 1940 mit William Holden und Jean Arthur. Durchaus ein Erfolg. Trotzdem liefen die Geschäfte schleppend, nur wenige Streifen wurden hier fertiggestellt.

Doch ab den Sechzigerjahren ging es aufwärts, stetig. Heute ist Old Tucson Filmstadt und Vergnügungspark zugleich. Siebenmal die Woche kommt das Publikum, und Hollywood ist stets präsent, die großen und die beinah großen Stars werden eingeflogen.

Wie kein anderer prägte John Wayne den Ort. Weltberühmte Filme wie »Rio Lobo«, »El Dorado«, »Hombre« und »I, Tom Horn« entstanden. Dazwischen diente Old Tucson als Produktionsstätte für »good trash«, *gut gemachten Mist,* für Soap Operas, TV-Serien und Werbespots. *Bonanza* und *High Chaparral* ritten hier durch. Jeder hat von diesem Platz schon einmal Geld weggetragen, auf dem »Broadway of Fame« sind die Namen eingeritzt, von begnadet bis talentfrei, von Maureen O'Hara bis zu Arnold Schwarzenegger.

Nichts fehlt, alles da: ein Bestattungsinstitut mit verschiedenen Sarggrößen zum Probeliegen, das Office des Sheriffs mit angebautem Gefängnis, die Bank, das Hotel, das Kirchlein, der Gun Shop. Das mitgelieferte Programm soll keinen überfordern: mit dem Karussell durch die Luft wirbeln, mit der kleinen Eisenbahn rundherum fahren, durch zwei Pappkameraden den Kopf stecken, um sich als mexikanische Amigos fotografieren zu lassen, mit der Postkutsche ein Stückchen durch den Wüstensand schaukeln und im Saloon den »Swinging Sweeties« zuhören, die dort ihre Countrysongs trällern.

Witzig die »Soundstage Tour«, eine Führung durch das Atelier, in dem Filmcrews ihre Innenaufnahmen drehen. Ausführlich erklären die Techniker die Tricks: das Spezialmaterial, das als Whiskyflasche auf dem Schädel des Gegners zerbricht, die winzigen Sprengsätze, die Einschüsse und Blutspritzer vortäuschen, der Flug durch die Windschutzscheibe, die Bruchteile von Sekunden zuvor zersplittert.

Hat man Glück, gibt es einen Nachmittag lang Rodeo. Das ist schnell und gefährlich. Tapferste Cowboys, die fünfzig Dollar zahlen müssen, um von einem zornigen Bullen – »bare back riding« – in den Dreck geworfen zu werden. Urwüchsige »shitkickers«, die vom galoppierenden Pferd auf die Hörner des Stiers hechten – »bull dogging« – und ihn niederringen. So viel Heldenmut für ein lausiges Preisgeld, bravo.

Fraglos erheiternd der Augenblick, als eines der Rindviecher die Richtung ändert und auf mich – vollkommen unschuldig am Tor stehend, durch das die 1000-Kilo-Monster in die Arena stoben – losstürmt. Das herzhafte Gelächter von der Tribüne signalisiert unmissverständlich, dass ich auf unfreiwillige Weise komisch bin. Ich renne los, stolpere, fliege hin, renne weiter, endlich der Sprung über das rettende Gatter. Wieder Gelächter, ich dampfe vor Angst.

Wer hierherkommt, will sich amüsieren, will schauen, essen, shoppen: vielleicht einen Cowboy als Gartenzwerg, dem aus der Schädeldecke ein Docht sprießt? Als Ergänzung ein stacheliger Kaktus aus Messing und – zur Komplettierung – ein Paar porzellanweiße Kuhglocken, deren silberheller Ton durch den Raum schwingt. Praktischer gewiss der Erwerb sauber verarbeiteter Cowboystiefel, dazu ein meisterhaft geschnittener Stetson, getragen mit einem weit wehenden »duster«, dem berühmten überlangen Mantel.

Veni, vidi, pipi. Ich kam, sah und – nein, in Old Tucson riskiert niemand einen Herzschlag. (Okay, ich um ein Haar.) Ein lieber Furz aus Hollywood, funny, sunny, harmlos. Märchen à la Wildwest, frei von jeder Art Geschichtsunterricht. Nichts soll wehtun, keine irritierenden Fakten, bitte, nicht die leiseste Erinnerung – ein Beispiel – an die nur 125 Jahre zurückliegende Endlösung für die Apachen, die hier, genau hier, gründlich und radikal niedergemetzelt wurden.

Beschwingt gehe ich davon. Abschied von Robin und seinen »rookies«, den sechs *Grünschnäbeln.* Abschied von Kim und Karry, den quirligen »Sweeties«. Abschied von allen, die hier so heiter drauflosülgen. Diese amerikanische Herzlichkeit, diese prompte Hilfsbereitschaft – beneidenswert.

Auf dem Parkplatz finde ich ein Stück Papier, einen Werbezettel aus einem Videoshop. *Rambo III* sei nun zu haben. Das passt, hier besonders. Westernfilme sind out, neue Helden stellen sich vor. Sehnsucht will einen überkommen. Ich erinnere mich plötzlich an einen Film mit John Wayne und Angie Dickinson. Sie redeten, Small Talk. Während sie schon brannte, hatte er, der Bauernschädel, noch immer nichts kapiert.

Wie viel Poesie, wie viel Sinnlichkeit passierte in diesen zwei Minuten Wildwestkino. Jetzt also Mister Stallone, der ehemalige Pornodarsteller, als Rambo, der gnadenlos auf unsere Träume trampelt.

AUSSICHTSLOSE WELT

MEXICO CITY
Hier rennen sie um die Wette Richtung Fegefeuer

DOUZ
Wilde Kamele und Poesie und
stolze melancholische Männer

HOMELANDS
Ein paar reiten und die vielen werden geritten

HONGKONG
Schmuggler – Dealer – Illegale

KORRUPTION IN KENIA
Jeder gegen jeden und Geld für die wenigen

MEXICO CITY

Hier rennen sie um die Wette Richtung Fegefeuer

Das Witzigste, was diese Stadt zu bieten hat, ist ein Glatzkopf. Er heißt Carlos Salinas de Gortari und war von 1988 bis 1994 als mexikanischer Staatspräsident tätig. Heute vergnügt sich Carlos als Ex-Gangster und 500-Millionen-Dollar-Dieb im fluchtartig angetretenen Exil. In Kuba, in New York, auf den Bahamas, zuletzt in Irland. Stets in der Nähe von geräuschlos und elegant funktionierenden Luxushotels.

Das 25-Millionen-Volk von Mexico City gedenkt seiner noch immer. Als glatzige Gortaris verkleidet, verkaufen Straßenhändler Gortari-Puppen. Pepe, seit vier Jahrzehnten mit den Marionetten hiesiger Politiker unterwegs, schreit »Salinas erótico« und reicht den Kriminellen mit hocherregtem Glied durchs Wagenfenster. Am Zócalo, dem Zentrum, hängt vor achtzehn Buden der Schlager der Saison: Salinas als »rey de las ratas«, als *König der Ratten,* mit einer Gefängnisnummer auf der Brust und der Eisenkugel am rechten Fuß. Die runde Maria ist zufrieden: »El cabrón se vende bien«, *der Arsch verkauft sich gut.*

Ein ätzenderes Symbol als Salinas de Gortari für den Zustand Mexikos und den nach Vorhölle stinkenden Zustand Mexico Citys lässt sich nicht finden. Nicht erfinden.

Wie unschuldig fing es an. Vor sechs Jahrhunderten kamen die Azteken hier vorbei und gründeten Tenochtitlán. Drei Generationen später war es die Mitte ihres Königreichs, mit Pyramiden, Tempeln und schwimmenden Gärten. Bis Konquistador Hernán Cortés eintraf und am 30. Oktober 1520 seinem Kaiser in Spanien mitteilte, der Ort sei so groß, so reich, so schön, dass dessen Beschreibung Seiner Majestät bestimmt »unglaubhaft« erscheinen würde. So überwältigt schien Cortés von der Schönheit der Stadt zu sein, dass er sie nach einem beispiellos grausamen Kampf eroberte. Wobei die aus Europa eingeschleppten Pocken mithalfen beim Dezimieren. Ach ja, die Gier nach dem sagenhaften Gold der »Indios« trieb den Schlächter ebenfalls an.

Doch die Eroberer fanden nur wenige Schätze. So ließ Hernán, der gläubige Christenmensch, Tenochtitlán in Brand stecken und auf dessen Asche »la ciudad de México«, die neue Hauptstadt von »Nueva España«, erbauen.

Bis Anfang des vorletzten Jahrhunderts blieb vieles überschaubar, dann begann der Sündenfall: Die Landflucht brach los, und die erste Millionengrenze wurde überschritten. 1960 waren es 3 Millionen, jetzt sind es 23 oder 24 oder eben 25. In nicht ferner Zukunft werden es 50 sein. Die Hochrechnungen überschlagen und verrechnen sich, allen gemeinsam jedoch ist die Tendenz, die sie zeigen: »dirección cementerio«, *Richtung Friedhof.* Auf dem der Moloch erstickt enden wird.

Wir, Fotograf Rolf Nobel und ich, mieten einen Hubschrauber und fliegen über ein Meer von Betonschachteln, das halb so groß wie das Saarland ist. Pilot Jaime erzählt mit souveränem Humor von seinen Beinaheabstürzen und vergleicht sie poetisch mit dem Schicksal seiner Stadt. »Um ein Haar hätte es mich ein paarmal erwischt. Genau wie Mexico City. Doch wie ihr seht, wir beide sind noch da.«

In 50 Metern Höhe »bremsen« wir, stehen still über den Abgründen des Fegefeuers, blicken hinunter auf die Blechverhaue, die schwarzen Gewässer, die sechs, sieben Millionen Auspuffe, blicken nach oben in den täglich von 50 Millionen Litern Brennstoff malträtierten Himmel.

Ich treffe Homero Aridjis, einen der maßgeblichen Schriftsteller Mexikos und Gründer der »grupo de los cien«, jener Gruppe von hundert Künstlern und Intellektuellen, die hartnäckig die Sintflut aufzuhalten versuchen. Mit Weckrufen, mit Protestgeschrei, mit der Bloßstellung der Ganoven. Aber auch Aridjis überfallen die schwachen Momente, dann rettet ihn nur noch ein Wunder: Sobald er mit seinem Auto die Garage verlässt, legt er

Mozart auf. Ein Genie muss her, um nicht hirntot zu werden auf dem Weg durch eine Stadt, die ihn – mozartlos – in den Wahnsinn triebe.

Einige Zahlen aus der Unterwelt: Der produzierte Abfall ist pyramidal genug, um jeden Tag das hiesige Olympiastadion damit zuzuschütten. Neunzig Kubikmeter Wasser – pro Sekunde (!) – verbrauchen die Einwohner. Plus Abertonnen Gift – Kohlenmonoxid, Schwefeldioxid, Stickstoffoxid, Schwebeteilchen, Kadmium und Blei – kommen gratis dazu, alle 24 Stunden.

Einen Hauptschuldigen, neben vielen anderen Ursachen, gibt es. Ohne Zweifel. Und die Mexikaner verfügen über eine Reihe von Vokabeln, um ihn zu benennen, wie: »la mordida«, *der Biss,* »la recompensa«, *die Belohnung,* »el lubricante«, *das Schmiermittel,* lauter Kosenamen für die allwaltende Ursünde: »la corrupción«.

Vielleicht kam das Wort hier zur Welt, so sorglos wuchert es, so verfressen, so unverschämt führt die Käuflichkeit sich auf. Sie ist das Urübel, das verhindert, dass Land und Hauptstadt jemals repariert werden. Denn jedes Gesetz – gedacht als Notbremse gegen das Unheil – ergibt nur dann Sinn, wenn es missachtet wird, wenn es als Quelle eines Nebenverdiensts taugt. Ein befolgtes Gesetz ist sinnlos, da niemand bezahlt, um es zu ignorieren.

Von der Regierung verordnete Filter für todspeiende Fabrikschlote? Kläranlagen für Giftwasser produzierende Chemiebetriebe? Baugenehmigungen für die kriminell leichtsinnig – siehe Erdbeben 1985 – pfuschende Immobilienmafia? »¡No hay problema!« Wenn nur die Briefumschläge – *cash is king* – schwer genug sind.

Ach, Briefumschläge. Wir fahren nach »Buenos Aires«, heißes Straßenquadrat in der Hauptstadt, berüchtigt für die unkomplizierte, unbesteuerte und rechnungsfreie Lieferung von Autoersatzteilen. Aus aller Welt. Keine drei Schrauben, so protzen sie lachend, seien hier auf legale Weise hereingekommen. Jedes gestohlene Auto wird hinter Garagentüren umgehend »desarmado«, *entwaffnet,* sprich in seine Einzelteile zerlegt und eine Stunde später vor den Garagentüren, als »accesorio« verkauft.

Jeden Kunden fragen sie nonchalant durchs Wagenfenster, was er benötigt. Ich steige aus und stelle mich als Gringo vor, der nach Kontaktleuten sucht, um in den USA geklaute BMWs über Nuevo Laredo – Grenzstadt zu Texas – hierher einzuschleusen. Jorge, Víctor und ich haben uns nie vorher gesehen, aber nach zwanzig Minuten – eine Provision winkt – bekomme ich die Telefonnummer und eine auf ein Stück Papier gezeichnete Beschreibung der Adresse von Don Pancho, dem besten »coyote« – Schlepper, Pfadfinder, Alleswisser – in der Gegend. Er kennt die hungrigsten Zöllner, weiß, wann und wo sie arbeiten, weiß die exakten Uhrzeiten für derlei Unternehmen, weiß die Umwege und die »tarifas«. Beim Abschied beschenkt mich Víctor mit dem wunderbaren Satz: »No te olvides el sobre«, *vergiss den Briefumschlag nicht.*

In Mexiko gibt es nichts zu enthüllen: Wer enthüllt wird, geht bald unverhüllt seinen Geschäften nach. Das Faszinierendste ist, dass 100 Millionen Mexikaner Bescheid wissen und kein Jota sich ändert.

Am nördlichen Stadtrand liegt die Schutthalde »Santa Catarina«, die größte vor Ort. Ich will mich zuerst inoffiziell informieren. Die Mauer schaffe ich noch, doch als ich im darübergespannten Stacheldraht hänge, höre ich von unten bedrohliche Stimmen. Sie gehören vier Panzerschränken, die hier – wie einige Dutzend andere – mit Funkgerät und Knüppel ausgerüstet das Terrain überwachen. Durchaus notwendig, denn in Santa Catarina stinkt es auf dreierlei Art: nach 2500 Tonnen täglich frischem Müll, nach unheimlich viel Geld – und einem sensationellen Mord. Der Platz passt wie keiner, um vom Leichengeruch dieser Stadt zu erzählen.

Die Gorillas bringen mich zur Chefin, Señora Guillermina de la Torre. Sie ist die (frühere) Frau von Rafael Gutiérrez Moreno, der als »Müllkönig« berühmt wurde. Wie für seine vielen Goldzähne, seine vielen Bankkonten, seine vielen Nebenfrauen, seine vielen Kinder (angeblich imposante 120) und seine erstaunliche Brutalität, mit der er seine 5000 »pepenadores«, seine *Müllmänner,* schindete. Vor ein paar Jahren wurde er ermordet. Von seiner letzten »compañera«. Aus Rache, so berichtete sie, für seine Gewalttätigkeiten.

Jetzt gibt es eben eine Abfallkönigin. Sinnigerweise steht auf ihrem Schreibtisch eine kleine Statue mit den drei Affen, die nichts hören, nichts sehen, nichts reden.

Wie umwerfend ironisch, denn in nicht allzu ferner Zukunft wird ihr mit dem Mordopfer gezeugter Sohn verhaftet werden: Cuauhtémoc Gutiérrez, der Mordsdicke, war Mitglied des Parlaments (!) und nebenbei heimlicher Großzuhälter.

Mexiko schlägt keiner. Hier wird die Bestechlichkeit vererbt. Sie ist Teil der nationalen DNA.

Rolf und ich dürfen uns – mit offizieller Begleitung – umsehen. Heute sind es 6500 »pepenadores«, die sie hier abzocken. Für 30 Pesos (zweieinhalb Euro) pro Schicht stehen vor allem Frauen an drei gigantischen, penetrant riechenden Fließbändern und sortieren aus: Glas, Kleidung, Schuhe, Plastik, Aluminium. Der Rest, über 50 Prozent, wird nicht verwertet, wird verbrannt oder landet in tief gebaggerten Senkgruben.

Etwa 40 000 Angehörige hängen an den Lohnempfängern, die meisten von ihnen hausen in den »cinturones de probeza«, jenen *Gürteln der Armut*, die wie Metastasen Mexico City umzingeln. Ein Drittel lebt in einfachen Flachbauten auf dem Gelände. Als Vorführmodelle. Um die Welt an das gute Herz der jetzigen Bossin zu erinnern.

Clever inszeniert. Doch wer genau hinsieht, bemerkt die dunklen Flecken: Die Arbeiterinnen und Arbeiter werden »präpariert«. Spreche ich mit einer Mutter von vier Kindern, hört man deutlich, wie sie nachleiert, was ihr eingebläut wurde.

Wenn sie nicht im Dreck wühlen, müssen alle als Einsatztruppe für die »PRI« herhalten. Denn die attraktive Señora Guillermina gilt als glühende Bekennerin der Partido Revolucionario Institucional, des Politclans, der über zwei Generationen lang Mexiko würgte und plünderte. Und würgt und plündert.

Das ausführliche Beispiel soll zeigen, dass der Stadt nicht zu helfen ist. Alle Vorschläge – von welcher Klimaschutzkonferenz sie auch kommen mögen – sind in diesem Monstrum nicht durchsetzbar. Zu korrupt die Gier, zu verzweifelt die Landflucht (jeden Tag 2000 ärmste Teufel mehr), zu unheilbar die Apathie all jener, denen täglich die Haut abgezogen wird.

»Estamos esperando«, *wir hoffen*, meint Diego García, den wir in einem Slum mitten im Zentrum treffen. Mit 37 anderen Familien hat er ein vom Erdbeben verwüstetes Grundstück gesquattet. Unterm Pappdeckeldach sitzen die Alten, ihre stillen, abwesenden Gesichter. Ein offenes Feuer brennt, im Topf kochen die Bohnen. Vor Kurzem haben sie hier unter der Erde ein gerissenes Leitungsrohr entdeckt. Über ein Provisorium leiten sie jetzt das Wasser nach oben, so kommen die 214 Bewohner immerhin in den Genuss einer Dusche.

Hoffen auf was? Auf die Jungfrau von Guadalupe? Auf die Bekehrung von Intensivtätern? Auf ein Ende der Raffsucht?

Prinzip Hoffnung als Holzweg. Aber die Hoffnung, so der schreckliche Satz, stirbt zuletzt. Das freut die Missetäter, denn das Hoffen der Elenden sorgt dafür, dass nichts sich ändert. Die einen hoffen, und die anderen, ihre Feinde, kümmern sich darum, dass es hoffnungslos bleibt.

Fahrt zu einem Helden. Samstagvormittag, und die Fahrt dauert. An den Kreuzungen legen sich die Zehnjährigen auf die Kühlerhauben, um die – hundert Meter zuvor bereits geputzten – Windschutzscheiben wieder zu säubern. Fünftausend verdienen sich so einen halben Peso, fünf Cent, pro Wagen. Andere turnen, jonglieren, speien aus ihren Gesichtern Feuer in die Luft. Manche verkaufen Barhocker (!) oder Kaugummi. Einer bietet winzige Plastikhände an, verschraubt mit einem langen Stiel: pfiffiges Werkzeug, um sich – gefangen in einem Millionenstau – den verschwitzten Rücken zu kratzen.

Der Held heißt »Superbarrio«. Held, weil er noch kämpft, noch nicht leise und lahm geworden ist wie so viele. Er protestiert, denunziert, tritt jedes Mal neu den endlosen Marsch durch die Institutionen an, bettelt um Geld für Projekte, ist ein »mover and shaker«, hält »pep talks«, Reden, die anfeuern, die die Müden aufwecken und die Begeisterten mitreißen.

Formidabler Auftritt: roter Latexanzug, dottergelbe Ringerschuhe, golden leuchtender Umhang, der stolze Catcherbauch. Seit einer Rückenverletzung ringt er nicht mehr. Aber die Maske trägt er noch immer, wie alle anderen Insignien seines früheren Lebens, wenn er öffentlich agiert. Diesen Samstagnachmittag wurde er eingeladen, um an der Einweihungsfeier eines (bescheidenen) Mehrfamilienhauses teilzunehmen, an dessen Verwirklichung er mithalf. Über ein Jahrzehnt mussten Erdbebenopfer warten, um von der Straße zurück in eine Wohnung ziehen zu können.

Der Mann ist stets da, wenn er darum gebeten wird. »¡Se ve, se siente, Superbarrio está presente!«, *man sieht es, man fühlt es, Superbarrio ist da!,* skandieren sie fröhlich. Man spürt die Wärme, die sie für ihn empfinden. Die Kleinen, die ihn bestaunen. Die Neugierigen, die sacht seinen Bizeps berühren. Die Frauen, die ihm verträumt nachschauen.

»Wir werden nie aufhören, dagegen zu sein«, verspricht er lässig ins Mikrofon, erzählt Witze, verhält sich nah und cool, wird von allen verstanden. »Ich bin euer Bruder«, sagt er zuletzt. Kein Politiker könnte sich einen solchen Satz erlauben, ohne dass die Zuhörer ihn ausbuhten. Superbarrio schon, er hat längst jedes Wort bewiesen.

Keiner bezahlt ihn, und von keinem will er sich bezahlen lassen. Legt er die Maske ab, erkennt ihn niemand. Das ist ihm nur recht. Als Schokoladenriegel-Verkäufer verdient er sein Leben.

Wir finden noch einen Helden, im Atlas, einem Trainingsstudio für Boxer. Er ist siebzehn, Fliegengewicht, und hat das Wichtigste begriffen. Fernando, unverbrüchlich: »Diese Stadt ist verrottet, ich muss da raus, ich muss Weltmeister werden.« So putzt er tagsüber Schuhe und trainiert abends auf »campeón«.

DOUZ

Wilde Kamele und Poesie und stolze melancholische Männer

»Das ist eine wahre Geschichte«, beteuerte Chédly. Wir saßen in einem Café in Tunis, und der Alte erzählte. Hinterher wusste ich noch immer nicht, wie viel er fantasiert hatte und wie viel gewiss so passiert war. Wie belanglos. Handelte es sich doch um eine wundersame Parabel über unsere Sehnsucht nach den Dingen, die uns fehlen.

Chédlys wahres Märchen klang so: Eines Tages kam eine Handvoll selbstbewusster Mauren nach Frankreich. Männer der Wüste, die nichts anderes kannten als den Sand und den Koran. Es war die große Zeit der Franzosen, als ihnen die Sahara allein gehörte. Sie hatten die Beduinen eingeladen, um ihnen die Wunder des weißen Mannes vorzuführen. Seltsamerweise waren es nicht die Radios, Ventilatoren und Eisenbahnen, die sie überwältigten. Nein, zu heulen fingen sie an, als sie zum ersten Mal einen Wald sahen. Und wie verzaubert standen sie vor einem Springbrunnen, unfähig, sich von diesem fantastischen Anblick zu lösen. Bis ihr Reiseführer sie ungeduldig zum Aufbruch mahnte:

- Wir müssen weiter, kommt.
- Das geht nicht, wir müssen warten.
- Warten auf was?
- Auf das Ende.

Sie konnten nicht fassen, dass das Wasser nicht aufhörte, dass es grenzenlos sprudeln würde. So selten, so unersetzlich war es doch in ihrer Heimat.

Wochen vor der Begegnung mit Chédly überquerte ich den Kurfürstendamm in Berlin. Was mir bei dieser eher banalen Tätigkeit auffiel, waren drei dicke Autos mit Vierradantrieb und Tierschutzgitter, die mich von der Fahrbahn scheuchten. Die da, dachte ich, sind wie ich: Wir haben unendlich viele Springbrunnen und eine von allen Abenteuern befreite Zivilisation. Also träumen wir von der Wüste.

Bevor ich mich von dem Märchenonkel verabschiedete, erzählte ich ihm die Episode in meiner Hauptstadt. Chédly reagierte entgeistert. Generationen lang lebte er im »Grand Sud«, im *großen Süden* Tunesiens. Nichts erschien ihm absurder als unsere Sehnsüchte.

Kleines Land mit riesiger Wüste. Fast die Hälfte seiner 164 000 Quadratkilometer bedeckt der Sand. Nach den Städten Gafsa und Gabès hört der Norden auf, und die Urlaubszentren – Abgründe der Scheußlichkeit – geraten außer Sichtweite. Dass der römische Schriftsteller Plinius diese Strände einst als die »liebenswürdigsten der Welt« beschrieb, diese zwei Jahrtausende alte Randnotiz gibt Anlass zum Sinnieren über die Vergänglichkeit der Dinge.

Ich will nach Douz. Die Wüstenei liegt direkt am Eingang zum »Grand Erg«, zur *großen Düne.* Hier zelebrieren sie am Ende jedes Jahres »Le Festival du Sahara«. Natürlich soll es Besucher locken und Gelder ranschaffen. Aber vor allem soll es sie an ihren Stolz und ihr einstiges Leben erinnern, das, so schwärmen sie, atemloser war und waghalsiger.

Der erste Tag fällt ins Wasser, wörtlich. Es regnet. Eine nasse Oase und feuchte Kamele, das ist ein seltsamer Anblick. Man versteht plötzlich, dass eine Wüste ohne das Blau der Sonne nicht funktioniert. Doch Douz hat 200 000 Dattelbäume und 20 000 Bewohner. Gibt es nichts, so gibt es Geschichten.

Hinter dem Friedhof treffe ich die Greisin Karoui. Sie umkreist mit einem schrillen Sprechgesang den Grabstein eines längst verstorbenen Heiligen. Er soll die gefräßige Wüste aufhalten, sie bremsen und die Familie schützen vor Sand und Wind, die sie aus ihrem Haus vertreiben.

Die Oase muss kämpfen, die Desertifikation schaufelt sie zu. Ein Bulldozer in der Nähe der schreienden Witwe ist kaputt, seit Wochen. Solange das Gerät stillsteht, so die Alte, will sie beten. Sie hat eine Stimme, die Marmor zersägt. Eines Tages wird der Tote aufwachen und um Gnade flehen.

Kleines, liebes Douz. »Ville garage«, *Stadt der Werkstätten*, nennen es Spötter. Weil viele hier ihr Fahrzeug reparieren lassen. Und gleich wieder wegfahren. Doch während der Sahara-Fete bleiben sie da. Jedenfalls länger als die eine einzige Nacht, zu der sonst das hinter Millionen Dünen versunkene Dattelkaff einlädt.

Vor ein paar Jahren stellten sie eine Statue auf, die erste in diesem Jahrhundert. Ein goldfarben lackiertes Kamel mit einem goldfarben lackierten Reiter. Zähes Palaver war notwendig, um sich darauf zu einigen, wohin jene goldenen Kamelaugen schauen sollten. Bis man sich entschied. Für eine moderne, kapitalistische Lösung. Die zwei blicken nun Richtung – und der Freizeitindustrie verdanken wir dieses fürchterliche Wort – »Zone touristique«. Beim ersten Schreck las ich »Zoo touristique«. Ach, mein wundes Unterbewusstsein.

Der zweite Tag holt auf. Himmel und Erde verfügen nun über genau die Zutaten, die es braucht. Gelb und warm leuchtet jetzt die Oase. Und Zine, der Polizist, leuchtet auch. Weil ich ihn nach dem »maison de la culture« frage, und er wissen will, ob ich Deutsch spreche. Denn diese Sprache habe er sich selbst beigebracht. Mit Büchern und Kassetten. Um sich, so verrät er wörtlich, »höflich und charmant um die schönen Besucherinnen aus Deutschland kümmern zu können«.

Wie begabt sie im Maghreb mit Fremdsprachen umgehen. Kein Wunder, dass hier einer wie Zine polyglott und mit einem Polizistengehalt von umgerechnet 200 Euro herumläuft, ja sie nebenan im Haus der Kultur Gedichte vorlesen, sie längst begriffen haben, dass Poesie unersetzlicher Bestandteil eines Wüstenfests ist.

Das werden bewegende Vormittagsstunden. Etwa 300 Zuschauer, und einer geht zum Mikrofon und liest vor. Ein Dattelbaumbesitzer oder ein Schafhirte oder ein Kameltreiber. Fast zwei Dutzend stellen sich den Juroren. Ein paar langweilen, leiern Propagandaverse herunter, singen das Hohelied vom unfehlbaren Präsidenten Ben Ali. Doch andere erzählen von ihren verstohlenen Wünschen, von ihren wachen Nächten, von ihrer misstrauischen Liebe, ja von ihrer Einsamkeit. Die sie begleitet wie die Sahara, die ihnen so viel Zeit und so viel Platz lässt für ihre Träume.

Um drei Uhr nachmittags rennt jeder hinaus zum »Espace Haniche«, dem Wüstenstadion. Eine Haupttribüne mit einer 100 Meter breiten Sandpiste. Mittendrin das Symbol des Überlebens, ein Brunnen. Heute stimmt alles. Die Erregung, die Zuschauerzahl, die Vorfreude. Trupps aus Ägypten, Libyen, Jordanien, Libanon, Algerien und dem Gastgeberland treten an.

Junge, strahlende Kerle – mit zwei Dolchen und dem Patronengürtel über der Brust – jagen mit ihren Pferden vorüber. Zu zweit, zu dritt, zu sechst die Piste entlang, stellen sich auf, reichen sich die Hände, suchen den halsbrecherischen Schulterschluss, lassen los und schießen – aufrecht stehend und für Sekunden nichts fürchtend auf dieser Welt – in den Himmel.

Zwischen den Aufregungen bieten die Veranstalter fades Getrommel und Ringelreihen. Verstaubte Allerweltsfolklore, die keinen verzaubert.

Bis die »Mehari« auftreten, die Raser, die eigens dafür abgerichteten Dromedare. Hoch, hellfarbig und von erlesener Hässlichkeit. Und die Helden schwingen sich in ihren »Rahla«, den Tuaregsattel mit dem typischen Kreuz als Haltebügel. Und legen los, ums Karree, drei Kilometer lang. Gefolgt von einem Krankenwagen als Nachhut. Wie witzig, wie fürsorglich.

Die nächste Pause erheitert. Die Tiere raufen miteinander. Ursprünglich wollte man ein »schönstes Kamel« küren. Aber das Wort »Schönheit« und ein Kamelkopf passen nicht zusammen. Also sucht man das stärkste, das tapferste. Ausscheidungskämpfe mit K.-o.-System. Zwei rumpeln aufeinander los. Bis das eine nach dem Schwanz des anderen schnappt und – zubeißt. Hier muss es am höllischsten wehtun, denn jeder Schwanzgebissene wetzt jaulend davon.

Beim Sonnenuntergang galoppieren noch einmal die Araber, die Pferde. Wieder das souveräne Lachen der Reiter, ihre Furchtlosigkeit, wieder die Schüsse in die Sonne. In keinem Augenblick, darf man vermuten, leben sie intensiver.

Abends liege ich im »Hammam«, dem kleinen Türkenbad, direkt am Rande des Dattelhains. Das heilt, besänftigt. Leider habe ich seit längerer Zeit ein Alter erreicht, das mich als Mann ausweist. Wäre ich ein paar Jahrzehnte jünger, dürfte ich als ahnungsloser Knabe dabei sein: nebenan, im hermetisch abgeschlossenen Abteil der Frauen. Sie sind »haram«, das berühmte Wort für *tabu*, für *verboten*, ja *heilig*.

Doch Abdelaziz vertreibt mir die hitzigen Gedanken. Gegen Bezahlung foltert er. Wer einmal unaufmerksam genug war, sein müdes Fleisch einem Oasenmasseur zu überlassen, der wird wissen, was nach 25 Minuten Quetschen und Walken – nur unterbrochen von meinem haltlosen Geschrei – hinter mir liegt.

Aber das ist das Geheimnis des Täters: Kurz danach blüht das Opfer. Mit dem gewalkten Leib steigt man in das heiße Becken. Und fängt zu schweben an und ist auf selige Weise tot, verlassen von allen drängenden Nebengedanken. Bis die Sterne aufziehen – durch die Oberlichte glitzernd – und man ein bisschen besinnungslos und glückselig wird.

Beim Dösen unter den Dampfschwaden habe ich Faoudik kennengelernt. Er arbeitet als Lehrer am hiesigen Lycée. Jetzt schlendern wir zwischen den märchenstillen Palmen zurück zur Hauptstraße, der *Avenue des Martyrs*. Douz ist nach Anbruch der Dunkelheit gestorben, fast. Der 35-Jährige bestätigt das mit einem einzigen trockenen Wort, als ich ihn frage, was sie abends so machen: »Kaffeehaus.« Also gehen wir ins Café Chems, sein Stammlokal.

Verträumtes Douz. Kein Kino, keine Buchhandlung, nicht eine Sinnlichkeit. Nur unendlich viele Männer, die in Kaffeehäusern Wasserpfeife rauchen und Karten spielen. Neue Ideen brauchen eine lange Ewigkeit, bis sie hier ankommen. Nicht eine Frau sitzt auf einem Kaffeehausstuhl. Das wäre undenkbar, so Faoudik. Auch wenn er verheiratet wäre, er könnte seine Liebste niemals hierher mitnehmen. »Je serais un lache«, *ich wäre ein Waschlappen,* meint er lakonisch. Die Frau gehört ins Haus, hat nichts verloren in dieser reinrassigen Männerwelt.

Ach, die arabische Gastfreundschaft. Nach dem Kaffee muss ich mitkommen, muss seine Familie begutachten, muss essen und trinken. Vier Generationen wohnen augenblicklich in einem typischen Flachbau, rundum abgeschlossen. Der Innenhof mit den Ziegen, den Hennen, Hasen und Katzen. Und dem großen Zimmer, dem Fernseher im Eck und dem Glutstock in der Mitte. Und den 26 Schwestern und Brüdern, Schwägerinnen und Schwägern, Kindern und Babys. Und mit Sodak, dem Vater mit dem grandiosen Wüstengesicht. Ferienzeit. Und dass sich alle seine 13 Söhne und Töchter unterm gemeinsamen Dach versammeln, das ist »kif kefak«, das unglaubliche Glück, für ihn. Ein kompletter Mensch, der Alte. Keine Sehnsucht plagt ihn mehr. Er sagt lässig: »Jetzt will ich sterben und Gott treffen.«

Noch zwei Festivaltage. Und der letzte ist mit Abstand der innigste. Wieder treten zuerst die Dichter an, diesmal nicht mit Dialektversen, sondern in Hocharabisch. Und sie träumen nicht, biegen nichts weg, reden nur knallhart von ihrer Wirklichkeit. Voll von mühsamen Widersprüchen. Jamel steht am Mikrofon: »Aufrecht wie eine Palme bin ich gewachsen, und aufrecht wie eine Palme will ich leben.« Er ist Ambulanzfahrer und gilt als begabtester Poet der Gegend. »Aud! Aud!«, rufen sie nach vorn, *sag es noch mal, noch mal!* Erstaunlich das Gespür für Sprache dieses einfachen, teilweise analphabetischen Publikums.

Im Stadion findet noch einmal das komplette Programm statt: die Wettrennen, dann die »Sloughis«, jene Hasen jagenden Windhunde, und zuletzt die zänkischen Dromedare, die sich gegenseitig in den Sand beißen. Und die Männer, von denen jeder gerade sein will wie eine Palme.

Als Abschlussbild sieht man das Aufgebot einer traditionellen Hochzeit. Am verlockendsten wohl die »Gehfa«, die rundum verhängte Kamelsänfte, in der die noch jungfräuliche (heißt es) Braut – geschützt vor fremden Männeraugen und dem »bösen Blick« – zum Haus des Bräutigams befördert wird.

Hinterher brausen die 30 000 Besucher davon. Und keine Stunde später parkt ein voll besetzter Bus vor dem Hotel de Sahara. Zufällig bin ich Zeuge einer Szene, die schlagartig klarmacht, dass aller Zauber Douz schon verlassen hat: Eine Ladung All-inclusive-Touristen ist eingetroffen. Und die Helden müssen runter vom hohen Ross, und Mokhtar ist wieder Türöffner und Hamadi wieder Kellner und Azmi wieder Gepäckträger.

Jeder der (chinesischen) Neuankömmlinge bekommt einen »Burnus« und den »Cheche« verpasst, den Kapuzenmantel und das Kopftuch der Tuaregs. So kostümiert, werden sie zur 100 Meter entfernten »Kamelstation« geführt. Ich gehe mit und erfahre, dass die 52 seit frühmorgens unterwegs sind, gestartet in Sousse. »Nun«, erzählt mir ein Herr aus Shanghai, »ist die Wüste dran.« Und Farik, ihr Guide, ruft den Zaudernden zu: »Haben Sie keine Angst, alle Tiere benehmen sich ordentlich (›orderly!‹).« Und ich entdecke unter den Kameltreibern auch Yunus, der vor Stunden im gestreckten Galopp vor begeisterten Tribünen über die Ziellinie sprintete. Nun ist er für die nächsten 360 Tage – wie seine Freunde – zurück im tatsächlichen Leben gelandet. Ab heute muss er, wie immer zuvor, fremde Dicke und Dünne auf ordentliche, sprich lahme Kamele hieven. Ist das eine stolze Handlung? Ist es das, was sein hungriges Herz beschwingt?

Hastig besteige ich den Bus nach Tunis. Ich will das nicht sehen. Ich will mich an Helden erinnern, die stark sind und verwegen und das erledigen, wovon sie träumen.

HOMELANDS

Ein paar reiten und die vielen werden geritten

Im alten Griechenland machten sie es so: Die beiden feindlichen Heere standen sich ruhig und diszipliniert gegenüber. Und warteten. Auf die Einheizer, auf die speziell dafür abgestellten Schreier und Maulhelden. Ihr Auftritt war unumstößliche Tradition, ihr Geschrei von absoluter Notwendigkeit. Sie rannten nach vorne und begruben den Gegner unter einem Hagel demütigender Beleidigungen. Wobei sie nicht vergaßen, den Ruhm und den schier unbesiegbaren Willen der eigenen Streitkräfte zu erwähnen. Sie brüllten so lange, bis alle vor Wut kochten. Das war das Startzeichen, das Schlachten konnte beginnen.

Nach 2500 Jahren haben sich die Zustände geringfügig zivilisiert. Auch in Südafrika. Dennoch, der kriegerische Wortschatz dortiger Politiker – schwarz oder weiß, wie belanglos – erinnert bisweilen an den Umgangston antiker Soldateskaführer. Sie schreien, sie fluchen, sie schämen sich nicht. Einer von ihnen heißt Lucas Manyane Mangope. Der 70-jährige schwarze »Staatspräsident« eines »Staates«, den keiner kennt und keiner anerkennt. Nur er selbst und die Regierung von Südafrika, die 1976 dem ehemaligen Kuhhirten 40 000 Quadratkilometer Land, »homeland«, schenkte und den Cowboy als »State President«, »Doctor«, »General« und »His Excellency« verkleidete. Das Gebiet nannten sie »Bop«, hochoffiziell: Bophuthatswana. Es ist das bittere Geschenk einer Ideologie, die unter dem Namen Apartheid weltberühmt wurde.

Mangope gehört in die endlose Reihe von Hampelmännern, die sich in langen Jahren kaufen ließen, um die Führung eines der insgesamt zehn »homelands« zu übernehmen. »Home«, also

Heim, für die zehn größten Stämme Südafrikas. Eine aus Rassenwahn und Menschenverachtung gebrütete Idee, um Südafrika »kafferfrei«, zu machen. Die weiße Minderheit spendierte der schwarzen Mehrheit dafür 13 Prozent der Gesamtfläche. Meist öden, schäbigen Boden, ohne jede Infrastruktur.

Ein in seiner Niedertracht genialer Einfall. Die Schwarzen verloren damit ihr Recht auf die südafrikanische Staatsbürgerschaft und waren gleichzeitig vollkommen abhängig von Pretoria, konkret: Sie standen als (billige) Arbeitskräfte für Farmer und Goldminenbesitzer zur Verfügung. Morgens fuhren sie ins reiche »Ausland« zur Arbeit, abends kehrten sie zurück in den bettelarmen Kraal. Das war ihr *home*, ihre Heimat.

Ken Oosterbroek, der Fotograf, und ich reisen nach Bop. Wir starten in Johannesburg und überqueren nach einer Stunde Fahrt Richtung Norden die »Grenze«. Es gibt keinen Schlagbaum, nur Einschusslöcher im Blechschild, auf dem »Republic of Bophuthatswana« steht. Wir stoppen, Kinder betteln. Auf der anderen Seite liegt ein kleiner Laden. Für die zehn Meter brauche ich sieben Minuten. Deutsche Luxusautos verhindern die Überquerung. Die Straße gilt als Rennstrecke zur nahe gelegenen »Sun City«. Es ist Sonntagmittag, und Tausende strenggläubiger Calvinisten – die herrschende Religion der Herrenrasse im Land – preschen ins »afrikanische Königreich der Freude«.

Noch ein Vorteil der homelands: Was im sauberen, keuschen Südafrika verboten ist, darf hier im »Bantustan« hemmungslos praktiziert werden: um Geld spielen, Pornos besichtigen, huren. Sol Kerzner, weißer Unternehmer und Besitzer von 24 weiteren »Sun Locations«, steht unter dem Ehrfurcht gebietenden Verdacht, mehr Geld zu verdienen als alle dreißig Millionen Schwarze zusammen.

Mangope und Kerzner sind alte Spezis. Sie nutzen einander. Über 70 Prozent der zwei Millionen Untertanen seiner Exzellenz leben unter dem Existenzminimum, knapp 40 Prozent können nicht lesen und schreiben. Deshalb das so dringliche Bedürfnis nach einem aberwitzig teuren »kingdom of pleasure«.

Mangope ist ein Sonderfall. Er ist der Einzige, der die »Unabhängigkeit« seines »homeland« nicht wieder hergeben will. Alle anderen »Generäle« und »Brigadiers« – auch sie Drahtzieher von Korruptionsorgien, Staatsstreichen, Wahlbetrügereien und Mordanschlägen, auch sie Spießgesellen einer perfiden Apartheidsideologie – haben unter massivem Druck begriffen, dass ihre Privatkaiserreiche im neuen Südafrika ohne Überlebenschance sind.

Aber Mangope sieht rot. Er warnt vor einem schwarzen Kommunismus. Er hat allen Grund dazu, sitzt er doch auf (kürzlich entdeckten) Diamantenminen. Milliardenschwer. Und er will sie allein ausbeuten. Der Traum von Südafrikas Wiedervereinigung ist sein Albtraum.

Auch von Sun City müsste er lassen. Ich ströme mit den Massen durch die mit heiter-triumphaler Geschmacklosigkeit errichteten Vergnügungsbunker und kann die Anzahl praller Geldkisten nur erahnen, die als Steuergelder an die hiesige Regierung abgehen. Beneidenswert, wie spielerisch Häuptling Mangope seine Konten nachfüllt. Deshalb jetzt seine Wutanfälle und lautstarken Kriegserklärungen. »Bis die Sonne auf immer untergeht«, so keucht er, »so lange wird Bophuthatswana unabhängig sein.«

Ach, Mangope. Er mag sich in der Pose des virilen Manns. Sieben offizielle Kinder hat er, über die Zahl der restlichen (inoffiziellen) gibt es nur Gerüchte. Auch als Massenschlächter von Eseln (sic!) hat er sich einen Namen gemacht: Als einer der Mulis in einen Autounfall mit seiner Frau verwickelt war, kündigte er an, sein Reich »donkey-free« zu schießen. Was dann geschah – via Polizei und Militär.

Wir verlassen Sun City. Nach ein paar Kilometern verschwindet Kerzners schweinchenrosafarbiger Touristenkraal aus dem Rückspiegel. Afrika fängt wieder an, aus Bop wird ein schönes Land, die Welt leer und geheimnisvoll. Oft fehlen Hinweisschilder, die Landkarte stimmt nicht. Wir vertrauen auf unsere Intuition und die Freundlichkeit der Tswanas – siehe: Bophuthatswana.

Unter einem »Palaverbaum«, da, wo sonst die Alten reden und

diskutieren, sitzen diesmal junge Burschen aus Mosambik. Illegale Flüchtlinge, Überlebende eines langen Bürgerkriegs. Als wir uns nähern, rennen sie davon. Sie halten uns für Polizisten in Zivil, die gern den Schlagstock schwingen, um fällige Schmiergelder einzutreiben: damit die armen Teufel hierbleiben dürfen und nicht zwangsdeportiert werden. Als sie erkennen, dass wir nichts bei uns tragen, um loszuprügeln, kommen sie zurück.

Viele weiße Farmer besitzen Latifundien in Bop. Einer der Großgrundbesitzer hängte ein Schild an sein Tor: »Jarich B., Rinderzucht«. Zehn Kilometer dahinter befindet sich sein Haus. So riesig sein Hab und Gut. Verfügt einer über Geld, dann verfügt er über Wasser und hat somit alles, um in Afrika als stinkreicher Mensch aufzutreten.

Welverdiend liegt auf der Strecke. Kleines, stilles Dorf. Wir werden Zeuge einer unguten Szene. Ein junger Weißer will Milch verkaufen. Aber die Schwarzen hindern ihn daran, erinnern ihn an seinen bösartigen Vater, der ihr Vieh konfiszierte, wenn es auf seinen (gestohlenen) Wiesen graste. Wüste Beschimpfungen speiend (dreimal kommt das Wort »Kaffer« vor), packt der Sohn seine Ware ein und verschwindet.

Ken und ich haben Glück. Unsere Väter kennt hier niemand. Watson und Petrus, 27 und 23 Jahre alt, laden uns ein. Seit zwei Tagen feiern sie das wichtigste Fest ihres Lebens. Weil sie alles wohlbehalten überstanden haben. »Jetzt sind wir Männer, jetzt sind wir stark«, verkünden sie tapfer. Hellrote Wasserfarbe bedeckt ihre Gesichter. »Und Schmerzen?«, frage ich. »Natürlich nicht.« Ihr Stolz verbietet ihnen jeden Seufzer.

Vor einer Woche zogen sie in den Wald und wurden dort beschnitten. Noch heute ist diese bluttriefende Zeremonie bei vielen Stämmen verbreitet. Als unwiderrufliche Voraussetzung, um als Mann und künftiger Ehemann zu gelten. Hinterher saßen sie fünf Tage in einer Hütte. Bewegungslos und nur mit einer Überlebensration Wasser versehen. Um die schauerliche Pein des Urinierens zu vermeiden. Nun scheint alles verheilt. Bald werden sie heiraten.

Eine halbe Tagesstrecke später führt uns ein verrosteter, an einen Baumstamm genagelter Pfeil zur »St. John's Church«. Die Kirche liegt einsam hinter hohen Maisfeldern. Aus dem Nebenhaus kommt uns Robert Ngube entgegen. Ihn haben wir gesucht. Der Alte lächelt und stellt sich als »black Jesus Christ« vor. »Der Wachtturm« hat ihn als solchen identifiziert und bejubelt. Die Narben an seinen Beinen verdankt er schändlichen Medizinmännern, die von seinem Ruhm erfahren hatten und ihm sein Blut abzapften. Um sich damit vor bösen Geistern zu schützen.

Mister Ngube erzählt ohne Aufregung, ohne sichtbare Eitelkeit: dass er der schwarze Jesus Christus ist und jeder sein Blut will. Nichts klingt selbstverständlicher. Auch nicht die Meldung, dass ihm seine Frau davonlief. Mit einem der Blutsauger. Das hat Konsequenzen auf höchster Ebene. Er sagt glatt: »Mangope drängt mich zu heiraten. Mein Blutdruck ist zu hoch.«

Das hört sich nach nacktem Irrsinn an. Und doch nicht absurder als die Nachricht, dass Ken einen Tag später von der »Special Branch«, Mangopes Geheimdienst, verhört wird: weil er am hellichten Tag ein Standbild des »Staatspräsidenten« fotografiert hat.

Die Spitzel der Sondereinheit spionieren rund um die Uhr. Ein Treffen zwischen uns und dem in Bop verbotenen ANC, der Partei von Nelson Mandela, muss konspirativ vorbereitet werden. Zu oft wurden die Mitglieder des African National Congress Opfer rabiater Polizeiwillkür.

Das Volk murrt. Selbst die Leidensfähigkeit der Schwarzen hat Grenzen. Ismail, der täglich 1200 Meter tief in die Erde hinunterfährt, um Diamanten auszugraben, um hinterher, am Monatsende, einen Sklavenlohn dafür zu kassieren, spricht es trocken aus: »His time's up«, Mangopes Tage sind gezählt.

Andere maulen weniger waghalsig, lachen schüchtern, zerren mich ums nächste Hauseck und flüstern schnell, dass sie für den ANC stimmen wollen. Ihr Lächeln täuscht. Dahinter brodeln sie. Zu lange hat man sie geschunden. Die meisten, denen wir begegnen, sind bereit, sich dafür noch einmal knüppeln zu lassen. Um endlich das zu sein, was ihnen seit ihrer Geburt zusteht: südafrikanische Bürger.

Es scheint sich tatsächlich etwas geändert zu haben. Viele Schwarze sehen sich heute als ein Volk, nicht mehr mörderisch zerstritten in blutspritzende Stammesfehden. Demokratie soll ausbrechen. Davon reden sie, davon träumen sie.

So geht die Karriere eines Bonsai-Potentaten ihrem Ende zu. Wie der Höhenflug seiner »Hauptstadt« Mmabatho, Schauplatz seines architektonischen Größenwahns. Deshalb zieht Magope nochmals die Daumenschrauben an, unternimmt einen letzten Rettungsversuch und verbündet sich mit der ultrarechten »Freedom Alliance«. Einem Sammelbecken weißer und schwarzer Demagogen, deren gemeinsame Wut auf republikanische Umgangsformen sie aufs Innigste verbindet.

Das wird nicht helfen. Am 27. April finden die ersten freien Wahlen in Südafrika statt. Die Nelson Mandela und seine Partei gewiss haushoch gewinnen werden. Hinterher wird Bophuthatswana als präsidentiales Privatgrundstück von der Landkarte verschwinden und Mangopes Name auf dem Misthaufen der Geschichte landen.

Mandela, der künftige Staatspräsident, versprach, an niemandem Rache zu nehmen. So mag es Mangope diesem souveränen Demokraten verdanken, dass er ein Ende findet, das er nicht verdient: gnädiges Vergessen.

Aber es gibt noch eine Version, eine sehr afrikanische. Ich habe sie von einem Soldaten der »Bophuthatswana Defence Forces«. Den letzten Gerüchten zufolge hat Mangope beschlossen, in der Wahlnacht Selbstmord zu begehen. Ein Freitod ganz eigener Art: Um Mitternacht will er als weiß gekleidete Gestalt auf den Balkon seiner Villa treten. Unangemeldet, heimlich, durchaus verwechselbar mit einem hinterlistigen Eindringling. Seine Leibwache wird umgehend zielen und feuern. Bis April hat Mangope Zeit, sich zu entscheiden. Er hat die Wahl: Misthaufen oder Kopfschuss. Mehr hat er nicht.

HONGKONG

Schmuggler – Dealer – Illegale

Als meine Freunde und ich klein und pleite waren, träumten wir von einem reichen Onkel in Amerika. Dass er uns endlich besuche und ein paar Säcke Dollar daließe. Die Chinesen – in Hongkong – träumen noch immer von einem Onkel. Träume, an deren Ende sie schweißgebadet aufwachen. Denn kein vermögender Dicker taucht in ihren Sehnsüchten auf, sondern ein abgerissener Dünner, den sie »Bjusok« nennen. Wörtlich übersetzt »Onkel«, im tatsächlichen Leben jedoch ein armer Teufel.

Er soll ja nicht kommen, er soll ja dortbleiben, wo der Kommunismus am schaurigsten ist, in der »Volksrepublik China«. Der Bjusok ist verantwortlich für einen der vielen Albträume der Hongkonger, denn der Verwandte will weg aus dem Riesenreich der Arbeiter und Bauern, um sie, die wohlgenährten und wohlhabenden Neffen, heimzusuchen. Bescheidene Schätzungen sprechen von hundert Millionen Mittelloser, allzeit bereit, die ein Dutzend Mal geflickte Sonntagshose überzuziehen und dorthin zu rennen, wo sie niemand willkommen heißt: im stinkreichen, im sündigen und kommunistenfreien Hongkong.

Der aktuelle Witz geht so: Die Onkel erreichen nachts die Grenze, bargeldlos, ohne Orientierung. Einzig ausgerüstet mit der Information, dahin zu gehen, wo die tausend Lichter brennen. Aber der Glanz Hongkongs brennt hinter vielen Hügeln, so marschieren sie geradewegs auf das hell leuchtende Shenzhen zu, jenes monströse Ausstellungsstück des kapitalistischen Kommunismus. Hier wird man sie einfangen und am nächsten Morgen zwangsverfrachten: zurück in den noch trüberen Norden.

Das ist die eine Seite der Wahrheit, die traurige, die unfreiwillig komische. Der Rest der Wahrheit, die andere Seite, ist kriminell, ist böse und bisweilen durchaus lustig. Hier geht es um Onkel (und Tanten), die es geschafft haben. Um erfolgreich verschobene Menschenleiber und Stückgutcontainer, um Schwerverbrecher und leichte Damen, um Buddhaschädel und Potenzmittel, um Achtzylinder und Benzintonnen, um Heroinkoffer und Dynamitkisten, um wahnsinnig viel Geld und den wahnsinnig hohen Preis, den manche dafür bezahlen.

Was zwischen China, dem »mainland«, und Hongkong – 365 mal 24 Stunden, zu Wasser, zu Lande und zur Luft – heimlich, steuerfrei und in beide Richtungen verschachert wird, macht staunen und verschafft Einblicke in die sagenhafte Betriebsamkeit eines rastlosen Volks.

Bis 1978 war der »Bambusvorhang« zu, der die englische »Crown colony« vor dem übermächtigen Nachbarn schützte. Nicht einmal eines der einen halben Zentner schweren »Volksfahrräder« – Marke Forever – schaffte den Weg ins Paradies. Doch es muss um diese Zeit gewesen sein, als Altkommunist Deng Xiao Ping jenen berüchtigt-ketzerischen Gedanken formulierte: »Es ist ruhmvoll, reich zu werden.« Ein Satz mit Nebenwirkungen: 24 000 Lastwagen donnern heute – täglich – durch die drei »control points«. Über vierzig Millionen Fußgänger überschreiten jährlich die Grenze. Fast genau zehn Millionen kommen oder gehen per Schiff oder per Eisenbahn.

Wenn man bedenkt, dass China etwa 1,3 Milliarden Einwohner hat, auch nicht vergisst, dass sich im Zentrum Hongkongs 25 000 (satte) Neffen pro Quadratkilometer zusammenpferchen, zuletzt im Gedächtnis behält, dass 244 zum Teil märchenstill versteckte Inseln zum Hoheitsgebiet des Stadtstaats gehören, dann will jeder glauben, was Mister Mackillop, Chef der »Anti-Smuggling Task Force«, zu berichten hat: »We are busy.«

Habe ich ihn richtig verstanden, so sind er und ein paar Tausend andere Beamte – von Mitternacht bis Mitternacht – damit beschäftigt, denen hinterherzuhetzen, die mit Vollgas und ohne den Ballast lästiger bürokratischer Spielregeln reich und ruhmreich werden wollen.

Vollgas stimmt. Kein Wort beschreibt lautmalerischer die Intensität der Kommunikation zwischen den Schlitzohren und den Jägern. Ganz oben auf der Wunschliste der Rotchinesen – fleißigster Auftraggeber sind die Herren Generäle der bis unter die Haarspitzen korrumpierten »People's Army« – stehen zwei bekannte deutsche Eigennamen, Mercedes und BMW. Da auf legalem Weg unerschwinglich (bereits die Einfuhrsteuern sind monströs), wird ein ehemaliger Fischer kontaktiert, der erfolgreich auf Spediteur, sagen wir, auf Express-Spediteur umgesattelt hat.

Fischer Yuen, so soll er heißen, gehört zu einem »Syndicate«, einer Gang von vielleicht zwanzig, dreißig Leuten, die sich aus »mainlanders« und »Hong Kong men« zusammensetzen. Sie verbindet nichts, außer der Unlust auf beschwerliche Arbeitszeiten und der Vorliebe für ein schnelles, abgabenfreies Einkommen.

Was nun folgt, hat Modellcharakter: Irgendwo im nächtlichen Hongkong wird ein Wagen gestohlen und zügig an den verabredeten Ort gebracht. Die Küsten sind Hunderte von Kilometern lang, und Zufahrtswege gibt es viele. Yuen und seine Mannen warten schon. Das nötige Werkzeug liegt griffbereit, ebenso ein auf der Ladefläche eines Lieferwagens montierter Kran. Kaum steht die 80 000-US-Dollar-Beute, wird sie verladen. So leise, so behände, so professionell wie möglich. Verladen ins Schmuckstück der Bande, ins »Dai Fei«, dem mit vier oder fünf Mercury-Motoren hochgerüsteten Schnellboot. Und in dem Augenblick, in dem Familienvater und Freelance-Ganove Yuen den Zündschlüssel umdreht, wird es laut und gefährlich. Die 1500 PS jaulen auf, jetzt ist Vollgaszeit, der umtriebige Kapitän braucht mindestens zehn Minuten, um in internationale Gewässer zu gelangen.

Haben die Autodiebe Pech, wurden sie bereits entdeckt. Von zwei hinter schwarzer Schminke versteckten Herren, die geduldig – wie andere Agenten an strategisch wichtigen Stellen – in dunklen Erdlöchern sitzen und spähen. Nach allem, was sich auf verdächtige Weise bewegt. Am verdächtigsten sind FMTs, »fast moving targets«, konkret: Yuen und sein mit Luxusfracht bestücktes Rennboot. Orten sie es rechtzeitig, trifft Sekunden später im Kontrollraum der Anti-Smuggling Task Force ein Funkspruch ein. Die Hatz beginnt, alle verfügbaren Boote ändern ihren Kurs und jagen nach Yuen und dem Diebesgut.

Seitdem ich mit kugelsicherer Weste – weniger gegen Kugeln, mehr als Schutz gegen Stöße – auf ein polizeieigenes »Dai Fei« durfte, weiß ich, warum die Dinger – wörtlich übersetzt – »großes Fliegen« heißen. Mit 47 Knoten (85,192 km/h) auf acht Fuß (2,438 m) hohe Wellen zurasen, das vermittelt ein erhebendes Gefühl von schöner Angst. Einer der Constables – nur einen Augenblick nicht eisern festhalten genügt – schleudert nach hinten. Hier hat schon mancher seine Vorderzähne gelassen. Mackillop humpelte vor Kurzem mit einem gebrochenen Unterschenkel von Bord.

Das hat den Erfolg der Truppe nicht geschmälert. So gut, so effizient verfolgen sie, dass sich Schieber wie Yuen seit geraumer Zeit seltener trauen. Auch hat die chinesische Küstenwache einige fliegende Autohändler abgefangen. Zudem weht momentan ein (noch) schärferer Wind aus Peking. Von Wai To, einem hilfsbereiten, dubiosen Businessman, höre ich es am witzigsten formuliert: »Du kannst es riechen. Reich werden ist noch immer ruhmvoll. Aber mit Vorsicht, nicht mehr so laut und protzig. Statt eines nagelneuen BMWs bestellt man jetzt einen gebrauchten Toyota Crown.«

Damit keine Missverständnisse entstehen: Das Volumen der kriminellen Energie hat natürlich nicht nachgelassen. Im Gegenteil. Yuen und alle anderen Schwarzarbeiter haben sich flink und schlau der neuen Situation angepasst. Verschwanden vorher die so verführerischen Insignien des Kapitalismus – Automobile, Kaffeemaschinen, Tiefkühltruhen, Hi-Fi-Türme, Harley-Davidson-Maschinen, Pornovideos und die letzten Neuerscheinungen auf dem IT-Markt – mit Höchstgeschwindigkeit vom glitzernden Freihafen Hongkong ins todgraue Arbeiterparadies Chinas, so verzögern sich nun die Lieferzeiten um wenige Stunden, vielleicht einen Tag. Yuen steht nun am Steuer einer verbeulten

Dschunke, fällt nicht auf im Meer Tausender Fischer und Ex-Fischer, segelt unbehelligt seine unter Krabben und Garnelen verstaute Hehlerware an ein verschwiegenes Plätzchen, irgendwo im Norden der Provinz Guangdong.

Umsicht ist jedoch angeraten. Sonst ergeht es ihm wie der Zwei-Mann-Crew eines Schleppers mit 47 (!) geschmuggelten Autos an Deck. Gekapert wurden die beiden von chinesischen Soldaten. Pech, grausames Pech. Wochen später, so hörte man, landete das Duo mit einem Fangschuss im Dreck einer Hinrichtungsstätte. Hätte sie die Royal Hong Kong Police geschnappt, sie wären mit Gefängnis davongekommen.

Möglich auch, dass Yuen nun als Lastwagenfahrer unterwegs ist. Die knapp 50 Kilometer lange Grenze – kürzlich mit einem 52 Millionen Hongkong-Dollar teuren Zaun verstärkt – gehört zu den bestüberwachten Demarkationslinien der Welt. Vier Polizei-Divisionen à 160 Mann liegen auf der Lauer. Unterstützt von raffinierter Technik wie auf Körperwärme reagierende Teleskope und kleine in der Erde vergrabene Seismografen, die auf feinste Erschütterungen reagieren. Ein falscher Alarm kommt vor, dann huscht kein »Northerner« – der politisch korrekte Ausdruck für den Bjusok – vorbei, sondern eine hungrige Leopardenkatze, wohl nicht weniger scharf auf Hongkong als der unterernährte Onkel.

Genau 31 521 »iIlegal immigrants« wurden im Vorjahr beim Überschreiten, in flagranti, gefasst. Zweimal so viele, schätzt man, entkommen, schuften meist als Hilfsarbeiter auf einer der überall wuchernden Baustellen der Metropole. Die Tanten wirtschaften ebenfalls, sie bilden die Mehrheit der auf schlanke 100 000 geschätzten Mitarbeiterinnen eines hier tätigen Berufsstands, der sich vornehmlich um die Tagelöhner – nach Feierabend – kümmert. Als Renner unter den Besserverdienern gelten gerade »Hairdressing Tours«: Freundliche Damen begleiten spendable Herren – die Arbeitgeber der Handlanger – auf eine störungsfreie, schmucke Insel. Zum Haarekämmen. Nachher.

Zurück zu den Jägern. Mister Pang wacht auch, er leitet das »Customs & Excise Department« an der Man Kam To Station, einem der drei Kontrollpunkte. Alle zehn Tage feiert er einen Erfolg, und, so mutmaßt er, alle zehn Minuten kassiert er eine Niederlage. Man versteht sofort, warum sie hier keine Chance haben gegen die überaus zahlreichen Spitzbuben: Pro (durchschnittlichem) Arbeitstag, von 7 bis 22 Uhr, überqueren hier – raus und rein auf zwölf Spuren – etwa 9200 Lastwagen, 300 Privatautos und 100 Busse die Grenze. Die 138 Zollbeamten verfügen über so vieles, über Röntgenmaschinen, Metalldetektoren, eine begabte Nase für heiße Ware, den schnellen Blick für nervöse Anfänger, ein taubes Ohr für die absurdesten Ausreden, ein ewiges Misstrauen und den ruhelosen Ehrgeiz, die in ihren Berufsstand investierten Steuermillionen zu rechtfertigen. Sie stochern, schneiden auf, räumen zur Seite, bocken hoch, bohren an und haben selten Glück und nie Zeit. Alle 4,8 Sekunden prescht ein Fahrzeug durch.

An diesem Nachmittag sind die Gemüsehändler dran, sie werden verstärkt kontrolliert. Gestern fanden Pangs Leute unter einem Berg von Salatköpfen ein paar Grab-Utensilien, aus einer uralten Gruft in der Provinz Sichuan geplündert. Ganz versessen, so scheint es, ist Hongkongs Schickeria (und ihre Freunde weltweit) auf den exorbitant teuren Plunder. Hätte den Fahrer – 200 Meter vorher – der chinesische Zoll erwischt, seine Familie hätte ihm gleich einen Platz auf dem Friedhof suchen können.

Das heutige Grünzeug bleibt sauber, dafür werden die zwei Beamten der Police Tactical Unit fündig. Die beiden sitzen am Eingang der Zollstation und exerzieren einen der seltsamsten Berufe der Neuzeit: Mit Funkgerät, Revolver und – überlebenswichtig – einer Gasmaske auf dem Gesicht starren sie ununterbrochen in einen Spiegel, der abgeschrägt vor ihnen auf der Straße liegt. Jedes Vehikel kriecht im Schritttempo vorbei. So haben sie wenige Augenblicke, um eilends die Achsen der Sattelschlepper zu checken, jenen Lieblingsplatz der so schmalen, alles riskierenden Illegalen auf der Flucht.

Fast täglich fischen sie jemanden heraus. *No big deal,* nur ein flüchtiges Lächeln über den Erfolg der Entdeckung, dann der (harmlose) Dienstweg. Diesmal heißt sie Lin. Die Kleine muss rauskriechen, mitkommen und ein paar Fragen beantworten. Der Fahrer muss aussteigen und eine intelligente Geschichte erfinden, glaubhaft machen, dass er keine Ahnung hatte von seiner zum Liegesitz umfunktionierten Hinterachse.

Während des Protokolls fällt mein Blick auf die Mittelspur, ein Polizist mit Motorrad und Blaulicht führt den Transport an. Hinter ihm zwei vergitterte Busse, dahinter nochmals Polizei. Morgen um ziemlich genau dieselbe Zeit wird Lin – nachdem sie eine Nacht in einem »Detention Center« verbracht hat – in einer der blauen Minnas sitzen, um drei Minuten später drüben an der Kommunistengrenze zu landen. Wie Mister Pang versichert, wird sie sich bald wieder auf eine Achse legen.

Lin und die 31 521 »IIs« (sprich: eieis) des Vorjahrs gehören zum Harmlosesten, was Hongkong heimsucht. Letztes Jahr wurde Schmuggelgut im Wert von 816,5 Millionen Hongkong-Dollar sichergestellt, über die Hälfte mehr als in den zwölf Monaten zuvor. Was schmerzt, sind die Güter, für die auch der Freihafen Hongkong Steuern fordert. So verlassen oder betreten die Kronkolonie – »dutyfree« und in pyramidalen Proportionen – Benzin, Alkohol, Zigaretten, nagelneue Laptops, Walkie-Talkies, Pager und elegante Handys. Bedenklich wird es, wenn Drogen auftauchen. Die Tonne Cannabis ist noch arglos im Vergleich zu den 78,6 Kilogramm Heroin, die in Menschenbäuchen, Tankern, Sampans, Flugzeugen und hinter den Brotzeitablagen von Fernlastfahrern entdeckt wurden.

Das ärgert besonders Hongkongs weltberühmte Triaden, die hiesige Mafia, die sich seit Jahrzehnten rührig und begabt um Großeinkauf und Verteilung des Luxusartikels sorgt.

Die Kommunisten haben auch Verluste. Wilderer erlegen ihre geschützten Tiger und verkaufen die Penisse und Hoden an die reiche (libido-kränkelnde) Kundschaft. Als gliedstraffendes Aphrodisiakum.

Analphabeten stöbern nach urheiligen Schriften aus Tibet. Streng ungläubige Atheisten sägen 1300 Jahre alte Buddhaköpfe ab und wuchern – welch Ironie – mit einem, der von der Gier als der Wurzel allen Unglücks sprach.

Steinbrucharbeiter bringen den Fünfjahresplan für Dynamitstangen durcheinander, weil sie die Kracher an die Fischer jenseits der Grenze verschieben. Sprengen geht rasanter als fischen.

Man kann nicht einmal ahnen, was zwischen den 1074 Quadratkilometern hier und den 9 571 300 Quadratkilometern dort abgeht. Eine Anekdote soll das Bewusstsein der Ignoranz noch vertiefen: Ein Antiquitätenhändler, ein Bekannter von mir, steckt mir die Adresse eines multinationalen »homme d'affaires« zu. (Die High Snobiety lässt gern ein paar französische Wörter einfließen.) Der Tycoon handelt mit verbotenem Rhinozeroshorn. Mit Krawatte und frisch gebügeltem Hemd komme ich – »representative« eines Privatmanns aus Chicago – zum telefonisch vereinbarten »business talk«. Der fünfzehn Minuten später mit dem leicht indignierten Gesicht des Nashorngrossisten endet. Eher misslaunig werde ich verabschiedet, da ich das Angebot als zu teuer abgelehnt habe. Ich bin ebenfalls schlecht gelaunt, da ich ihm nicht eine einzige vertrauliche Information entlocken konnte.

Meinem Bekannten gefällt die Geschichte. Er wusste ihr Ende schon vorher, denn solche Transaktionen laufen auf Empfehlung, basierend auf innig gepflegten Kontakten und der schließlich Vertrauen spendenden Erkenntnis, dass der (bislang fremde) Geschäftspartner ein ebenso talentierter Halunke ist wie man selbst: garantiert gesetzwidrig und – entscheidend – berechenbar.

Am nächsten Tag läuft es besser. In Lo Wu, der Endstation der Kowloon Railway, überschreite ich die Fußgängergrenze nach China. Zuerst Verwirrung, denn auf einem Riesenposter begrüßt mich ein Cowboy mit »Welcome to Marlboro Country«. Aber ein zweiter Blick schafft Klarheit: Ich bin in Shenzhen, der griesgrämige Charme in Rekordzeit wolkenkratzerhoch gezogener Betonwarzen ist unverkennbar. Stadt und Region – stacheldrahtgeschützt vom Rest des Landes – gehören zu den fünf »Special Economic Zones« der Volksrepublik. Ihre unmittelbare Nähe zu Hongkong – Luftlinie ein Katzensprung – sorgt für Millionen Arbeitsplätze. Ein paar Hundert davon besetzen die »day trippers«, rege Muttis, die mehrmals täglich ihren Ranzen mit Windeln, Tampons, Milchpulver, Männerunterwäsche und anderen Notwendigkeiten des Lebens vollstopfen, die hüben oder drüben gerade billiger sind. Diskretes Taschengeld für die Fleißigen.

Der Ort hat was, irgendetwas ist stark hier. Niemand fragt nach meinen Referenzen, hier spiele ich niemandes Repräsentanten. Und dennoch: Noch sind keine zehn Minuten vergangen, schon bin ich im Geschäft. Der junge Liau blickt mich an. Und er blickt so, dass es nichts misszuverstehen gibt. Ich folge ihm bis in den zweiten Stock eines tristen Mehrfamilienhauses. Offiziell ist Liau Untervermieter, nebenbei arbeitet er als Wirtschafter. Ein großes Zimmer hat er mit Platten unterteilt, in jeder der dreieinhalb Quadratmeter winzigen Kabinen wird angeschafft.

In einem Gespräch mit der zarten Vida erfahre ich, dass Shenzhen nur (heimliche) Zwischenstation ist, sie alle hier beharrlich für den »snakehead« sparen, den Mann, der einen Weg weiß ins 300 Meter entfernte Hongkong.

Hier ist vieles heimlich. Nicht aber der überall gemalte Kopf Deng Xiao Pings, der mit dem bedrohlichen Satz beruhigen will, dass »China seiner Politik auch die nächsten hundert Jahre treu bleibt«. Pfiffiger Spruch, den wohl alle hier richtig verstanden haben: Jetzt abräumen! Bevor es am 1. Juli 1997 zu spät ist. Tag, an dem die ZK-Clique in Peking offiziell Hongkong übernehmen wird. Dann soll es »one country, two systems« geben. Oder wie Zyniker flüstern: »Ein Land, zwei Galgen.«

Die Zukunft wird zeigen, dass sie recht haben sollten.

Und sie räumen ab. Ein paar Meter hinter Liaus Sperrholzpuff lauert der junge Qingtian, um sein Englisch an mir auszuprobieren. Wir nutzen uns beide, denn er ist sarkastisch und ortskundig. Mit seiner Geduld finde ich die Fourth Bagu Road. Hier betrügt die Firma Shen Fen Laser Optical Systems. Eine allen Insidern bekannte Adresse, bei der ich nach etwa sechs Minuten wieder hinausfliege. Mithilfe des anwesenden Sicherheitsbeamten. Wobei ich nur harmlos nach den letzten »Neuerscheinungen« fragte. Sie hielten mich wohl für einen amerikanischen Copyright-Schnüffler, der gern gewusst hätte, wie viel Tausend Stück schwarz gepresster DVDs und Videos sie pro Tag losschlagen.

Es kommt noch dreister. Direkt neben dem neuen McDonald's liegt der Science and Technology Market. Hier hantieren die gerissensten Raubritter. Der Laden ist voll mit chinesischer Überbevölkerung, ich stöbere. Paradiesische Endstation aller Computerfreaks. Der längst unterzeichnete Vertrag zwischen Washington und Peking zum Schutz von geistigem Eigentum soll hier keinen stören: ein Geigenkurs zum Selbststudium? Krankheiten und Symptome? The Oxford English Reference Library? Der Mensch – das unbekannte Wesen? MS DOS 5.0 für Windows? Für umgerechnet 80 Cent gehen diese und Hunderte andere CD-ROM-Titel über (nicht unter!) den Ladentisch.

Wer wollte da aufräumen? Wer sie einfangen? Die Schwarzbrenner und »day trippers«, Friseurinnen und Zuhälter, Drogenbarone und Nashornliebhaber, Sprengstofftrödler und BMW-Fahrer, Tigerpenisvertreter und die Millionen träumender Onkel? Niemand. Nicht das bis hinter seinen Mao-Kragen korrupte Regime in Peking, nicht die über 27 000 Mann starke Polizei in Hongkong. Obwohl es dort von »Anti-Squads« geradezu wimmelt. Gegen jede Lust haben sie ein Dezernat eingerichtet. Um diese Lust abzustellen. Unabstellbar, scheint es. Warum? »Too much«, erfahre ich vom runden Ko, der in der Temple Road seine (unversteuerten) Kent losschlägt. Er hat die neuesten Reebok Runners an, die braucht er, denn jeden dritten Tag stürmt hier der »Anti-Cigarettes Squad« vorbei. Aber ja, Ko präzisiert: »Too much lust, too much black market, too much people.«

Da es keine hundert Mordleichen pro Jahr in Hongkong gibt, ist es hier auf wundersam widersprüchliche Weise aufregend und (relativ) friedlich. Man wird den Eindruck nicht los, als spielten sie hier Räuber und Gendarm. Die Scheinheiligkeit fehlt, die bürgerliche Entrüstung. Beide Seiten, Jäger und Gejagte, genießen den Stress. Adrenalin spritzt, eher selten tödliches Blut. Hongkong riecht. Nach Frauen und Männern, die rennen. Hongkong riecht hier gut.

KORRUPTION IN KENIA

Jeder gegen jeden und Geld für die wenigen

Als Jean losrennt, ist es bereits zu spät. Auch ihr Buibui, der schwarze Überhang der Moslemfrauen, wird sie nicht schützen. Es ist zwei Uhr früh in Mombasa, und bevor sie in einen dunklen Hinterhof verschwinden kann, hat ihr ein Polizeiwagen den Weg abgeschnitten. Denn Frauen haben nachts auf der Straße nichts verloren. Wenn doch, gelten sie automatisch als Prostituierte. Immer, grundsätzlich. Auch der Strafvollzug ist immer und grundsätzlich der gleiche: Jean steigt in den Wagen, fährt eine Runde um den Block mit, zahlt und steigt am selben Platz wieder aus. Die Höhe des Betrags hängt von der Zahl der »Ordnungshüter« ab. Diesmal hat sie Pech, drei Mann kosten 600 Schilling, sündteure 30 Euro. Für den Rest der Stunden bekommt sie eine Schonzeit, morgen muss sie wieder rennen.

Korruption ist in diesem Land ein gesetzwidriges Laster, für dessen Fortbestehen viele sich einsetzen. Deshalb darf – nur ein Beispiel – der käufliche Sex auf keinen Fall aufhören. Alle setzen sich dafür ein: die zugänglichen Damen natürlich, die Taxiinnung, die Kundschaft und als stärkste Lobby: die Polizei. Ernährt die schnelle Liebe doch das eigentliche Übel, das Grundübel: die Bestechlichkeit. Wie verständlich, denn wer monatlich armselige 75 Euro Lohn nach Hause bringt, braucht einen Nebenverdienst. Und käme er aus dem Portemonnaie einer Hure. Die Polizei, dein Freund und Zuhälter.

Anderes Exempel. Alkohol, der böse, lauthals verfluchte Chang'aa. Ein diskret in Schuppen und Kellern aus Maniok, Bananensaft und Molasse destillierter Klarer, der ohne Umwege knallhart betäubt.

In Nairobi, der Hauptstadt, verbringe ich ein paar Nächte mit den »watchmen«, jenen abgerissenen Typen, die für einen Magerlohn um kleine Feuer sitzen und reicher Leute Immobilien bewachen. Sie teilen ihre Bhangistengel mit mir, dann bin ich an der Reihe: Wir kaufen Feuerwasser. Mit Stima (26, sieben Kinder) durch lautlose Treppenhäuser ins Hinterhaus, zweiter Stock links, viermal – kurz, kurz, lang, lang – klopfen. Eine junge Frau öffnet, nimmt das Geld, füllt aus einer Kaffeekanne unsere Flasche, wir schleichen zurück.

Um 4.30 Uhr patrouilliert die Polizei, das dritte Mal in dieser Nacht, und diesmal ist Juma zu langsam, auch schon zu betrunken, um den Fusel rechtzeitig zu verstecken. Das freut die zwei Beamten. Jetzt darf der Nachtwächter mit dem Polizeiauto ums Karree fahren. Bevor es losgeht, gibt man ihm genügend Zeit, mit mir zu reden. Von Juma (29, drei Kinder) ist nichts zu holen, sie kennen ihn. Also soll der »Mzungu« zahlen, der *Fremde,* der grundsätzlich als Millionär unterwegs ist. Ich gebe ihm das Lösegeld. Zehn Minuten später sind wir wieder vollzählig. Die Spritztour gehört zum Ritual. Niemand sieht etwas, und alle wissen Bescheid.

Gefährlichstes Beispiel. Faith nimmt mich mit auf ihre Bude. Kein Luxus, aber sauber, adrett. Tagsüber arbeitet sie als Maître de Plaisir in einem Nobelrestaurant. Die 27-Jährige befindet sich bereits auf dem Weg in die Abhängigkeit. Ihr Gift heißt Heroin. Der Stoff, »brown sugar« aus Pakistan, ist für europäische Verhältnisse durchaus billig. Eine »Kikete«, ein Tütchen von ⅛ Gramm, kostet 2,50 Euro.

Fünf Freundinnen sind anwesend. Faith packt aus und präpariert, plättet die Aluminiumfolie, zieht diagonal eine Linie Rauschgift darüber, bastelt aus Klopapier eine 20 Zentimeter lange Zündschnur, zündet an und erhitzt – von unten durch die Folie – das Heroin. Das ist das Startzeichen, wir kommen ganz nah und inhalieren den aufsteigenden Dampf: »Chasing the dragon« nennt man diese Art, Heroin zu konsumieren. Der entscheidende Pluspunkt: Da es ohne Spritzen funktioniert, läuft keiner Gefahr, sich mit HIV – eine Plage in Afrika – zu infizieren.

Die Gesichter entspannen sich, das Gift ist ein »downer«: Es wühlt nicht auf, dämpft eher, macht friedlich.

Bis es an der Tür knallt. Polizei! Dreimal habe ich eine solche Situation in dem Land erlebt, und nie kam es zu panikartigen Reaktionen. Schon nervös und darauf bedacht, alle Zubehörteile und Ingredienzien zügig und vollständig verschwinden zu lassen. Aber niemand flattert, niemandem fliegen die Sicherungen heraus. Warum auch? Faith öffnet mit kurzer Verzögerung, die Polizisten fragen gereizt nach Drogen, und alle antworten mit »sorry, no drugs here«. Sagten sie Ja, es würde nicht viel ändern. »Hongo« – schönes Suaheliwort für Schweigegeld – müssen sie in jedem Fall zahlen. Denn Verhaften kommt nicht infrage, das wäre durchaus geschäftsschädigend.

Nun, die Sachlage lässt keinen Zweifel, einer der Bullen zieht aus Faiths Haar ein volles Tütchen. Ohne Widerrede folgt sie der Truppe, fährt einmal im Kreis, bringt sogar das verräterische Päckchen wieder zurück. Inzwischen haben wir unten das aus dem Fenster geworfene Material eingesammelt, die Sitzung geht weiter.

So viel zum Taschengeld. Die großen, dicken Flocken werden woanders verdient. Die zwei einträglichsten Schauplätze: der Flughafen von Nairobi und die Hafenstadt Mombasa. Freunde arrangieren für mich – ab jetzt bin ich Geschäftsmann – ein Treffen mit Mister K., Hutuflüchtling aus Rwanda, der hier seit Langem »tätig« ist. Dass ich Deutscher bin, interessiert ihn besonders. Er hat reden hören, dass die Bundeswehr MAN-Lastwagen abstoßen will. Vielleicht könne ich vermitteln. Auch Jeeps, nicht älter als vier Jahre, interessieren ihn. Von Hamburg bis hier wäre ich zuständig, den Rest würde er organisieren. Der Rest, das ist der Weitertransport in die Demokratische Republik Kongo. In der Region Kivu sitzen seine Abnehmer, die Goldschmuggler, Elfenbeinhändler und Waffenschieber. Die Straßen dort sind miserabel, für Trucks »made in Germany« jedoch kein Problem.

Soweit das Vorspiel. Sobald ich zusage, wird K. gesprächig. Er kennt sich aus. Wenige Tage, bevor hier heißes Stückgut anlandet (oder das Land verlässt), nehmen Empfänger bzw. Absender

Kontakt mit der Zollbehörde auf. Um ein Treffen zu vereinbaren, einen Informationsabend, an dem man Details bespricht und der mit der Übergabe eines prallen Briefumschlags – zehn Prozent des Gesamtwerts sind üblich – endet. Am nächsten Morgen ruft der Zolldirektor ein paar Beamte zu sich. Ebenjene Leute, die am besagten Tag und zur besagten Stunde am Flughafen (oder Hafen) Dienst tun. Jeder von ihnen wird sachlich eingeweiht und erhält eine genaue Bildbeschreibung – Koffer, Kiste, Container etc. – der kommenden Lieferung. Und ebenfalls ein Zehntel. Wohlgemerkt, ein Zehntel vom Anteil ihres Bosses. So ausgerüstet, werden sie die avisierte Sendung zum präzise festgelegten Zeitpunkt übersehen oder professionell schlampig kontrollieren, allemal aber abstempeln und durchwinken.

Prangt bisweilen in der Presse eine dramatische Überschrift wie »Schwerer Schlag gegen Kapitalflüchtling« oder »Drogenring ausgehoben«, dann lächeln so manche.

Doch wer hat Schuld an dem Desaster, warum flog der Coup auf? Entweder war der Lieferant zu geizig und hat am Schmiergeld gespart. Oder ein Vorgesetzter »voulait bouffer tout seul«. Wörtliches Zitat von K., der heikle Themen noch immer leichter auf Französisch ausspricht. Die Rede ist von einem Beamtenbanditen, der alle Scheine für sich allein haben wollte, sprich seine unteren Chargen nicht teilhaben ließ. Und somit das Unternehmen aufflog.

Solche Zeitungsmeldungen machen Freude. Allen. Die Weltöffentlichkeit nickt dankbar. Der amerikanische Präsident lässt über die DEA, die Drug Enforcement Agency, die herzlichsten Glückwünsche übermitteln, und der bis in die Zehennägel korrupte Staatsapparat strahlt sattes Behagen aus. Ein paar Erfolge müssen sein. Als Blendmanöver, als Zugeständnis, um den weiteren, reibungslosen Lauf der Gaunereien zu garantieren.

So wird es immer »Chai« geben in Kenia. Die Insidervokabel für ein lohnsteuerfreies Zubrot. Ein harmloses Wörtchen für scheues, klammheimliches Extramoney. Tee für einen nagelneuen Führerschein bei nicht bestandener Prüfung, Tee für das Ausstellen einer ID-Card und das Nichtfestnehmen eines »working girl«, Tee für eine Wohnung und Tee für einen Schulplatz. Tee als Wundertrank, als Grundnahrungsmittel und eiserne Ration, als Passepartout, Nebelwerfer und Schalldämpfer.

Unheilbare Krankheit. Keiner, der nicht infiziert wäre. So bleibt auch niemand übrig, um sie zu kurieren. Jeder hat schon einmal ausgeschenkt oder davon gekostet. Meist beides. Die einen ein paar Tassen, manche fässerweise. Ganz nach Talent und Position. Arme Schlucker verdienen jede Rechtfertigung für einige Tausend (illegale) Schilling mehr im Jahr. Andere darf man verachten. K. zum Beispiel. Er wird noch ersticken an seiner Gier. Samt seinen zwei Häusern, zwei Autos und seinem Zynismus.

Flughafen Nairobi, einchecken. Der Passbeamte fragt nach der »currency declaration«, dem Nachweis für offiziellen Geldumtausch. Die meine ist »verschwunden«, ich lächle und flüstere, bewusst irreführend: »How many?« Und ohne einen Moment zu zögern, flüstert er zurück: »Hundred.« Ich grinse, weil er die Frage – erwartungsgemäß – falsch verstand. »Ich meinte, wie viele Kinder haben Sie?« Ihm gefällt mein Interesse, stolz antwortet er: »Sieben, fünf Jungs und zwei Mädchen.« Er braucht die Kohle, kein Zweifel. Unauffällig schiebe ich den Schein über den Schalter. Ich passiere.